ISO 9000 丛书

IATF 16949 汽车行业质量管理体系解读和实施

第 2 版

龚 敏 郑嵩祥 柴邦衡 编著

机械工业出版社

本书基于 IATF 16949 详尽诠释了汽车用 IATF 质量管理体系标准，特别是其中的许多难点释疑，可以帮助读者全面理解该标准。同时，本书着重介绍了有关实施的应用问题，对与该标准配套的常用工具和技术以及实施新标准的策划，做了简明、扼要并便于操作的论述。

全书分为 3 篇，共 18 章。其中，第 1 篇为汽车行业质量管理体系解读，介绍了它的发展沿革和质量管理基础、术语。第 2 篇为汽车行业质量管理体系要求分析，针对该标准的条款，加以详解，尤其着重对新标准中更改和增加的内容做了补充说明。第 3 篇为汽车行业质量管理体系实施指南，阐述了贯标的策划，核心工具、其他重要工具和技术的应用方法。

本书可供汽车行业中，按国际标准建立质量管理体系的各类组织、各类人员（包括企业领导者、管理人员、专业人员、咨询人员和审核人员），以及大专院校师生，作为参考书、工具书使用，能收到贯标入门和水平提升的显著效果。

图书在版编目（CIP）数据

IATF 16949 汽车行业质量管理体系解读和实施/龚敏，郑嵩祥，柴邦衡编著．—2 版．—北京：机械工业出版社，2018.8（2025.2 重印）
（ISO 9000 丛书）
ISBN 978-7-111-60539-3

Ⅰ．①I… Ⅱ．①龚… ②郑… ③柴… Ⅲ．①汽车-质量管理体系-国际标准 Ⅳ．①F407.471.63

中国版本图书馆 CIP 数据核字（2018）第 166341 号

机械工业出版社（北京市百万庄大街 22 号　邮政编码 100037）
策划编辑：李万宇　　责任编辑：李万宇　张丹丹
责任校对：王　欣　　封面设计：鞠　杨
责任印制：常天培
北京机工印刷厂有限公司印刷
2025 年 2 月第 2 版第 8 次印刷
169mm×239mm・21.25 印张・404 千字
标准书号：ISBN 978-7-111-60539-3
定价：65.00 元

凡购本书，如有缺页、倒页、脱页，由本社发行部调换

电话服务　　　　　　　　　　　　网络服务
服务咨询热线：010-88361066　　机 工 官 网：www.cmpbook.com
读者购书热线：010-68326294　　机 工 官 博：weibo.com/cmp1952
　　　　　　　010-88379203　　金　书　网：www.golden-book.com
封面无防伪标均为盗版　　　　　教育服务网：www.cmpedu.com

ISO 9000丛书序言

ISO 9000 系列标准从 1987 年问世以来，受到全世界工商企业、各经济部门、社会团体以及各种组织（包括各级政府的相关行政单位）的欢迎与重视，形成了始料未及的、持久不衰的、空前的 ISO 9000 热。

ISO 9000 族（1994 版）使 ISO 9000 系列标准的基础更为牢固、更为深化和规范化，同时，也为全面修订 ISO 9000 族，使之更适合于硬件产品加工制造业以外的各个领域、各个行业铺平了道路。

ISO 9000 族 2000 版则更为简化，重点更为突出，更加科学、普适。它与其他管理体系［如 ISO 14000（环保）、OHSAS18000（职业卫生和安全）］的相容性更强，并将质量保证体系提高到质量管理体系的水平，更适合于市场的要求。

"ISO 9000 丛书"的编写正处于世纪之交，正处于 ISO 9000 族换版的过程中。因此，它担负着承前启后、继往开来的历史使命。能为此做出自己的贡献，是全体编著者的荣幸。本丛书立足于 ISO 9000：2000 版的要求，为读者在贯彻 ISO 9001：2000 版中可能遇到的难题，提供指南。

由于本丛书的编著者具有扎实的理论基础、丰富的技术经历和管理实践，在硬、软科学相结合的边缘领域有其独到之处，从而使本丛书具有以下特点：观点鲜明，论据充实，方法切实可行，材料新颖，论述深入浅出，文风严谨，难点释疑，技术与管理紧密结合。无论对各级领导、质量管理人员、专业管理人员、内外部质量审核人员，还是对从事质量体系的培训、咨询人员和高校师生，都极具参考价值。

本丛书的第一部《ISO 9000 质量保证体系》问世以来，受到了读者的厚爱。其根本原因在于实用性强，甚至可解决一批困惑读者多年的问题。本丛书作者将继承和发扬《ISO 9000 质量保证体系》的优点，再接再厉，为提高中国企业的质量管理水平做出贡献。

当前，在党中央的领导下，举国上下都在重视技术创新，寻求新的经济增长点。创新是我国自立于世界民族之林，跻身世界经济强国的必由之路。技术创新和管理创新是社会经济向前发展的两个车轮。在管理领域内创新，与技术创新具有同等重要的意义，管理模式、方法上的创新，往往给企业（或组织）带来意想不到的经营业绩（市场占有率、效率和效益等），实现突破性飞跃。应当看到，在管理方法上不断创新，是国内外许多著名企业获得成功之路。

本丛书将尽力反映国内、外质量管理界的新理论和经验，反映作者的研究成果和心得。希望在创新思路和方法上，能给读者提供更多的借鉴。本丛书力求内容充实、实用。在贯标、认证过程中，如何深入、健全、完善体系，以及质量管理体系各主要环节应如何控制等方面，都给读者以明示。衷心希望这套丛书能对读者有更多的助益。

对这套丛书的编著，也做了改革性的尝试。本丛书不设立编委会，而由主要编著者直接署名。

柴邦衡
2000 年

第2版前言

本书的前 1 版基于 ISO/TS 16949：2002 技术规范，出版距今已 10 多年。其间该技术规范虽修订有 2009 版，但只是随 ISO 9001 标准的修订所做出的相应一部分改变，对汽车行业的要求并无变化。同时，考虑到对 ISO 9001 标准的变化，在本丛书中已另有专著阐述，因而未针对 2009 版技术规范进行修订。而这一次，不但技术规范内容发生了重大改变，且改由 IATF 主导修订工作，作为汽车行业正式标准发布实施，因此需要重新修订第 1 版图书。

我国正处于从不完全市场经济时代，向顾客导向型的市场经济新时代转轨的新时期，同时各种新技术层出不穷。所有的组织都面临着管理体系的变革，特别是数以千万计的民营中小企业的变革需求更为迫切。它们刚从"胆子时代""点子时代"积累了原始资本，在经济上初具规模，在管理上也已开始重视，但其一般均处于粗放管理、经验式管理阶段，正面临"二次创业"和迈向智能时代的"第三次创业"。为此，它们更迫切地希望进一步吸引顾客、提高产品和服务质量、降低成本和提高生产率、满足各种市场准入条件，以应对日益激烈的市场竞争环境。

一个投资决策正确的企业成功的关键在于管理。一个企业的管理千头万绪，变革从哪里切入才能获得最佳效果，是普遍关注的问题。"质量管理是企业管理的纲"，包括创新也需要管理，纲举才能目张。用质量管理的原理、原则、理念、思路和方法来统帅组织的各项管理是事半功倍的捷径。这已为无数国内外在竞争中获得优胜企业的实践经验所证实。

质量管理从何着手？ISO 9001：2015 质量管理体系，提供了质量管理模式的良好基础。IATF 16949 标准（以 ISO 9001 为基础并包含了其全部内容）为汽车行业，包括整车、零部件生产企业及其供应商提供了更具竞争力的管理方法。它不仅适用于汽车行业，而且对于从自动化迈向智能化，日益广泛应用数控机床等的制造业，有着普遍意义，极具参考价值。因此，IATF 16949 一经发布，就受到汽车行业的欢迎和制造业广泛的关注。本书详细介绍了这个标准及其实施问题，可以给企业带来诸多益处。

应用新标准将会使产品和服务持续改进，直至优于竞争对手，从而收到立竿见影的功效。

众所周知，贯标的难点在于准确理解标准，并掌握一套可操作的具体方法、技术和工具。编著者试图根据自己长期在汽车行业工作和多年从事质量管理体系培训、咨询、认证的多方面经验，为读者奉献出对学习、贯彻 IATF 16949 标准起到入门作用的参考书，为企业排忧解难。由于汽车行业质量管理体系的新标准相当复杂，试图通过一本书就完全搞通其内容和应用，几乎是不可能的，为此本书推荐了一些相关的参考书。

全书分为3篇，共18章。第1篇为汽车行业质量管理体系解读。第2篇为汽车行业质量管理体系要求分析，针对新标准的条款，加以详解，尤其着重对该标准更改和增加的内容做了补充说明。第3篇为汽车行业质量管理体系实施指南，介绍实施新标准的策划及所需的工具、技术。

本书由三位作者合作策划、撰写。龚敏撰写了第1章1.5节及第11~15章、第18章，郑嵩祥撰写了第1章大部分、第2章、第3章，柴邦衡撰写其余各章，并进行全书统稿、校订。

在本书编写过程中，得到了长期从事汽车行业质量管理体系咨询和培训的王新刚老师的帮助，特此致谢。

由于编著者的水平有限，书中错漏之处在所难免，敬希读者不吝赐教。

柴邦衡
2018 年 1 月

目 录

ISO 9000 丛书序言
第 2 版前言

第 1 篇 汽车行业质量管理体系解读

第 1 章 概论

1.1 汽车行业质量管理体系标准的发展沿革 ·· 3
  1.1.1 IATF 16949 的诞生 ·· 3
  1.1.2 标准名称更改的历程 ·· 3
1.2 历史的回顾 ··· 5
  1.2.1 ISO/TS 16949 诞生前的情景 ·· 5
  1.2.2 ISO/TS 16949 技术规范诞生 ·· 7
  1.2.3 ISO/TS 16949 公布后的情景 ·· 8
  1.2.4 迈向全球行业标准 ·· 9
1.3 新老标准的差异 ··· 9
  1.3.1 标准名称和出版者 ·· 9
  1.3.2 标准架构、内容的调整 ·· 10
  1.3.3 与 ISO 9001：2015 变更一致的思路 ··· 10
  1.3.4 汽车行业要求 ·· 10
  1.3.5 汽车顾客特殊要求 ·· 10
  1.3.6 版权所有标识更改的影响 ·· 11
1.4 新标准简介 ·· 11
  1.4.1 名称和前言 ·· 11
  1.4.2 特点 ·· 12
  1.4.3 适用范围 ·· 12
  1.4.4 目的 ·· 12
  1.4.5 质量管理模式 ·· 13
  1.4.6 质量管理标准的架构 ·· 13
1.5 IATF 16949 与 ISO 16949：2009 技术规范的对比 ····························· 13
  1.5.1 汽车行业标准发展的不同阶段 ·· 13
  1.5.2 IATF 16949：2016 与 ISO/TS 16949：2009 的重大差异点 ············· 14
  1.5.3 新标准带来的好处 ·· 15

第2章 质量管理体系基础和术语

- 2.0 引言 ····· 17
- 2.1 质量管理基本概念和原则 ····· 18
  - 2.1.1 概述 ····· 18
  - 2.1.2 质量方针 ····· 19
  - 2.1.3 质量管理体系 ····· 21
  - 2.1.4 组织环境 ····· 23
  - 2.1.5 质量管理原则 ····· 25
- 2.2 术语和定义 ····· 29
  - 2.2.1 概述 ····· 29
  - 2.2.2 术语的重要性 ····· 30
  - 2.2.3 学习术语的要领 ····· 30
  - 2.2.4 新标准术语和定义的变化 ····· 30
- 2.3 术语和定义的解释 ····· 31
  - 2.3.1 有关人员的术语 ····· 31
  - 2.3.2 有关组织的术语 ····· 31
  - 2.3.3 有关活动的术语 ····· 32
  - 2.3.4 有关过程的术语 ····· 32
  - 2.3.5 有关体系的术语 ····· 36
  - 2.3.6 有关要求的术语 ····· 37
  - 2.3.7 有关结果的术语 ····· 39
  - 2.3.8 有关数据、信息和文件的术语 ····· 40
  - 2.3.9 有关顾客的术语 ····· 40
  - 2.3.10 有关特性的术语 ····· 41
  - 2.3.11 有关确定的术语 ····· 41
  - 2.3.12 有关措施的术语 ····· 41
  - 2.3.13 有关审核的术语 ····· 41
- 2.4 有关问题说明 ····· 41
  - 2.4.1 2000版ISO 9000质量管理原则诞生和其重要性 ····· 41
  - 2.4.2 概念 ····· 42
  - 2.4.3 顾客价值理论 ····· 42
  - 2.4.4 企业文化(组织文化) ····· 43
  - 2.4.5 总顾客价值的组成和说明 ····· 43
  - 2.4.6 循证决策的说明 ····· 44

第3章 在过程方法基础上建立质量管理体系

- 3.1 质量管理体系(QMS)简述 ····· 47
  - 3.1.1 质量管理体系 ····· 47

3.1.2 质量管理体系模式 ····· 47
3.2 质量管理模式的选择 ····· 48
 3.2.1 选择的考虑 ····· 48
 3.2.2 决策 ····· 50
3.3 知识和技能准备 ····· 50
 3.3.1 学习"质量管理基本概念和原则" ····· 50
 3.3.2 学习新标准 ····· 51
3.4 过程方法 ····· 52
 3.4.1 概述 ····· 52
 3.4.2 提出过程方法的目的及其适用范围 ····· 52
 3.4.3 过程方法的概念 ····· 52
 3.4.4 过程方法的应用 ····· 60
 3.4.5 过程管理的 PDCA 循环 ····· 64
 3.4.6 质量管理体系的创建 ····· 67

第 2 篇　汽车行业质量管理体系要求分析

第 4 章　组织环境

4.1 理解组织及其环境 ····· 71
4.2 理解相关方的需求和期望 ····· 71
4.3 确定质量管理体系的范围 ····· 72
 4.3.1 确定质量管理体系的范围——补充 ····· 72
 4.3.2 顾客特定要求 ····· 73
4.4 质量管理体系及其过程 ····· 73
 4.4.1 总则 ····· 73
 4.4.2 过程的识别和确定 ····· 75

第 5 章　领导作用

5.1 领导作用与承诺 ····· 76
 5.1.1 总则 ····· 76
 5.1.2 以顾客为关注焦点 ····· 78
5.2 方针 ····· 78
 5.2.1 建立质量方针 ····· 78
 5.2.2 沟通质量方针 ····· 79
5.3 组织的作用、职责和权限 ····· 79
 5.3.1 组织的作用、职责和权限——补充 ····· 79
 5.3.2 产品要求和纠正措施的职责和权限 ····· 80

第6章 策划

- 6.1 风险和机遇的应对措施 ………………………………………… 82
  - 6.1.1 确定应对的风险和机遇 …………………………………… 82
  - 6.1.2 应对措施的策划 …………………………………………… 82
- 6.2 质量目标及其实施的策划 ……………………………………… 85
  - 6.2.1 在相关职能、过程和层次上建立质量目标 ……………… 85
  - 6.2.2 质量目标如何实现的策划 ………………………………… 85
- 6.3 更改的策划 ……………………………………………………… 86

第7章 支持

- 7.1 资源 ……………………………………………………………… 87
  - 7.1.1 总则 ………………………………………………………… 87
  - 7.1.2 人员 ………………………………………………………… 88
  - 7.1.3 基础设施 …………………………………………………… 88
  - 7.1.4 过程操作的环境 …………………………………………… 89
  - 7.1.5 监视和测量资源 …………………………………………… 90
  - 7.1.6 组织知识 …………………………………………………… 93
- 7.2 能力 ……………………………………………………………… 93
  - 7.2.1 能力——补充 ……………………………………………… 93
  - 7.2.2 能力——在职培训 ………………………………………… 94
  - 7.2.3 内部审核员的能力 ………………………………………… 94
  - 7.2.4 第二方审核员的能力 ……………………………………… 96
- 7.3 意识 ……………………………………………………………… 96
  - 7.3.1 意识——补充 ……………………………………………… 96
  - 7.3.2 员工激励和授权 …………………………………………… 97
- 7.4 沟通 ……………………………………………………………… 97
- 7.5 成文信息 ………………………………………………………… 98
  - 7.5.1 总则 ………………………………………………………… 98
  - 7.5.2 编制和更新 ………………………………………………… 99
  - 7.5.3 成文信息的控制 …………………………………………… 99

第8章 运行

- 8.1 运行的策划和控制 ……………………………………………… 101
  - 8.1.1 运行策划——补充 ………………………………………… 102
  - 8.1.2 保密 ………………………………………………………… 102
- 8.2 产品和服务要求 ………………………………………………… 102
  - 8.2.1 顾客沟通 …………………………………………………… 102
  - 8.2.2 产品和服务要求的确定 …………………………………… 103
  - 8.2.3 产品和服务要求的评审 …………………………………… 103

  8.2.4 产品和服务要求的更改 ·· 105
8.3 产品和服务的设计和开发 ·· 105
  8.3.1 总则 ··· 105
  8.3.2 设计和开发的策划 ··· 106
  8.3.3 设计和开发的输入 ··· 107
  8.3.4 设计和开发控制 ··· 110
  8.3.5 设计和开发输出 ··· 112
  8.3.6 设计和开发的更改 ··· 114
8.4 外部提供的过程、产品和服务的控制 ·· 114
  8.4.1 总则 ··· 114
  8.4.2 控制的类型和程度 ··· 116
  8.4.3 外部供方的信息 ··· 119
8.5 生产和服务的提供 ··· 120
  8.5.1 生产和服务提供的控制 ··· 120
  8.5.2 标识及可追溯性 ··· 125
  8.5.3 属于顾客和外部供方的资产 ··· 126
  8.5.4 防护 ··· 126
  8.5.5 交付后的活动 ··· 127
  8.5.6 更改的控制 ··· 128
8.6 产品和服务的放行 ··· 129
  8.6.1 产品和服务的放行——补充 ······································· 130
  8.6.2 全尺寸检验和功能性试验 ··· 130
  8.6.3 外观项目 ·· 130
  8.6.4 外部提供的产品和服务符合性的验证和接受 ························· 131
  8.6.5 法律法规的符合性 ··· 131
  8.6.6 接收准则 ·· 131
8.7 不符合输出的控制 ··· 132
  8.7.1 不合格的控制 ··· 132
  8.7.2 不合格控制的成文信息 ··· 135

第9章 绩效评价

9.1 监视、测量、分析和评价 ·· 136
  9.1.1 总则 ··· 136
  9.1.2 顾客满意 ·· 138
  9.1.3 分析和评价 ··· 139
9.2 内部审核 ··· 139
  9.2.1 内审核的概念及目的 ··· 139
  9.2.2 内部审核的策划与实施 ··· 140

9.3 管理评审 ……………………………………………………………………… 142
   9.3.1 总则 …………………………………………………………………… 142
   9.3.2 管理评审输入 ………………………………………………………… 142
   9.3.3 管理评审输出 ………………………………………………………… 143

第 10 章 改进

10.1 总则 ……………………………………………………………………… 145
10.2 不符合和纠正措施 ………………………………………………………… 145
   10.2.1 不符合的应对 ………………………………………………………… 145
   10.2.2 保持成文信息 ………………………………………………………… 146
   10.2.3 问题解决 ……………………………………………………………… 146
   10.2.4 防错 …………………………………………………………………… 147
   10.2.5 保修管理系统 ………………………………………………………… 147
   10.2.6 顾客投诉和使用现场失效试验分析 ………………………………… 148
10.3 持续改进 …………………………………………………………………… 148
   10.3.1 持续改进——补充 …………………………………………………… 148
10.4 标准附录 …………………………………………………………………… 149
   10.4.1 附录 A：控制计划 …………………………………………………… 149
   10.4.2 附录 B：参考书目——汽车行业补充 ……………………………… 150

第 3 篇 汽车行业质量管理体系实施指南

第 11 章 产品质量先期策划（APQP）和控制计划

11.1 概述 ……………………………………………………………………… 155
   11.1.1 APQP 的释义 ………………………………………………………… 155
   11.1.2 APQP 的性质 ………………………………………………………… 156
   11.1.3 推行 APQP 的目的和带来的好处 …………………………………… 156
   11.1.4 适用的范围 …………………………………………………………… 156
11.2 APQP 的过程 ……………………………………………………………… 156
   11.2.1 产品质量策划进度图 ………………………………………………… 157
   11.2.2 对各阶段的要求 ……………………………………………………… 157
   11.2.3 APQP 主要活动 ……………………………………………………… 163
   11.2.4 应用步骤 ……………………………………………………………… 164
   11.2.5 【案例 11-1】与汽车制造厂同步开发部件 ………………………… 164
11.3 控制计划 …………………………………………………………………… 166
   11.3.1 概述 …………………………………………………………………… 166
   11.3.2 使用控制计划的目的 ………………………………………………… 167
   11.3.3 适用范围 ……………………………………………………………… 167

11.3.4 采用控制计划带来的好处 ·· 167
11.3.5 控制计划表和应用程序 ·· 167
11.3.6 应用举例 ·· 172

第12章 测量系统分析（MSA）

12.1 概述 ··· 173
　　12.1.1 标准对 MSA 的要求 ·· 173
　　12.1.2 进行 MSA 的目的 ·· 173
　　12.1.3 MSA 适用范围 ··· 174
12.2 测量值和测量系统质量的概念 ·· 174
　　12.2.1 测量值的质量 ··· 174
　　12.2.2 测量系统的质量 ··· 175
12.3 MSA 所采用的术语 ··· 176
12.4 测量系统分析方法 ·· 178
　　12.4.1 测量系统分析的时机 ·· 178
　　12.4.2 进行 MSA 时的前期准备 ··· 179
　　12.4.3 测量系统统计特性的分析和接受准则 ·································· 179
　　12.4.4 操作流程和案例 ··· 184
　　12.4.5 导致测量系统不能接受的原因分析 ····································· 192

第13章 潜在失效模式及后果分析（FMEA）

13.1 概述 ··· 195
13.2 使用 FMEA 的目的和作用 ·· 196
13.3 FMEA 适用的范围 ·· 196
13.4 FMEA 应用的时机 ·· 196
13.5 FMEA 应用的步骤 ·· 197
　　13.5.1 准备阶段 ·· 197
　　13.5.2 实施阶段 ·· 200
　　13.5.3 检查阶段 ·· 201
　　13.5.4 输出与再评审阶段 ··· 202
　　13.5.5 FMEA 的更新 ·· 202
13.6 FMEA 表式、方法和注意事项 ·· 202
　　13.6.1 FMEA 的表式 ·· 202
　　13.6.2 FMEA 表式的填写说明 ··· 204
　　13.6.3 评分规则 ·· 205
　　13.6.4 注意事项 ·· 208
　　13.6.5 多角度审视风险的必要性及再论 RPN ································· 209

第14章 统计过程控制（SPC）

14.1 概述 ··· 211
　　14.1.1 什么是 SPC ··· 211

14.1.2　使用 SPC 的目的 ··· 211
　　14.1.3　适用范围 ··· 212
14.2　预备知识 ·· 212
　　14.2.1　变差 ·· 212
　　14.2.2　统计过程状态 ·· 213
　　14.2.3　数据 ·· 214
14.3　控制图 ··· 214
　　14.3.1　控制图的含义 ·· 214
　　14.3.2　控制图的用途 ·· 215
　　14.3.3　控制图的分类 ·· 215
　　14.3.4　控制图的制作 ·· 218
　　14.3.5　控制图上出现异常情况的判断准则 ·· 221
　　14.3.6　控制图的理论基础 ·· 221
14.4　过程能力 ·· 222
　　14.4.1　过程能力的含义 ··· 222
　　14.4.2　控制界限与规格要求的关系 ··· 223
　　14.4.3　长期过程能力和短期过程能力 ··· 224
　　14.4.4　过程能力的度量 ··· 225
　　14.4.5　过程能力量值的含义 ··· 227
　　14.4.6　过程能力的评价 ··· 228
14.5　使用 SPC 的步骤 ·· 228
14.6　采用 SPC 带来的益处 ·· 229
14.7　SPC 与精确追溯管理 ·· 230
14.8　控制图常用表格 ··· 230

第 15 章　生产件批准程序（PPAP）

15.1　概述 ·· 233
　　15.1.1　什么是 PPAP ··· 233
　　15.1.2　PPAP 的目的 ··· 233
15.2　PPAP 的要点 ··· 233
　　15.2.1　PPAP 过程要求 ·· 233
　　15.2.2　PPAP 适用范围 ·· 237
　　15.2.3　PPAP 提交的时机 ··· 237
　　15.2.4　通知顾客 ·· 238
15.3　PPAP 提交等级 ·· 238
15.4　PPAP 提交项目的难点说明 ··· 239
　　15.4.1　初始过程能力研究 ·· 239
　　15.4.2　准备 PPAP 所需提交的资料和实物时的注意事项 ······················· 239

15.5	PPAP 生产件批准状态	240
15.6	PPAP 资料的归档	240
15.7	记录	240

第 16 章 项目管理

- 16.1 概述 … 242
  - 16.1.1 术语 … 242
  - 16.1.2 项目特征 … 243
- 16.2 项目管理过程 … 244
  - 16.2.1 战略策划 … 244
  - 16.2.2 过程配合管理 … 246
  - 16.2.3 与范围有关的过程 … 248
  - 16.2.4 与时间有关的过程 … 249
  - 16.2.5 与成本有关的过程 … 250
  - 16.2.6 与资源有关的过程 … 251
  - 16.2.7 与人员有关的过程 … 252
  - 16.2.8 与沟通有关的过程 … 253
  - 16.2.9 与风险有关的过程 … 254
  - 16.2.10 与采购有关的过程 … 255
- 16.3 项目总结 … 256
- 16.4 精益项目管理 … 256
  - 16.4.1 精益原则 … 256
  - 16.4.2 信息畅通原则 … 259
  - 16.4.3 交流成本最低原则 … 259
  - 16.4.4 定义标准原则 … 260
  - 16.4.5 信息论原则 … 261

第 17 章 其他重要工具和技术

- 17.1 可靠性技术 … 262
  - 17.1.1 可靠性的概念 … 262
  - 17.1.2 可靠性的指标 … 263
  - 17.1.3 可靠性的技术 … 263
  - 17.1.4 可靠性设计 … 265
  - 17.1.5 故障树分析（FTA） … 273
- 17.2 质量功能展开（QFD） … 276
  - 17.2.1 QFD 的概念 … 276
  - 17.2.2 QFD 的作用 … 277
  - 17.2.3 质量屋 … 278
  - 17.2.4 质量屋的构建程序 … 279

17.2.5　QFD 案例分析 ……………………………………………… 279

17.3　试验设计（DOE）和稳健设计 …………………………………… 283
　　17.3.1　概述 …………………………………………………… 283
　　17.3.2　正交试验设计 …………………………………………… 284
　　17.3.3　稳健设计（田口方法）………………………………… 290

17.4　防错法（Poka-yoke）……………………………………………… 295
　　17.4.1　概述 …………………………………………………… 295
　　17.4.2　防错法的作用 …………………………………………… 296
　　17.4.3　失误和缺陷 ……………………………………………… 296
　　17.4.4　产生失误的原因 ………………………………………… 297
　　17.4.5　常见失误 ………………………………………………… 298
　　17.4.6　防错原理 ………………………………………………… 298
　　17.4.7　防错技术 ………………………………………………… 302
　　17.4.8　实施防错法的步骤 ……………………………………… 304

17.5　预防性维护和预见性维护 …………………………………………… 304
　　17.5.1　概述 …………………………………………………… 304
　　17.5.2　预防性维护 ……………………………………………… 308
　　17.5.3　预见性维护 ……………………………………………… 308

17.6　标杆管理 …………………………………………………………… 311
　　17.6.1　标杆管理的概念 ………………………………………… 311
　　17.6.2　与标杆比较的内容 ……………………………………… 313
　　17.6.3　标杆管理的流程 ………………………………………… 314
　　17.6.4　标杆管理的注意事项 …………………………………… 318

第18章　体系转换实施策划、要点及应对

18.1　实施策划 …………………………………………………………… 320
　　18.1.1　前期准备 ………………………………………………… 320
　　18.1.2　制定行动计划 …………………………………………… 320

18.2　关于体系转换实施过程中的重要差异点的应对 …………………… 321
　　18.2.1　基于风险的思维 ………………………………………… 321
　　18.2.2　更加注重产品安全管理 ………………………………… 321
　　18.2.3　加严的变更管理 ………………………………………… 321
　　18.2.4　可追溯性管理 …………………………………………… 321
　　18.2.5　知识管理 ………………………………………………… 322
　　18.2.6　嵌入式软件 ……………………………………………… 322
　　18.2.7　保修管理 ………………………………………………… 322
　　18.2.8　实施标准换版的注意事项 ……………………………… 322

参考文献 ………………………………………………………………… 323

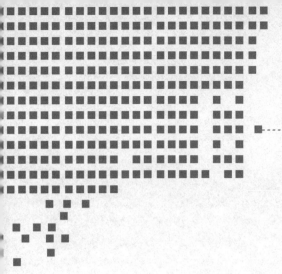

第1篇
汽车行业质量管理体系解读

第1章 概论
第2章 质量管理体系基础和术语
第3章 在过程方法基础上建立质量管理体系

Chapter 1 第1章

概　　论

1.1　汽车行业质量管理体系标准的发展沿革

1.1.1　IATF 16949 的诞生

命名为 IATF 16949 的标准并不是全新的，它的前身是 ISO/TS 16949 技术规范。根据 ISO 与 IATF 两个组织在 2016 年 8 月 9 日联合发布的公告：初版 IATF 16949 标准于 2016 年 10 月 1 日问世。它的全称是《IATF 16949：2016 汽车行业质量管理体系标准——汽车生产件及相关服务件组织的质量管理体系要求》（请注意：在本书中简称为汽车质量管理体系或新标准）。这成为它迈向全球行业标准的起点。它的诞生过程看似很简单，似乎只需如期把 ISO/TS 16949 技术规范改名为 IATF 16949 标准即可，但其实它的命名和改名之间有一段长达 16 年的历程。

1.1.2　标准名称更改的历程

1.1.2.1　ISO/TS 16949 的出现

为什么一个拥有 16 年历史，已被世界各国的各大汽车公司认可，并获得世界上大多数汽车供应商应用的"ISO/TS 16949"要改名呢？为此，要追溯到当年 IATF 对自己制定的标准的期望开始。

世界标准之多，数不胜数，但有一个共同的特点，标准的制定者必定是标准的出版者。标准出版后，企业是否应用，要视制定者或出版者的权威性。基于这一点，IATF（国际汽车推动小组）考虑到其制定的"专供汽车供应商共同使用的质量管理体系标准"出版后不知能否被汽车企业普遍采用,对此问题没有把握,于是,想到可以通过 ISO 组织来出版,这样号召力就大了。

经商谈,在 ISO/TC 176 技术委员会的支持下,先由 ISO 组织(国际标准化组织)把由 IATF 制定的标准作为 ISO/TS 16949 技术规范出版。然后继续努力,力争早日升级为 ISO 国际标准。这样的安排既符合了 ISO 组织对其出版物的规定,也符合了 IATF 组织的心愿。于是,该标准文件作为 ISO 组织的技术规范于 1999 年出版了。

1.1.2.2　为什么标准文件的制定者与出版者又合二为一

按照 ISO 组织的规定,凡"技术规范类"出版物,具有应急性质,属于有时效性文件。文件每三年复审一次,在第二次复审时,若未能取得将其"修订为国际标准"的资格,那么,该技术规范将面临被终止的风险。当然,若取得了"修订为国际标准"的资格,能否升级为国际标准,还取决于全体会员国大会投票表决的结果。

ISO/TS 16949 技术规范自公布之日(1999 年)到 2016 年时已有 16 年了。其间经过 2002 年和 2009 年两次改版,现已成为汽车行业最广泛应用的标准之一。按照 ISO 组织的安排,ISO/TS 16949 将于 2016 年完成改版或升级工作。因此 IATF 于 2014 年底在 IATF 内成立了工作组,其后公布了实施计划。

2016 年 8 月 9 日,ISO 与 IATF 两组织突然发布联合公告,宣布 ISO/TS 16949 技术规范的命运另有计划。公告内容的要点有二:其一是 IATF 的决定,其二是 IATF 所做出的承诺。联合公告全文如下:

公告　汽车质量管理标准新发展

IATF 已确定将汽车行业最广泛使用的国际质量管理标准之一 ISO/TS 16949 发展为新的全球行业标准。

作为汽车行业质量管理体系技术规范,ISO/TS 16949 于 1999 年由 IATF 和 ISO 质量管理技术委员会 ISO/TC 176 首次合作制定。自那时起,就成为汽车行业最为广泛使用的国际标准之一,并致力于协调全球汽车供应链中不同的评审和认证体系。

2016 年 10 月 IATF 将发布 IATF 16949:2016,并会超越和取代现行的 ISO/TS 16949 标准,明确汽车行业内各组织的质量管理体系的要求。新标准参考了最新的 ISO 质量管理体系标准 ISO 9001:2015,并与其保持一致。IATF 16949:2016 完全遵照 ISO 9001:2015 的结构和要求。

IATF 16949:2016 并不是单独的质量管理标准,而是作为 ISO 9001:2015 的补充来实施,并加以融合。

> IATF 将继续通过参与 ISO/TC 176 与 ISO 保持密切的合作,确保其与 ISO 9001 标准的一致性。
>
> ISO
IATF
2016 年 8 月 9 日

于是新标准(IATF 16949:2016)就这样于 2016 年 10 月 1 日问世了。

1.2 历史的回顾

1.2.1 ISO/TS 16949 诞生前的情景

(1) 1958—1971 年——军品和高风险民品企业质量保证要求的出现

1958 年,美国国防部基于第二次世界大战期间的成功经验:强制军火商执行《美国战时质量标准》(编号为 E.1、E.2、E.3)。当时军工企业提出了 MIL-Q-9858 质量保证大纲要求,在国际上开创了质量保证概念的先河。

1969 年,北大西洋公约组织(NATO)颁布了 AQAP-1 质量保证标准系列,引入了设计质量保证的要求。

1971 年,美国国家标准学会(ANSI)发布了高风险民用企业国家标准《核电站质量保证大纲》。

(2) 1978—1987 年——国际贸易兴起,质量保证和质量管理要求也进入了民品企业

1979 年,美国国家标准学会(ANSI)/美国质量管理学会(ASQC)发布《ANSI/ASQC Z1.15 质量体系通则》。

1979—1981 年,英国标准协会(BSI)公布了 BS5750 质量保证体系标准系列(共六个,即 BS5750 Part 1 ~ BS5750 Part 6)。

1980 年,法国标准化协会(AFNOR)发布国家标准《NFX50-110-80 企业质量管理体系指南》。

1981 年,美国福特汽车公司制定了 QI01 质量体系标准。

1983 年,美国克莱斯勒汽车公司制定了供方质量保证手册。

1987 年,美国通用汽车公司制定了北美创优目标/采购物料通用标准。

(3) 1986—1987 年——ISO 9000 系列标准出版

(4) ISO/TC 176 委员会成立

1979 年,在英国标准协会(BSI)建议下,ISO 决定:在其内部成立"质量保

证技术委员会（代号为 ISO/TC 176）"。1987 年，改名为"质量管理和质量保证技术委员会"，代号不变，专司制定质量保证和质量管理体系国际标准工作。

（5）世界上第 1 个 ISO 标准公布及其成功经验

1986 年 6 月 15 日，ISO 公布了 ISO 8402 标准——《质量、术语》。

1987 年，发布了 ISO 9000、ISO 9001～ISO 9004 五个标准，统称为 ISO 9000 族或 ISO 9000 系列标准。

ISO 首先制定出了国际标准，其成功的经验为把现行的众多企业标准整合为一个统一行业或地区标准树立了榜样。其中，协商一致的原则是取得标准统一的关键。

（6）1988—1996 年——地区性汽车行业标准问世和多标准整合经验的推出

1）地区性汽车行业标准问世。世界各国著名汽车公司、汽车工业协会（或学会），受到 ISO 发布国际标准成功的影响，纷纷联合起来，在 ISO 标准的基础上，制定了国内或业内通用的汽车质量体系标准：

- 美国三大汽车公司（福特、通用、克莱斯勒）首先联合起来，在 ISO 9001：1994 的基础上，把三家质量管理体系整合成一个通用的质量管理体系，即 QS9000 标准，同时还总结了多标准整合经验。
- 德国汽车工业协会-质量管理中心（VDA-QMC）、汽车主机厂和汽车供应商共同努力，在 ISO 9004-1：1994 标准基础上制定了德国汽车工业质量管理体系标准 VDA6.1——质量体系审核。
- 法国在 ISO 9001：1994 的基础上制定了法国汽车工业质量标准 EAQF——供应商质量表现评估；
- 意大利在 ISO 9001：1994 的基础上制定了意大利汽车工业质量标准 AVSQ——应用指南。

2）多标准整合经验的总结。此经验是美国三大汽车公司成功地把三家质量管理体系标准整合成统一的 QS9000 标准时总结出来的。经系统整理归纳后，形成了一套完整的整合经验，该经验可概括为以下四句话：

- 方针——共同世界、共同的质量体系。
- 办事原则——协调、一致。
- 标准的架构——按照 ISO/IEC 导则第二部分。
- 标准的要求组成——由三大部分组成：第一部分 ISO 9001 质量管理体系要求，第二部分汽车行业特殊要求（各汽车企业质量管理体系要求的相同部分），第三部分汽车行业顾客特殊要求（各汽车企业质量管理体系要求的不同部分）。其组合方式是在 ISO 9001 标准的基础上，叠加其余两部分即可。

1.2.2 ISO/TS 16949 技术规范诞生

（1）诞生的背景

基于国际贸易的发展，自由贸易和国际采购已成为主流，昔日各自为政的质量体系标准，渐渐变成了自由贸易的壁垒。怎么办？由于 QS9000 标准的出台，美国三大汽车公司（福特、通用、克莱斯勒）在北美区域内流通已不成问题。而欧洲呢？若法国汽车供应商拟向同在欧洲的德国汽车制造商供货，就碰到了质量体系认可问题。

（2）认证证书相互认可制度的建立

1995 年，德国、法国和意大利三国汽车工业与质量管理体系认证机构达成了认证证书相互认可协议。这为认证证书相互认可制度的建立打下了基础。

1997 年，美国三大汽车公司也加入了认证证书相互认可协议。

（3）IATF 成立

1996 年，德国、法国和意大利三国汽车行业协会和主要汽车制造公司商定，在国际汽车制造协会（OICA）内成立了一个国际汽车特别工作组（IATF），后又改称为国际汽车推动小组，其目的如下：

1）协调三国汽车行业质量体系标准和认证等事项。

2）开展研究工作，计划在 1998 年提出一个命名为 AQS2000 的三国通用的汽车行业质量体系标准，该标准还可用于第三方认证。

（4）IATF 制定统一的汽车质量体系标准

1996 年，在 IATF 成立不久，就立刻开展了制定"统一标准"的前期准备工作，如集中欧洲各国的质量体系标准，研读 QS9000 标准制定成功的"多标准整合经验"等，当然也力争外援。

1997 年，美国汽车工业行动集团（AIAG）也参加了 IATF 工作。接着 IATF 代表欧美汽车行业加入 ISO/TC 176 技术委员会，并参与 ISO 9000 系列标准的修订工作。

从此之后，IATF 制定"统一标准"的进度加快了。不久，在 ISO 9001 标准的基础上，结合汽车行业的特殊要求，很快制定出了"统一的质量管理体系标准"草案，得到了 ISO/TC 176 委员会的一致同意和认可后，还需时日才能通过国际标准的评审。由于汽车行业急需统一的质量管理体系标准，经 ISO/TC 176 委员会同意，使用 ISO 技术规范名称，由 ISO 予以公开出版。

（5）ISO/TS 16949 技术规范正式公布

1999 年 3 月，ISO/TS 16949：1999 技术规范正式发布。标准全名：《ISO/TS 16949：1999 质量体系——汽车供应商应用 ISO 9001：1994 的特殊要求》，简称 ISO/TS 16949 标准。

1.2.3 ISO/TS 16949 公布后的情景

（1）第一版 ISO/TS 16949：1999 公布后的情况

1）IATF 成员均表示认可和采用。其成员是 IATF 的发起者，由协会成员和顾客成员两部分组成。

协会成员——在欧洲地域的汽车协会，如德国汽车工业协会-质量管理中心（VDA-QMC）、法国汽车制造商委员会（CCFA）、法国车辆–设备工业联盟（FIEV）、意大利汽车制造商协会（ANFIA）、英国汽车制造与质量协会（SMMT），以及美国国际汽车监督局（IAOB）。

顾客成员——在欧洲地域的汽车制造厂，如德国宝马、奔驰、戴姆勒-克莱斯勒、大众，法国标致、雪铁龙、雷诺，意大利菲亚特，在欧洲的美国福特、通用的奥培尔（Opel）。

2）北美三大汽车公司仅表示了认可。

3）各国汽车质量体系标准同时存在。

从上所知，可以归结为一句话：首战告捷，ISO/TS 16949 成为欧洲汽车工业的通用标准。

（2）第二版 ISO/TS 16949：2002 公布后的情况

说明：这次修订标准时，把标准全名做了变动，改标准全名为《ISO/TS 16949：2002 质量管理体系——汽车行业生产件与相关服务件的组织实施 ISO 9001：2000 的特殊要求》。

此外，日本车辆制造者协会（JAMA）参加了此次标准修订工作。

公布后：

1）北美三大汽车公司和美国汽车工业行动集团（AIAG）参加了 IATF，分别成了顾客成员和协会成员。

2）北美三大汽车公司在美国召开了记者招待会，并宣布：凡与本公司配套的供应商可采用 ISO/TS 16949，但需通过认证，才能拿到订单。

3）JAMA 和日本汽车制造公司（本田、铃木、日产）表示了认可，日产也表示采用。

4）与其共存的标准情况。QS9000、VDA6.1、AVSQ、EAQF 均未见升级计划；关于终止计划方面，QS9000 于 2006 年 12 月终止，AVSQ 和 EAQF 于 2003 年 12 月终止，VDA6.1 没有表态。

5）ISO/TC 176 技术委员会提出全球统一的认证方案。为了获得 IATF 顾客成员对 ISO/TS 16949 认证的认可，ISO/TC 176 技术委员会开发了一个全球统一的认证方案，即"ISO/TS 16949 汽车认证计划和实现 IATF 认可准则"，并要求必须按照执行。同时规定,若 ISO/TS 16949 中附有顾客特殊要求,则此要求必须包括在认证审核中,这可促使获得更多顾客成员对 ISO/TS 16949 的认可。

ISO/TS 16949 发布后形势大好,成了通行欧洲、美洲、部分亚洲的汽车质量体系标准,其认证合格证也得到了业内各主机厂的认可。

(3) 第三版 ISO/TS 16949:2009 公布后的情况

汽车行业各质量管理体系标准共存局面继续存在,但其他标准均态势微弱,现只存下 VDA6.1 一个标准,而 ISO/TS 16949 变成了汽车行业广为采用和最受欢迎的标准。

1.2.4 迈向全球行业标准

1) 2016 年 8 月 9 日,ISO 和 IATF 联合发布公告,ISO/TS 16949 将于 2016 年 10 月改名为 IATF 16949。

2) 2016 年 10 月 1 日,由 IATF 单独出版的 IATF 16949:2016 问世了,这是它迈向全球行业标准的第一步。它的全名为:《IATF 16949:2016 汽车质量管理体系标准——汽车生产件和相关服务件的组织质量管理体系要求》。

1.3 新老标准的差异

新标准前言告知人们,为了实现 IATF 在公告中宣称的"新标准将超越和取代现行的 ISO/TS 16949"的诺言,以及使初版新标准迈好向世界汽车行业标准进军的第一步,IATF 在新标准制定前,对新标准内容提出了一些新规定:

1) 汽车供应商使用的质量管理体系要求是由 ISO 9001 质量管理体系要求、ISO 9000 质量管理体系基础和术语、汽车行业质量管理体系要求和汽车顾客特殊要求四个部分组成的。这次新标准中首次列入了汽车顾客的特殊要求。

2) 列入新标准的 ISO 9000 标准和 ISO 9001 标准,其版本应是最新的。

3) 新标准的标准文本架构采用 ISO 规定的高层次结构(HLS)。

4) 新标准中要对顾客导向性着重关注,还需对以前顾客的特殊要求予以综合,并列入新标准参考性附录。

5) 把实施新标准要求所需的指南、方法和工具栏列入新标准参考性附录。

按此规定,新标准中将出现许多老标准(ISO/TS 16949)没有的内容,其差异见下面内容。

1.3.1 标准名称和出版者

标准全名为《IATF 16949:2016 汽车行业质量管理体系标准——汽车生产件

及相关服务件组织的质量管理体系要求》。出版者为国际汽车推动小组（IATF），即标准的出版者从 ISO 变为 IATF。

1.3.2　标准架构、内容的调整

1）采用高层次结构（HLS），各章名称、数量和排序完全遵照执行，外加 21 个术语。

2）用"基本概念和质量管理原则"这一章节替代了老标准中的"质量管理体系基础"章节，并把"总则 02 的质量管理原则"由原来 8 项合并为 7 项，用语也有了变化。

3）把 ISO 9000 族的全部术语汇集于本标准，共 138 个，还从 13 个方面对其重新进行了划分。

1.3.3　与 ISO 9001：2015 变更一致的思路

1）采用基于风险的思维。
2）更加强调组织环境。
3）提高了服务行业的适用性。
4）增加了领导作用的要求。
5）更加注重实现预期过程的结果，以增加顾客满意。
6）减少规定性要求。
7）对成文信息的要求变得更加灵活。

1.3.4　汽车行业要求

1）着重考虑了顾客导向性。
2）新增了与安全相关零件和过程的要求。
3）加强了产品可追溯性要求，以支持最新法规、监管的变化。
4）新增含嵌入式软件产品的要求。
5）新增保修管理过程，包括处理无故障 NTF（No Trouble Found）以及汽车业指南的使用。
6）增加了解释次级供应商管理及开发的要求。
7）增加了企业责任要求。

1.3.5　汽车顾客特殊要求

应该指出，汽车行业高于 ISO 9001 的共同要求，均已作为标准条款列入新标准。这里所谓顾客特殊要求（也称为特定要求），是指在共同要求中不能涵盖的某

个公司附加的要求。对其应如何管理,在 IATF 16949 新标准中,也有相应的规定。

1) 汽车顾客特殊要求应如何管理,已列入新标准的质量管理体系要求。

2) 新标准新增了附录 B 的内容,可供实施新标准要求时参考或使用,除非顾客特殊要求另有规定。

3) 把以前顾客的特殊要求予以综合、归纳后,列入新标准的相应条款,并提出管理要求。

1.3.6 版权所有标识更改的影响

在新标准中,凡需采用 ISO 9001 要求的地方,一律用"见 ISO 9001:2015 的要求"标记代之,不再用在文字描述的周围加框表示。这样一来,避免了侵权,但把一个内容完整的标准强行一拆为二,需要阅读两个文本,给读者或使用者带来了极大不便。

补救方法:由于新标准中缺少了 ISO 9001 的内容,为了阅读方便,故在使用标准文本前,用户应自行把新标准中所缺的 ISO 9001:2015 标准的内容,填入到新标准的对应处,使其合二为一。这样一来,把内容不完整的新标准又变成了一本内容完整的标准文本,一分为二所造成的不便也就不存在了。

在本书的编写过程中,考虑到方便读者,将 ISO 9001:2015 中各章节条款的要求均已列入,包括了完整的新标准要求。

1.4 新标准简介

1.4.1 名称和前言

(1) 名称

名称为:《IATF 16949:2016 汽车行业质量管理体系标准——汽车生产件及相关服务件组织的质量管理体系要求》。

(2) IATF 16949:2016 前言

本汽车质量管理体系标准(本文中简称为"汽车 QMS 标准"或"IATF 16949"),连同适合的汽车顾客特定要求、ISO 9001:2015 要求以及 ISO 9000:2015 一起,定义了对汽车生产件及相关服务件组织的基本质量管理体系要求。正因为如此,汽车 QMS 标准不能被视为一部独立的质量管理体系标准,必须当作 ISO 9001:2015 的补充进行理解,并与 ISO 9001:2015 结合使用。ISO 9001:2015 是一部单独出版的 ISO 标准。

IATF 16949:2016(第一版)是一份创新标准,着重考虑了顾客导向性,综合了许多以前的顾客特定要求。

附录 B（参考书目）供实施 IATF 16949 要求时参考使用，除非顾客特定要求另有规定。

1.4.2　特点

新标准作为一份创新的标准，具有以下突出特色。

（1）顾客导向

新标准着重考虑了顾客的导向性、制造过程的质量能力和组织的质量管理体系有效性，强调绩效和结果。顾客导向是指企业以满足顾客需求、增加顾客价值为企业经营的出发点，在经营过程中特别注意顾客消费能力、消费偏好和消费行为的调查分析，重视新产品开发和营销手段的创新，用动态方式适应顾客的需求，它强调要避免脱离顾客实际需求的产品生产或对市场主观臆断。

（2）标准架构

新标准的架构与 ISO 9001：2015 一样，都采用了 ISO 推荐的管理体系标准的高层次架构。这样，就可提高标准的兼容性，为与其他管理体系标准的整合和统一创造了条件。

（3）风险思维

在策划和质量管理体系的实施过程中采用了基于风险思维的思想。

（4）顾客特殊要求

综合了许多以前各汽车制造商的经验的顾客特别要求，为在标准要求中列入顾客特殊要求打下了基础。

（5）要求与方法、工具结合

标准既提出了要求，又提供了完成要求的方法和工具，参见新标准附录 B。

1.4.3　适用范围

新标准是专供具有制造能力和相关的装配、安装和服务以及设计等汽车供应商建立质量管理体系用的。它可覆盖下列范围：

1）制造顾客指定的生产件、相关服务件或配件的生产现场。

2）具有支持生产现场职能，不论其是否在现场或远离现场的设计中心、公司总部、分销中心等。否则，不可覆盖。

3）OEM、热处理、油漆、涂装和原材料生产。

1.4.4　目的

新标准提供了这些以下要求，可作为组织建立自己的质量管理体系时必需的内容。

(1) 对外

1) 期望证实组织具有稳定提供满足顾客要求及适用法律法规要求的产品和服务的能力。

2) 促进顾客对组织的信任和提高对产品的满意度。

(2) 对内

1) 实现对产品质量、生产能力和管理水平的持续不断的改进，并促使成本下降。

2) 强调基于风险思维、应用统计过程控制和防错技术，防止产品缺陷和不良结果的出现。

3) 保持生产过程中产品质量的稳定和一致性，减少产品质量波动和浪费［例如：产品存量过多、周转太慢、在制品等待上线（待线）时间太长和搬运过多等］。

1.4.5　质量管理模式

在新标准中已不再提某某管理模式，避免束缚大家的思考。笔者建议大家还是要学习 ISO 9001：2015 中的"标准的结构在 PDCA 循环中的展示"图，从中可领悟到新标准质量管理体系是怎样进行运作的。

1.4.6　质量管理标准的架构

汽车质量管理体系标准的架构完全遵循 ISO 管理体系标准架构，即高层次架构（HLS）。其标准文本的章节框架除引言外，共有 10 个章节，其核心文本内容有：范围、规范性引用文件、术语和定义、组织环境、领导作用、策划、支持、运行、绩效评价和改进十大内容。

1.5　IATF 16949 与 ISO 16949：2009 技术规范的对比

1.5.1　汽车行业标准发展的不同阶段

IATF 16949：2016（由原先的 ISO/TS 16949 修订而来）是一份创新标准，着重考虑了顾客导向性，并综合了许多以前的顾客特定要求。IATF 16949：2016 的创建，注销并取代了 ISO/TS 16949：2009，原 ISO/TS 16949：2009 于 2017 年 10 月 1 日停止认证，已获得的 ISO/TS 16949：2009 证书将于 2018 年 9 月 14 日失效。

IATF 与 ISO 保持着强有力的合作，确保持续与 ISO 9001 保持一致。

在准备从 ISO/TS 16949：2009 转换至汽车质量管理体系标准——IATF 16949 的过程中，IATF 征求了认证机构、审核员、供应商和 OEM 的反馈意见。

IATF 16949：2016 的目标是：在供应链中开发持续改进、强调缺陷预防以及减少变差和浪费的质量管理体系。

1.5.2　IATF 16949：2016 与 ISO/TS 16949：2009 的重大差异点

虽然两者在认证要求上是一致的，都是依据标准或技术规范，还要顾及顾客的特殊要求，然而它们却有很大的差异。新标准的认证要求如图1-1所示。

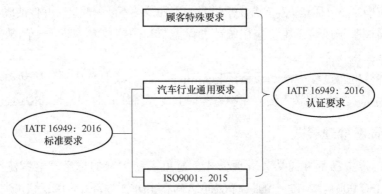

图1-1　IATF 16949：2016 认证要求

两者的差异，除上文1.3节所述外，还有以下方面：

1）采用了ISO指令中的"高层次结构"的同时，标准条文架构改变，从ISO/TS 16949：2009 为 8 章节，变成 IATF 16949：2016 为 10 章节，如图1-2所示。

2）增加了对组织背景环境（4.1、4.2）的理解要求，并要求确定组织目标和战略。

3）着重地强调了最高管理者的领导力和承诺，最高管理者要对管理体系的有效性承担责任，推动过程方法及基于风险的思想的应用（5.1.1）。

4）明确提出"确定风险和机会应对措施"的要求（6.1.1、6.1.2）。明确提出基于风险的思维，即要求通过"识别风险、理解风险、策划应对风险的措施、采取措施、检查措施的有效性、学习改进"等一系列活动来实施过程方法，从而在过程和质量管理体系

图1-2　标准章节的演变

第1章 概 论

等层面有效运用过程方法，提升组织风险管理水平。与此同时，增强了对改进机会的管理。组织应更重视识别机会并采取措施把握机会。

5）强化合规性并新增产品安全管理。

6）新增知识管理要求，首次提出了知识也是一种资源，也是产品实现的支持过程（7.1.6）。

7）强化变更控制管理。

8）增强追溯性要求。

9）细化供应商管理要求。

10）增加保修管理要求。

11）新增嵌入式软件管理。

12）提高了内审员、二方审核员的要求。

13）强调将顾客特定要求，融入组织质量管理体系当中。

14）其他变化还包括如下：

a）用"产品和服务"替代了"产品"，强调产品和服务的差异，使标准的适用性更广泛（4.3c）。

b）用"外部提供的过程、产品和服务"取代"采购"，包括"**外包过程**"（8.4），使其包容范围更广，要求更加严格。

c）明确提出将管理体系要求融入组织的过程（6.1.2、8.1）。

d）丰富了"预防措施"的内涵，预防措施概念采用以风险为基础的方法来表示（10.2）。

e）关于标准的适用性，不再使用"删减"一词，但组织可能需要评审要求的适用性。

f）删除了某些特定的要求，如管理者代表等。

g）合并了某些文件和记录，使用新术语"成文信息"（7.5），可缩略为"成文信息"，较少出现"记录"（活动结果的证据）这一术语，多用"信息"或"文件化信息"来代替。

上述的差异，是依据章节结构、内容和要求的变化方面考虑的。然而，从更深的层次上讲，本次 IATF 16949：2016 相对于 ISO/TS 16949：2009，在章节架构变化的背后，是质量管理体系在组织当中推进实施时，其内在逻辑架构的转变。这一逻辑架构更加贴近企业整体运营管理的实际，以及组织最高经营者的思维方式，而不是质量管理者在质量管理这个单一维度上的思维方式。

1.5.3 新标准带来的好处

新标准带来的好处主要如下：

1）质量管理体系更好地融入进了企业整体运营管理体系，并成为企业整体运营管理需求的一部分。同时，也便于质量管理人员更好地融入管理团队，并与团队进行有效沟通。

2）正是因为企业整体运营管理融入了质量管理体系，从而确保企业始终以满足客户需求为导向，同时满足各相关利益方的需求，稳定提供满足顾客要求以及适用的法律法规要求的产品和服务的能力，从而促成增强顾客和相关方满意的机会。

3）由于企业整体运营管理与质量管理体系在逻辑上的一致性，确保了在实施质量管理体系的贯标过程中，企业整体管理绩效将随之提升，并保持管理目标、方法和资源配置上的弹性。

4）从要素思维转换为运营管理思维，在操作性更强的同时，又无损于质量管理要素在运营管理过程中的体现。

5）证实组织已具备和完善实现质量管理体系所要求的能力。

6）使组织具有应对与组织环境和目标相关的风险的能力，以及有效利用机遇的能力。

7）防止在汽车供应链中质量波动和浪费的发生，从而使成本下降，最终使顾客、供方和相关方均受益，为组织的持续发展提供了基础。

Chapter 2 第2章

质量管理体系基础和术语

2.0 引言

本章内容除引自列入新标准要求之一的 ISO 9000: 2015 标准外,另加汽车行业术语和定义 41 个。

鉴于本套丛书中,已另有专著详细阐述了 2015 版 ISO 9000 标准的有关问题,可参见《ISO 9000 质量管理体系(第3版)》[1],所以在此仅列出其主要条目,而对具体内容就不赘述了。在 ISO 9000 标准族中,包含了:质量管理基本概念和原则;从发布之日起,凡由 ISO/TC 176 技术委员会起草的全部质量管理和质量管理体系标准;基于这些标准的其他特定领域的质量管理体系标准中,所应用的术语和定义。ISO 9000 族中的基础是指质量管理基本概念和原则。2015 版 ISO 9000 标准(新版)与原标准(旧版)相比,质量管理基本概念和原则除了做些编辑性修改外,主要变化如下:

1)作为 ISO 质量管理基础的质量管理原则(即7项原则)已被命名为"质量管理基本概念和原则"。它是在旧的"8项原则"上修订而成的,增强了应对环境和顾客要求变化的能力(即应变能力)。

2)新版标准对"质量管理基本概念和原则"的条款内容,通过"概述"来予以阐明。另外,为了方便读者的理解,特别对每项原则,从"依据""主要益处"和"可开展的活动"三个方面进行了解释。

a)通过"依据"解释组织要重视这一原则的原因。

b)通过"主要收益"示例,来说明应用这一原则的结果。

c)通过"可开展活动"示例,给出了组织应用该原则提高组织绩效的一些典型措施。

3）IATF 汽车 QMS 所应用的术语和定义，在分类和数量方面变化如下：

a）ISO 术语分类由原来的 10 类变成了 13 类。

b）ISO 术语数量由原来的 84 个变成了 138 个。

c）汽车行业术语由原来的 18 个变成了 41 个。

2.1 质量管理基本概念和原则

2.1.1 概述

2.1.1.1 质量管理基本概念和原则修订的背景

当前组织所面临的工作环境与当年（2000 年）提出"8 项原则"时的环境已截然不同，现时环境的特点如下：

1）变化加快，市场全球化，知识作为主要资源出现，以及质量的影响已经超出顾客满意的范畴，应对不及时将可能使组织的声誉受损。

2）社会教育水平的提高，需求的增长，增强了相关方的影响力。

面对变化了的环境，ISO/TC 176 技术委员会在 ISO 9000 标准发布 25 周年（2012 年）之际，公布了未来 10 年的愿景：希望以 ISO 9001 和 ISO 9004 标准为主的 9000 族，继续在世界范围内受到关注和使用，希望这些标准能成为组织主动实现持续发展的组成部分。

基于上述原因，ISO/TC 176 技术委员会从 2012 年开始，启动了下一代质量管理标准的研究工作：

1）继续强化质量管理标准对经济持续增长的基础作用，为未来 10 年或更长时间的质量管理体系提供一个稳定的、系列的核心要求。

2）把采用 ISO 标准的质量管理体系的组织，看作具有学习和生存能力的有机体，该有机体在满足标准要求的基础上，仍然具有充分的灵活性，以适应不断变化的内外环境。

质量管理基本概念和原则是一个整体（共 12 项），它由质量管理原则（7 项）和得到质量管理原则支持的基本概念（5 项）两大部分组成。其组成部分彼此不能孤立存在，没有哪一个概念或原则比另一个更重要。但在具体应用时，适当权衡则是至关重要的。

2.1.1.2 质量管理基本概念和原则的作用

这次公布的质量管理基本概念和原则，不仅在原来 8 项原则的基础上梳理、修订，而且还具有灵活性，以便使组织面对日益变化的内外部环境以及相关方不断

第 2 章 质量管理体系基础和术语

变化的需求和期望时，能沉着应对，其作用如下：

1）它是制定新的 ISO 9000 族的理论基础和指导思想，也是正确认识和深入理解新标准的基础。

2）它既是组织高层用来建立、实施和改进质量管理体系的行为准则，又是用来领导组织进行业绩改进和持续发展的指导思想。

3）它将帮助组织获得应对与最近数十年来截然不同的环境变化所提出的挑战的能力。

4）它向处于动态环境中的组织，如何建立和运行质量管理体系提供了一种新的思考方式，如可采用 PDCA 循环，基于风险的思维等。

这些作用都将为组织在发展过程中，不断地适应环境的变化提供了有益的帮助。

2.1.1.3 质量管理基本概念的构成

在 ISO 9000：2015 标准中，基本概念是指质量、质量管理体系、组织环境、相关方和支持五大概念的统称。概念是反映对象本质属性的思维形式。在人类认识过程中，把所感知事物共同本质的特点抽象出来，加以概括就形成了概念。

为便于读者阅读，本章对标准涉及的概念，基本从"涉及范围""名词说明"和"内容注释"三个方面，来进行解读。

2.1.2 质量方针

质量方针：是指组织在质量方面的方针。它是由最高管理者正式发布的组织在质量方面的宗旨和方向。

（1）涉及范围

从标准的概述可知，它包含四个方面的内容：质量和产品质量、企业文化、满足顾客能力、顾客对价值与得利的感知等。

（2）名词说明

质量的词义是产品或工作的优劣程度。这个词汇，直到 20 世纪 80 年代随着 ISO 9000 族的兴起和发展，才变成了常用词语。质量一词最早用于"产品质量"，随着人们认识的深化，后又把质量一词扩展到"工作质量""经营质量"等。也就是说，把质量一词的应用范围从专指产品和制造过程的质量，现已扩展到组织所有过程的质量。为了突显后者，把前者称为狭义质量（又称为小质量），后者称为广义质量（又称为大质量）。

1）**质量**。实体的一组固有特性满足要求的程度。

注 1：实体是指可感知或可想到的任何事物，例如产品、服务、过程、人员、组织、体系、资源，它是对一组固有特性的界定。

注 2：要求是指明示的、通常隐含的或必须履行的需求或期望，它可由不同的相关方（含顾客）或组织自己提出。

本定义清楚规定，质量是实体的固有特性与主体的相关方要求之间符合程度的度量。质量一词并不能直接说明事物状态的优劣，若需要，必须加修饰词（如好、差和优等）才行。可以按照质量定义的"注1"衍生出一系列的具体事物的质量定义（如产品质量、服务质量和过程质量等）。

一个关注质量的组织，倡导通过满足顾客和其他有关相关方的需求和期望，来实现其价值的文化。这种文化将反映在行为、态度、活动和过程中。组织的产品和服务质量，取决于满足顾客的能力以及对相关方有意和无意的影响。产品和服务质量不仅包括其预期的功能和性能，而且还涉及顾客对其价值和利益的感知。

2）质量管理。 关于质量的管理（管理是指指挥和控制组织的协调活动）。质量管理可包括制定质量方针和质量目标，以及通过质量策划、质量保证、质量控制和质量改进，实现这些质量目标的过程。在这里，应特别注意质量管理和质量控制的区别。前者范围更广，包括：方针、目标、策划、保证、控制和改进六个方面。

也可以这样说，质量管理是指在质量方面指挥和控制组织的协调活动。通常包括制定质量方针和目标，以及质量策划、质量保证、质量控制和质量改进等活动。

质量管理活动涉及组织的各个方面，它要求围绕产品质量形成的全过程，即新产品设计和开发、生产过程的控制、工艺水平的提高、技术设备的改进、人员能力的提高、资源的获取、职责权限的分配和改进产品质量等方面，开展质量管理活动。

组织在考虑这些质量活动时，要基于风险的思维，最大限度地降低不利影响和利用出现的机遇，尽可能地平衡组织、顾客和其他相关方的利益，从而提供符合顾客要求和其他相关方要求的产品。

(3) 内容注释

1）针对组织（企业）最高领导者或最高领导层而言，要求他们在关注质量的同时，必须倡建企业文化。企业文化的中心内容是使命、愿景和价值观，其中价值观更是其中心内容的核心。

在这里，价值观是基于人的思维感官之上所做出的认知、理解、判断或抉择，是指人认定事物、辨定是非的一种思维或取向，也是指个人对客观事物及对自己行为结果的意义、作用、效果和重要性的总体评价。组织的价值观反映出其追求、提倡及反对的内容。

组织的宗旨可理解为其愿景、使命、方针和目标。

- 愿景是指组织愿景。它是由最高管理者发布的对组织未来的展望。
- 使命是指组织使命。它是由最高管理者发布的组织存在的目的。
- 方针是指组织方针。它是由最高管理者正式发布的组织的宗旨和方向。
- 目标是指要实现的结果。一般可分为长期的和短期的对活动预期达到的结果的设想。

组织的宗旨清楚地告知全体员工和外界：本组织的性质、目标、远景和组织的价值观，也是组织每一项决定和每一步行动的指南。如果领导者与员工之间，能够建立明确的使命，拥有同样的变革愿景，并就核心价值观达成共识，那么，企业将形成一个和谐的文化环境，具有强大的凝聚力和统一的行为方式，其结果是使企业获得了生存和发展的内在强大动力。在此动力驱动下，完成使命、愿景和目标，指日可待。

2）理解可从其中三个名词（即质量、产品质量和服务质量）着手，搞清了这三个名词的含义，由此及彼，也就理解了质量方针。质量方针的目的是在强调要使产品质量满足顾客要求，组织必须具有满足顾客需求的能力。因为在现代商品市场中，顾客占据支配地位，"买与不买"可决定企业的兴衰。因此，对顾客的要求不能等闲视之，一定要放在首位。

与此同时，对相关方的要求，也应予以满足。特别要注意，在对顾客要求予以满足的同时，必须审视是否会对相关方造成正面或负面的影响，特别是对负面影响，更需注意。

3）质量方针明确指出：不仅要实现顾客预期的产品和服务的功能和性能，还需满足顾客的欲望，最好能使顾客感到惊喜，感到所购买的产品或服务是超值的。与此同时，还要注意提升顾客价值和对利益的感知。

特别要强调提升顾客对利益感知的重要性，若顾客没有感知，当然也不存在购物的行为，那么组织的一切活动都是空忙。可通过提升产品外形或包装价值、个人价值和公司形象价值等，来增强顾客的感知。顾客价值理论是最近由学术界提出的，并得到了企业界的认同，它是论述企业怎样在竞争中保持优势的一种理论。顾客价值通常是指，顾客所能感知到的利得与其获取产品或服务所付出的成本（即利出），经过权衡后，顾客若感到利得，就有可能购买。

2.1.3 质量管理体系

2.1.3.1 概述

定义：组织建立质量方针和质量目标以及实现这些目标的过程的相互关联或相互作用的一组要素。

体系是指相互关联或相互作用的一组要素。**要素**是指构成体系的基本单元，可将其细化为组织结构、程序、过程和资源。可将这个定义的要点归纳为：

1）质量管理体系包括组织确定其方针、目标，以及为获得预期结果确定所需的过程和资源的活动。

2）质量管理体系管理相互作用的过程和所需资源，可以向有关的相关方提供价值,并实现结果。

3)质量管理体系能够使最高管理者,通过考虑其决策的长期和短期的影响,而优化资源的利用。

4)质量管理体系给出了在提供产品和服务方面,针对预期和非预期的结果,确定所采取的方法。

2.1.3.2 解读

（1）涉及范围

质量管理体系基本概念的概述为四大要点,其实质是讲述了四个方面的内容:建立目标、系统思考、资源配置和预期结果。

（2）名词说明

1)体系（系统）,相互关联或相互作用的一组要素。构成体系的这些要素,可以是一些个体、组件,或分系统、子系统和过程等。通过要素间相互关联或相互作用,把一组要素组成一个具有特定功能的有机整体（即具有结构性和功能性）或网络。要素是系统的核心骨架,也就是说,体系是指组织为了实现组织目标,把一些不同职能的要素,通过相互关联或相互作用,组成一个共同工作或活动的集合体或团队。一旦作为一个系统,那么,它就具有了新的功能。

2)相互关联,一般是指要素之间的衔接关系,包括先后、并行、直接、间接连接等,如先询价,再下订单。

3)相互作用,一般指要素之间的影响关系,包括决定、促进和抵消等,如根据评审结果,再决定费用。

相互关联或相互作用的关系,既存在于一个过程中活动之间,也存在于一个管理体系中的过程之间。一旦组成一个连续过程,该过程具有更高层级（过程一般可分为三个典型层级：组织、业务、岗位）。

管理体系是指制定方针和目标,以及为了实现这些目标所需的、相互关联和相互作用的一组要素,这组要素如何组合,将对组合后管理体系的有效和高效运行具有重要影响。

管理体系可能包括几个领域,也可针对单一领域,即组织可以建立和实施一个综合的管理体系,涵盖质量管理、财务管理、资产管理、环境管理和安全管理等。当然,组织也可建立和实施多个单一的管理体系,如：质量管理体系、环境管理体系等。但要注意,不同的管理体系有不同的目标,但它们之间应具有互补性。到底采用哪种管理形式,组织可自行选择。就目前趋势而论,综合型管理体系是发展方向,因为它会提高组织的整体运营效率和有效性,且降低管理成本。

质量管理体系：管理体系中关于质量的部分。

质量管理体系是组织的管理体系中,可以单列的一个管理体系。为了质量管理体系的建立、健全和有效运行，需要组织确定该体系的质量方针和质量目标，以及为实现这些目标所需的相互关联和相互作用的一组要素与匹配的资源。这组要素包括领导作用、环境、策划、支持、运行、绩效评价和改进等内容。

典型的过程管理模式是 PDCA 循环，而过程的受控条件一般可以从 5M1E（人、机、料、法、环、测）这六个方面来加以确定。因此，在输入、输出和活动中，组织常会设置监视与测量点进行监控，用来衡量过程绩效和识别改进机会。

（3）内容注释

1) 在一个组织内，存在着各种各样的体系，既有整体的经营管理体系，也有各职能活动的管理体系，质量管理体系就是其中之一，它是组织有效开展质量管理活动的核心。

要建立、健全和有效运行质量管理体系，组织需要确立质量方针和质量目标，并为实现这一目标确定所需的过程和配备必要的资源。

2) 每个组织都由诸多的职能部门所构成。这些职能部门在组织的结构图上常被视为一个个独立的单位。但是，管理者必须从整体的角度，也就是从系统思考的角度来看待组织。尤其面对复杂的外部环境和不断变化的顾客要求时，特别要关注这些职能间的联系、组合和相互作用（是指两个相互重叠部位，又称为相互作用的节点），以及资源的获取、利用和整合，而不是孤立地考虑各个职能部门的作用。成功的管理依赖于系统的策划、连续的控制和持续的改进，以满足相关方的要求和实现体系目标。应该指出，随着横向跨部门、跨职能的高效团队组织形式的日益增多，传统的部门职能逐渐淡化，管理层级也相应减少。

3) 质量管理体系运行中，最高管理者必须重视资源的配置和优化。通过对质量管理体系的"目标-资源"分析，最高管理者对长、短期目标所需资源综合平衡和优化后，即可确定资源的配置和优化。当然，是否合适还需在实践中加以检验。

4) 质量管理体系的建立和实施，是为了取得预期的产品和服务的结果，但常常也会出现非预期的结果。因此在策划中，就要做好应急预案，以备不时之需。

2.1.4 组织环境

2.1.4.1 概述

理解组织环境是一个过程，这个过程确定了影响组织宗旨、目标和可持续性的各种因素。它既需要考虑内部因素（如：组织的价值观、文化、知识和绩效），还需要考虑外部因素（如：法律、政策、技术、竞争、市场、文化、社会和经济环境）。

2.1.4.2 解读

（1）涉及范围

对组织环境的理解，涉及：对组织环境一词的理解、怎样表达和对组织生存发展的影响三个方面。

（2）名词说明

组织环境：对组织建立和实现目标的方法，有影响的内部和外部因素的组合。

组织的目标可能涉及其产品和服务、投资和其相关方的行为。组织环境的概念，除了适用于营利性组织，还同样能适用于非营利或公共服务组织。这一概念也常用其他术语表述，如商业环境、组织环境或组织的生态环境。

组织环境定义的说明：本术语中的环境，一般是指与组织生存和发展相关的各种因素，是指组织的综合处境。组织环境既包括组织所在的自然生态环境，也包括人文、社会、商业和政治环境等因素；既包括组织外部各种因素（如：法律、政策、技术、竞争市场、文化和金融环境等），也包括组织内部的因素（如：组织的价值观、企业文化、专利知识、员工素质和设施水平等）。总之，所有对组织的生存发展、生产运营、产品和服务有影响的因素，均构成组织环境的组成要素，都应给予关注和考虑。

（3）内容注释

一个组织在创立之初，首先要明确宗旨（即现今的愿景和使命），而宗旨是建立在组织环境的基础之上的。无此基础，何来开宗明义。由此可见，知晓组织环境的重要性。

同样，要使组织兴旺发达，实现组织的可持续发展和持续成功。组织必须知晓自身的优势和劣势，以及如何形成自身的竞争优势。这一切又与理解和利用组织环境，是密不可分的。

还有，组织在建立质量管理体系之前，也需清楚知晓组织环境。在 ISO 9000 族中，提供了一个通用性的建立质量管理体系框架性要求。各组织在此框架内，可按照各自情况来建立适合各自要求的质量管理体系，这各自情况就是指各自的组织环境。因此，在建立组织的质量管理体系之前，先要确定各自的组织环境，是十分重要的。应把"理解组织环境"作为一个过程。通过这个过程，来理解组织环境的定义及其内涵。

1）需要确定存在于组织内外部的、可能对其短期或长远生存产生影响的诸多因素，为此，需要对组织环境进行分析。

2）组织环境分析可从宏观环境、产业环境和内部环境几个层面进行，从而较全面地了解组织运行所需的法律、法规的要求，行业趋势和市场状况，竞争对手和顾客状况，以及技术趋势和内部能力等。

组织环境分析还可帮助组织知晓其运营面临的外部环境、组织本身的优势和劣势，以及如何把这些外部因素和内部条件很好地组合起来，形成组织的竞争优势。在当今买方市场情况下，竞争优势的取得，意味着组织将取得持续发展和持续成功。

若管理体系只覆盖组织的一部分，如具有多层架构的组织中，子公司的管理体系是母公司的一部分，只要子公司总经理具有指挥和控制子公司的职能，那么，子公司的总经理就是子公司的最高管理者，而不是母公司的总经理。

有关 ISO 9000 基本概念的五个部分，前面已论述了质量、质量管理体系和组织环境，其中相关方和支持内容较简单，故只做下简介。

相关方是指可影响决策或活动，也被决策或活动所影响，或他自己感觉到被决策或活动所影响的个人或组织。它涉及与组织有利益关系的方方面面，如：投资者、供应商、银行、商会和相关协会等。

支持是支撑的同义词。在这里，它是指过程创造价值所离不开各种条件的支撑。在支持这个基本概念中，主要是强调最高管理者运用自己对组织的指挥和控制权力，在建立和有效运作质量管理体系和全体员工积极参与为完成目标做出贡献这两个方面，予以支持，其目的是支持组织实现目标。在新标准中，支持包括许多方面：人力资源、基础设施、制造设备、检验和监测、过程运行环境、意识、沟通、信息、文件管理等。

意识通常是指人脑对内外表象的觉察，是人的头脑对客观物质世界的反映，也是感觉、思维等各种心理过程的总和。为提高员工为组织做出贡献的积极性、增强自觉性的意识，最高管理者要去创建和身体力行地来推行企业文化，尤其是企业的价值观。它是指导企业全体人员行动的准则，也是企业长远发展的根本要求。

在这里，**沟通**是指信息的传递与理解。

2.1.5 质量管理原则

由于新版质量管理原则除了用"概述"介绍每一个原则之外，为了便于读者对原则的理解，新增了"依据"（通过依据来说明组织要重视这一个原则的原因）"主要益处"（说明应用这一个原则带来的结果）和"可开展的活动"（给出组织应用这一个原则能够采取的措施）三个方面，来对每一个原则进行解释，这样较为全面。

2.1.5.1 以顾客为关注焦点

概述：质量管理的首要关注点是满足顾客要求，并且努力超越顾客期望，因此，必然要以顾客为关注焦点。

1）依据。

a）组织只有赢得和保持和其他相关方的信任，才能获得持续成功。

b）与顾客相互作用的每个方面，都提供了为顾客创造更多价值的机会。

c) 理解顾客和其他相关方当前和未来的需求,有助于组织持续发展和成功。

2) 主要益处。

a) 提升了顾客价值、满意度和忠诚度,以及组织的声誉。

b) 扩展了顾客群、重复业务和市场份额。

c) 增加了企业的收入和顾客的获得感。

3) 可开展的活动。

a) 识别从组织获得价值的直接顾客或间接顾客,理解顾客当前和未来的需求和期望。

b) 将组织的目标与顾客的需要和期望联系起来,在整个组织内沟通顾客的需求和期望。

c) 为满足顾客的需求和期望,对产品和服务进行策划、设计、开发、生产、交付和支持,测量和监视顾客满意度情况,并相应采取适当的措施。

d) 在有可能影响到顾客满意及相关方的需求和适宜的期望方面时,确定并采取措施。

e) 主动管理与顾客的关系,以实现持续成功。

2.1.5.2 领导作用

概述:各级领导建立统一的宗旨和方向,并创造全员积极参与实现组织质量目标的条件。

1) 依据。组织应建立统一的宗旨和方向,创造全员积极参与的条件,能够使组织将战略、方针、过程和资源协调一致,以实现其目标。

2) 主要益处。

a) 提高实现组织质量目标的有效性和效率。

b) 开发和提高了组织及其人员的能力,以获得期望的结果。

c) 改善了组织各层级、各职能间的沟通,使组织的过程更加协调。

3) 可开展的活动。

a) 在整个组织内,就其使命、愿景、战略、方针和过程进行沟通。

b) 培育诚信和正直的文化,在组织的所有层级创建并保持共同的价值观,以及公平和道德的行为模式。

c) 鼓励在整个组织范围内,履行对质量的承诺。

d) 确保各级领导者成为组织中的榜样,为员工提供履行职责所需的资源、培训和权限,激发、鼓励和表彰员工的贡献。

2.1.5.3 全员积极参与

概述:整个组织内各级胜任、经授权并积极参与的人员,是提高组织创造和提供价值能力的必要条件。

1)依据。

a)为了有效和高效地管理组织,各级人员应得到尊重,并参与其中,这是极其重要的。

b)在实现组织的质量目标过程中,通过表彰、授权和提高能力,促使成员积极参与。

2)主要益处。

a)随着全体员工积极参与程度的提高,促进了对质量目标的理解和对共同价值观的关注,增强了实现目标的驱动力。

b)促进了个人能动性和创造力的发挥,增强了相互信任和协作。

c)提高了人员的满意程度。

3)可开展的活动。

a)与员工沟通,以增强员工对个人贡献重要性的认识。进行调查,以评估员工的满意度。沟通其结果并采取适宜的措施。

b)赞赏和表彰员工的贡献、学识和进步。针对个人的绩效目标,进行自我评价。提倡公开讨论,分享知识和经验,促进整个组织内部的协作。

c)应使员工在毫无顾虑、主动参与的情况下来确定影响执行力的制约因素。

2.1.5.4 过程方法

概述:将活动作为相互关联、功能连贯的过程组成的体系,来理解和管理时,可更加有效和高效地取得一致的、可预知的结果。

1)依据。质量管理体系是由相互关联的过程所组成的。只有明了体系是如何产生结果后,组织才有可能去完善体系和优化绩效。

2)主要益处。

a)通过由协调一致的过程所构成的体系,得到一致的、可预知的结果。

b)使组织能够向相关方提供关于其一致性、有效性和效率方面的信任。

c)提高了关注关键过程的结果和改进机会的能力。

d)通过过程有效的管理、资源的高效利用及跨职能壁垒障碍的减少,尽可能提高其绩效。

3)可开展活动。

a)确定体系的目标和实现这些目标所需的过程,以及了解组织的能力,预先确定资源的约束条件。

b)确定过程相互依赖关系,分析个别过程变更对整个体系的影响。

c)将过程及其相互关系作为一个体系进行管理,能有效和高效地实现组织的质量目标,以及为管理过程确定职责、权限和义务。

d)确保获得必要的信息,以运行和改进过程,并监视、分析和评价整个体系的绩效。

e）管理可能影响过程输出和质量管理体系整体结果的风险。

2.1.5.5 改进

概述：成功的组织应持续关注改进。

1）依据。"改进"对于组织而言，不管其用于保持当前的绩效水平，还是用来应对组织内、外条件的变化或用于创新，均是十分必要的。

2）主要益处。

a）提高了过程绩效、组织能力和顾客满意，还提高了对内外部风险和机遇的预测和反应能力。

b）增强了对调查和确定根本原因及后续的预防和纠正措施的关注，以及对渐进性和突破性改进的考虑。

c）增强了学习和创新的动力。

3）可开展的活动。

a）赞赏和表彰改进。

b）促进在组织的所有层级建立改进目标，可将改进与新的或变更的产品、服务和过程的开发结合在一起，予以考虑，并开发和展开过程，以便在整个组织内实施改进项目。

c）对各层级人员进行教育和培训，使其懂得如何应用基本工具和方法来实现改进目标，从而确保员工有能力成功地促进和完成改进项目。

d）跟踪、评审和审核改进项目的策划、实施、完成和结果。

2.1.5.6 循证决策

概述：基于数据和信息的分析与评价进行决策。这种决策更有可能产生期望的结果。关于循证决策的进一步说明，可参见2.4.6节。

1）依据。决策是一个复杂的过程，并且总会包含某些不确定性。它经常涉及多种类型和来源的输入和对其的一些见解，而这些见解有时可能是主观的。因此，决策时一定要弄清因果关系和可能存在的非预期后果，而对事实、证据和数据的分析，可使决策更加客观和可信。

2）主要益处。

a）改进决策过程及对过程绩效和实现目标能力的评估。

b）改进运行的有效性和效率。

c）提高评审、挑战和改变观点和决策的能力。

d）提高了证实以往决策评审有效性的能力。

3）可开展的活动。

a）通过确定、测量和监视关键指标，以证实组织的绩效。为此，必须满足下

第2章 质量管理体系基础和术语

列规定：
- 确保数据和信息是足够准确、可靠和安全的。
- 使用的方法对数据和信息进行分析和评价，是适宜的。
- 确保人员有能力分析和评价所需的数据。相关人员能够获得所需的全部数据。

b）在基于证据基础上，结合经验和直觉，经过权衡，做出决策并采取措施，这也是循证决策过程的简要说明。

2.1.5.7 关系管理

概述：为了持续成功，组织需要管理与相关方（如供方）的关系。

1）依据。因相关方能影响组织的绩效和持续成功，故组织需要建立关系管理职能，来关注并妥善处理与相关方的关系。组织尤其要关注与供方及合作伙伴网络关系的管理，以尽可能有效地发挥其在组织绩效方面的作用，使组织持续成功更有可能实现。

2）主要益处。

a）由于建立了供需关系管理职能，日常沟通畅通，提高了办事效率。

b）由于交往增多和共同工作机会，对组织的目标和价值观，相关方可能会表示认同。这样一来，使组织获得了管理良好、可稳定提供产品和服务的供应链。

c）通过共享资源和人员能力，以及与质量有关的风险管理，增强了组织为相关方创造价值的能力。

3）可开展的活动。

a）确定与组织关联的相关方包括供方、合作伙伴、顾客、投资者、雇员或整个社会，以及他们在关系管理上的排序。

b）在贸易关系上采用短期利益与长期共赢相结合的平衡原则。

c）在合作上组织与相关方可开展共同收集和共享信息、专业知识和资源，也可合作开展开发和改进活动。

d）适当时，测量绩效并向相关方报告，以增加改进的主动性。

e）鼓励和表彰供方及合作伙伴的改进和取得的成绩。

2.2 术语和定义

2.2.1 概述

"术语"是指各行业或各学科领域专用名词的统称。

"定义"是指对一种事物本质特征或一个概念内涵和外延，所做的确切表达。

2.2.2 术语的重要性

(1) 便于国际交流

对于国际贸易和国际学术交流来说，在交流中，使用术语是常事，因此对术语形成共识是十分必要的，可避免许多不愉快事情的发生，而且使交流在融洽的气氛中进行，加快了交流的进度，同时还增进了友情。

(2) 提高了各部门的工作效率

由于各部门、各行业、各组织和工作人员常常会根据自己的习惯和理解来使用术语，于是出现了术语上的歧义。它往往会导致合同执行中的差错，从而造成经济上的损失。因此，术语标准化势在必行。ISO 组织为此制定了许多有关术语的标准。"ISO 9000：2015 质量管理体系基础和术语"就是一例。

(3) 学好术语是正确理解新标准的基础

在学习新标准中常会接触许多新、老术语，如果只是想当然，往往会造成理解上的偏差，用这种学习作风来对待术语的学习是不妥的，因为公布的术语，它们都有确切的定义。有时，字典中的解释也未必适用。

2.2.3 学习术语的要领

1) 弄清术语的发布者。弄清了术语的发布者，就等于知道了术语的适用范围，这样就可避免犯使用地域不当的错误。

2) 抓住关键词。在理解术语时，首先要抓住关键词，然后弄清关键字的内涵，接着再去注意其他词，一般是形容词等，这样术语的概念也就迎刃而解了。

3) 重视术语定义的注释。注释虽不是定义的正文，但它有时是定义正文的补充，有时在正确理解正文方面能助我们一臂之力，如：注常常会对定义暗含部分或适用范围做出明确的说明。

4) 严格区分近义词。如何区分貌似相近而内涵却不相同的术语是一个难点。对此，应查到出处，并加以仔细比对，从中找出区分处。对词义相近的术语，更要如此。返工和返修、纠正和纠正措施就是这样的示例。

5) 掌握术语概念系统图的应用。术语概念图是应用系统方法，把众多术语通过术语概念之间的关系（替代关系、属种关系、从属关系和关联关系），连接成术语概念系统图。它的用途：当学习众多术语时，可用系统分析的方法，按照术语概念系统图上的相互关系，然后用分层法对术语进行研读。这种图示法，能增进理解，加深记忆，不失为一种很好的学习方法。

2.2.4 新标准术语和定义的变化

1) 术语和定义条款数和分类。这次新标准的术语和定义条款数量较多，计 13

大类 179 条。究其增多原因有二：一是新标准是由 ISO 9000 标准和汽车行业标准两大标准组成的，出现术语是合并统计，数量增加是当然之事；二是与老标准相比，ISO 方面由 84 条增加到 138 条，增加了 54 条。汽车行业标准方面，由 18 条增加到 41 条，增加了 23 条。两者合计增加了 77 条。这表明了新标准与时俱进，有了长足的进步，其内容更加丰富和充实。

2）本章在阐述术语和定义时，把汽车行业标准中 41 条术语，按照术语分类原则，归入各大类中，希望阅读时注意。

2.3 术语和定义的解释

说明：本章在下面介绍术语时，涉及 ISO 标准的只列术语名称，而不重复解释；只着重介绍与汽车 QMS 有关的术语；对于简单易懂的术语则只说明其定义，而不加解释。

2.3.1 有关人员的术语

ISO 标准术语名称：最高管理者、质量管理体系咨询师、参与、积极参与、管理机构、争议解决者。

汽车行业补充术语：授权。

定义：对某（些）人的成文许可，规定了其在组织内部授予或拒绝权限，或与制裁有关的权利和责任。

解释：授权是组织运作的关键之一。它是以人为对象，将完成某项工作所必需的权力授给有关人员，并且还告知完成该项工作必须承担的责任。授权要做到权责对应或权责统一，有职有权。只有这样，才能保证责任者有效地实现目标。同时，还需发布公告和任命书，让众人知晓，本人安心。

2.3.2 有关组织的术语

ISO 标准术语名称：组织、组织的环境、相关方、顾客、供方、外部供方、提供方、协会、计量职能。

汽车行业补充术语如下文所述。

2.3.2.1 具有设计职责的组织

定义：有权制定一个新的或更改现有的产品规范的组织。

注：该职责包括在顾客指定的应用范围内，试验并验证设计性能。

解释：

1）在定义中明确告知：一个组织只要具有对产品的修改和开发权，以及开发后的试验和验证权，那么，就足以证明该组织具有了设计职责。

2) 在定义中没有明示，一个组织虽然自己不直接建立具有设计职责的部门，但通过外委办法来完成产品设计，只要其最终承担相应的责任，则该组织仍属于有设计责任的组织。

2.3.2.2 制造服务

定义：试验、制造、分销部件和组件，并为其提供维修服务公司。

解释：制造服务是指制造服务业。它不仅能为试验、制造、分销部件和组件提供服务，而且还可为其提供（介绍）维修服务公司。

2.3.3 有关活动的术语

ISO 标准术语名称：改进、持续改进、管理、质量管理、质量策划、质量保证、质量控制、质量改进、技术状态管理、更改控制、活动、项目管理、技术状态项。

汽车行业补充术语：支持功能。

定义：对同一组织的一个（或多个）制造现场支持的（在现场或外部场所进行的）非生产活动。

解释：支持功能是指在同一个组织内，向组织一个（或多个）制造现场或外部场所，提供非生产活动的支持。

2.3.4 有关过程的术语

ISO 标准术语名称：过程、项目、质量管理体系实现、能力获得、程序、外包、合同、设计和开发。

汽车行业补充术语如下文所述。

2.3.4.1 产品质量先期策划（APQP）

定义：对开发某一满足顾客要求的产品或服务提供支持的产品质量策划过程。

APQP 对开发过程具有指导意义，并且是组织与顾客之间共享结果的标准方式，APQP 涵盖的项目包括：设计稳健性、设计试验和规范符合性、生产过程设计、质量检验标准、过程能力、生产能力、产品包装、产品试验和操作员培训计划。

解释：

1) APQP 释义。产品质量前期策划是译名，英文全名为"Advanced Product Quality Planning"，缩写为 APQP。APQP 手册是由美国三大汽车公司联合编制的，初期作为 QS9000 标准配套使用。现供新标准配套使用，其中：

- 策划：策划是一个过程，它致力于制定目标，规定为实现目标所需的过程和相关资源，以及实现目标的期限。策划的结果应形成文件，如：产品质量目标、产品质量计划等。
- 前期：一个产品从构思开始，到投放市场，最终到用户满意。这一过程可分为两个时期，第一个时期是产品孕育、诞生到达纲量产（生产纲领的批量生产），第二个时期是产品批量生产到用户满意。这里，前期的含义是指第一个时期。
- 产品质量前期策划：是指从产品构思开始到能够进行产品达纲批量生产时止。在这一时间段内，所有与产品质量有关的事项，在策划时均应顾及和做出安排。达纲批量生产是指正式批产开始到达生产纲量产止，一般为三个月。

2）APQP 性质。APQP 只是一种方法，它把复杂的策划过程，进行了规范化和标准化的处理，最后形成了一本结构化的策划文件，供汽车供应商使用。

3）使用 APQP 带来的好处：把复杂的产品质量策划变成了结构化的策划文件，为供应商制作质量计划提供了方便。按此方法，还能合理使用资源和时间，并使顾客满意；能极早发现必须更改的事项，避免晚期更改；能以最低成本和时间，及时提供优质的产品。

2.3.4.2 可装配性设计（DFA）

定义：出于便于装配考虑的设计产品的过程（如：若产品只含有较少量零件，产品的装配时间则较短，从而减少了装配成本）。

2.3.4.3 可制造性设计（DFM）

定义：产品设计和过程策划的整合，用于设计出可简单经济地制造的产品。

2.3.4.4 制造和装配的设计（DFMA）

定义：两种方法的结合，可制造性设计为更易生产、更高产量及改进质量的优化设计的过程；可装配性设计为少出差错，降低成本，并更易装配的设计优化。

解释（序号 2.3.4.2、2.3.4.3、2.3.4.4 条款，内容相似，合并注释）：

1）DFA（DFM）是英文名称的缩写，名称可译为"可装配性（可制造性）设计"。

2）实质上在产品开发阶段，它是一种指导设计者精简装配结构和制造过程设计的分析方法。应用此方法后，可使组织开发出成本更低、时间更短和质量更高的产品。

自 1980 年在美国问世以来，这两种方法已取得了很好的应用效果，它们现已成为并行工程的核心技术。

2.3.4.5 六西格玛设计（DFSS）

定义：采用系统方法、工具和技术，旨在稳健设计出满足顾客期望并且能够在六西格玛质量水平生产的产品或过程。

解释：DFSS 是英文"Design For Six Sigma"的缩写。它是一套为新产品开发、制造和运营流程以及服务等提供了一系列结构方法的严谨流程。它按照合理的流程，运用科学的方法去准确理解和把握顾客的需求，对新产品或新流程进行健壮设计，使产品或流程在低成本下，实现六西格玛质量水平。同时，使产品或流程本身具有抵抗各种干扰的能力。

六西格玛设计是在帮助提高产品质量和可靠性的同时，降低成本和缩短研发周期的有效办法，具有很高的实用价值。但与此同时，其成本（主要因培训花费太多）有时会明显增加。因此，是否采用或采用到什么程度，都要看其可带来的利益与成本进行仔细权衡。与此相近的还有六西格玛管理、六西格玛改进，而只有六西格玛设计才能获得最佳效果。

DFSS 设计模式是 D（定义）、M（测量）、A（分析）、D（设计）、V（验证）。

DFSS 使用的方法有：项目风险分析、质量功能展开（QFD）、TRIZ 理论、稳健试验设计、容差分析和可靠性分析等。

2.3.4.6 防错

定义：为防止制造不合格产品而进行的产品和制造过程的设计及开发。在过程失误发生之前即加以防止。

解释：生产时出现不合格品，原因之一是操作者无意识动作。此类原因应在产品和制造过程设计开发之初，就该防止。防错法被命名"Poka-yoke"就是一个明证。防错法的发明者是一位日本丰田汽车公司名叫 Shigeo 的工程师，在 20 世纪 80 年代，利用一种称作"Poka-yoke"（防范差错的意思）的设备创立了防错法。所谓"Poka-yoke"，其意是它可以防止人为错误对生产发生影响。防错法的详细介绍见 17.4 节。

2.3.4.7 升级过程

定义：用于在组织内部强调或触发特定问题的过程，以使适当人员可对这些情况做出响应，并监控其解决。

解释：当组织内部出现某些应加强重视或某些特定的问题时，可使用升级过程来加以应对，其目的是使解决这些问题的过程处于适当人员的监控之下。所谓升级意味着处理问题的人或部门层级逐步提高。它适用于以下事态的升级管理：顾客反馈和投诉，不合格品处理，供应商的质量问题，环境、安全及其他问题。针对这些问题实施升级管理，直至顾客满意为止。

2.3.4.8 故障树分析法（FTA）

定义：分析系统非理想状态的演绎故障分析法。通过创建整个系统的逻辑框图，故障树分析法显示出各故障、子系统及冗余设计要素之间的关系。

解释：故障树分析是英文名称"Fault Tree Analysis"的中译名，其英文缩写为"FTA"。

1）故障树分析法。该方法是美国贝尔实验室于1962年开发成功的。它是因果关系的逻辑方法结构化的体现，其结构化的图形很像一棵大树，于是该分析技术就以树为名，也称为故障树分析技术，其具体用法参见17.1节。

2）用途。该技术首先用来查找危险工作中的危险点在何处。该法特点是直观、明了、逻辑性强，既可用于定性，又可用于定量分析。现是安全系统工程主要分析方法之一。

3）故障树图（又称为负分析图）。故障树图实质是一种逻辑的因果关系图，也是一种图形化的设计方法。一张故障树图按事件系统从上到下，逐级建树，建成相互联系、图形化的模型。利用模型上的路径去查找事件系统中可预知的或不可预知的故障事件。

当然，建成的相互联系图形化的模型，并不是三维立体的模型，而是用事件符号、逻辑符号和直线连接在一起的、树状形的平面图。

2.3.4.9 制造

定义：制作或加工的进程，如：生产原材料、生产件或服务件、装配或热处理、焊接、涂漆、电镀和其他表面处理服务。

2.3.4.10 生产停工

定义：制造过程空闲的情况，时间跨度可从几个小时到几个月不等。

解释：生产停工分为计划内和计划外，通常是指计划外停工，如设备故障被迫临时停工。

2.3.4.11 多方论证方法

定义：从可能会影响一个团队如何管理过程的所有相关方获取输入信息的方法。团队成员包括来自组织的人员，也可能包括顾客代表和供应商代表，团队成员可能来自组织内部或外部，若情况许可，可采用现有团队或特设团队。对团队的输入可能同时包含组织输入和顾客输入。

解释：为完成某项活动或任务，而向一组相关的人员进行咨询、讨论，最后形成决策的过程，这就是多方论证方法。多方论证有横向协调的意思，一般以会议的方式进行，在正规会议室举行，会议召集者可以是某个部门，而与会者可以是相关的职能部门和有经验、有知识、有能力的个人。主要是集思广益，形成共识，以求得问题的解决。若有决议，需经确认后备存。若议而不决，留后再议也可。在其详细操作过程中，使用多方论证方法通常需注意以下几点：

1）使用时机。质量改进中存在不好解决的难题时。

2）使用形式。会议的形式。

3）会议场合。正规的会议场所。

4）参加人员。各部门管理者或业务主管工程师。

5）主持人员。质量工程师或管理者，应注重引导使论证话题不要变成无谓的争吵。

6）记录人员。记录形成的每一项决议和必要的发言内容。

7）发言人员。积极参与辩论，沉默等于承认。

8）会议过程。按规定的程序逐条进行。

9）总结。由主持人员汇报形成的决议并确认后备存，适当时可以发行。

2.3.4.12 外包过程

定义：由外部组织履行的一部分功能（或过程）。

解释：外包过程是指组织将产品形成过程中的某个（或某些）过程，委托给具有该过程要求的能力的其他组织，来实施该过程。换句话说就是将一个完整的过程打包外发，由另一组织来实施该过程承担的一切事项。

在 ISO 9001 标准中规定，如果组织将影响产品符合性要求的任何过程外包，一则要对外包实施控制，二则不会因外包而改变了自己所承担的法律责任。

2.3.4.13 外部场所

定义：支持现场并且为非生产过程发生的场所。

解释：具有支持现场功能的，从事非生产活动的场所，如仓库。

2.3.4.14 现场

定义：发生增值制造过程的场所。

2.3.4.15 权衡过程

定义：绘制并使用产品及其性能特性的权衡曲线的一种方法，这些特性之间的顾客、技术及经济关系。

解释：权衡过程是可供产品开发决定方案之用。采用自制的权衡曲线作为工具，来寻找顾客、技术及经济三方面都能兼顾的最合理方案。

2.3.5 有关体系的术语

ISO 标准术语名称：体系、基础设施、管理体系、质量管理体系、工作环境、计量确认、测量管理体系、方针、质量方针、愿景、使命、战略。

汽车行业补充术语如下文所述。

2.3.5.1 实验室

定义：用于检验、试验或校准的设施，可能包括但不限于化学、冶金、尺寸、物理、电性能或可靠性试验。

解释：在汽车行业中，由于对试验、验证和可靠性的高度重视，必须将所有的相关实验室，纳入质量管理体系中，按新标准的要求予以管理。

2.3.5.2 周期性检修

定义：用于防止发生重大意外故障的维修办法。此方法根据故障或中断历史，主动停止使用某一设备或设备子系统，然后对其进行拆卸、修理、更换零件、重新装配并恢复使用。

解释：本条款是专供设备维护之用，目的是防止设备发生重大意外故障。为此，对设备采用周期性检修的方式，根据设定的时间间隔，按时停机，对其进行拆卸、修理、更换零件、重新装配并恢复使用。间隔时间是决策者根据该机使用时故障出现的情景、该类机型的历史和本人的经验做出的判断。

2.3.5.3 预见性维护

定义：通过对设备状况实施周期性或持续监视，来评价在役设备状况的一种方法或一套技术，以便预测应当进行维护的具体时间。

解释：本条款是专供设备维护之用，其目的是使设备一直处于良好的服役状态，延长设备的服役期限。为此，对设备采用一种预见性（又称为预测性）维护方法。该法通过对设备状况实施周期性的或持续监测，根据监测的结果，对设备的服役状态做出判断，从中得出设备维护的具体日期。它是一种基于设备状态的维修保养方法。

2.3.5.4 预防性维护

定义：为了消除设备失效和非计划性生产中断的原因而策划的定期活动（基于时间的周期性检验和检修），它是制造过程设计的一项输出。

解释：本条款是专供设备维修之用，其目的是防止设备失效和非计划性生产中断的出现。为此，根据设备制造厂提供的维修保养的规定，按照设备使用时间数或时间间隔对设备进行按时、按项的维护和保养。它是一种基于时间和使用计划的维修保养方法。

2.3.5.5 全面生产维护

定义：一个通过为组织增值的机器、设备、过程和员工，维护并改善生产及质量体系完整性的系统。

解释：全面生产维护又称为全员生产保全，其简称 TPM 是英文"Total Productive Maintenance"的缩写。它是以提高设备综合利用率为目标，以全系统的预防维修为过程，全体员工参与为基础的设备保养和维修管理体系。

TPM 是由全面预防性维护、全面预见性维护、全员参与加上以团队工作方式组建成的设备管理系统。现已形成以价值为基础的管理模式，它的核心是"维修"与"员工参与"，它是制造型企业生产系统最有力的支持工具之一。它能保证生产计划如期完成，及时响应客户的需求，有效降低不良品产生的概率，特别提高了设备开机率，增进了安全性及高质量，从而全面地提升了生产系统的运作效率，最终提高了企业的经济增值水平。

2.3.6 有关要求的术语

ISO 标准术语名称：实体、质量、等级、要求、质量要求、法定要求、规章要求、产品技术状态信息、不合格（不符合）、缺陷、合格（符合）、能力、可追溯性、可靠性、创新。

汽车行业补充术语如下文所述。

2.3.6.1 配件

定义：在交付给最终顾客之前（或之后），与车辆或动力总成以机械或电子方式相连接的、顾客指定的附加部件（如：定制地垫、车厢衬、轮罩、音响系统加强件、天窗、尾翼和增压器等）。

解释：对配件所做定义是很明确的。但从定义所述，应译为选装件（汽车）较妥。

2.3.6.2 售后市场零件

定义：并非由 OEM 为服务件应用而采购或放行的替换零件，可能按照或未按照原始设备规范进行生产。

解释："售后市场零件"是指目前在汽车市场上销售的汽车零部件。该类零件制造厂商众多，质量良莠不一，价格差距较大，专门供给过了保质期的汽车维修用。

2.3.6.3 服务件

定义：按照 OEM 规范制造的，由 OEM 为服务件应用而采购或放行的替换件，包括再制造件。

解释：服务件是专供整车质保期内维修用的，其他见定义。

OEM 生产，又称为定点生产，俗称为代工（生产）。其基本含义：拥有品牌的生产者，自己不直接生产产品，而是利用自己掌握关键的核心技术，负责设计和开发新产品和控制销售渠道，而生产产品的任务，通过合同，委托生产同类产品的其他厂家进行。产品完成后，合同委托方将所订产品低价买断，并直接贴上自己的品牌商标，进行销售。这种委托他人生产的合作方式简称为 OEM 生产，承接加工任务的制造商被称为 OEM 厂商，其生产的产品被称为 OEM 产品，它也称为定牌生产或授权贴牌生产。国内习惯称为协作生产、三来加工（来料加工、来样加工、来件装配），俗称为加工贸易。

这种生产方式最早流行于欧美等发达国家，它是国际大公司寻找各自比较优势的一种游戏规则，能降低生产成本，提高品牌附加值。

OEM、OBM、ODM 三者区别具体如下：

- OEM（Original Equipment Manufacturer）即原始设备制造商。
- ODM（Original Design Manufacturer）即原始设计制造商。
- OBM（Original Brand Manufacturer）即原始品牌制造商。

解释：

1）A方看中B方的生产能力，让B方生产A方设计的产品，用A方商标，对B方来说，这叫作OEM，又称为贴牌生产。

2）A方的技术和设计，被B方看中，B方引进生产，贴上B方标签，对A方来说，这叫作ODM或委托设计。

3）A方自行创立A品牌，A方生产、销售、拥有A品牌的产品，对A来说，称为**OBM**。

2.3.6.4 顾客要求

定义：顾客规定的一切要求（如：技术、商业、产品及制造过程相关要求、一般条款与条件、顾客特定要求等）。

2.3.6.5 顾客特定要求（CSR）

定义：对本汽车QMS标准特定条款的解释或与本条款有关的补充要求。

2.3.6.6 制造可行性

定义：对拟建项目进行分析和评价，以确定该项目是否在技术上是可行的，能够制造出符合顾客要求的产品。这包括但不限于以下方面（如适用）：在预计成本范围内，是否有必要的资源、设施、工装、产能、软件及具有所需技能的人员，包括支持功能或者计划，是可用的。

2.3.6.7 未发现故障（NTF）

定义：表示针对服务期间被替换的零件，经车辆或零件制造商分析，满足良品件的全部要求（也称为未发现错误或故障未发现）。

解释：未发现故障是指从处于保质期内的汽车上调换下来的零件，经车辆或零件制造商分析，满足合格品件的全部要求，该类零件称为未发现故障的零件。

2.3.6.8 产品安全

定义：与设计和制造有关的标准，确保产品不会对顾客造成伤害或危害。

解释：组织应与设计和制造部门一起识别产品安全标准的要求，确保产品不会对顾客（内、外）造成伤害或危害。

2.3.7 有关结果的术语

ISO标准术语名称：目标、质量目标、成功、持续成功、输出、产品、服务、性能、风险、效率、有效性。

汽车行业补充术语如下文所述。

2.3.7.1 超额运费

定义：合同交付之外发生的超出成本或费用。

注：它可能是由于方法、数量、未按计划或延迟交付等原因引起的。

解释：按合同规定交付之外发生的附加费用。

2.3.7.2 产品

定义：适用于产品实现过程产生的任何预期输出。

2.3.8 有关数据、信息和文件的术语

ISO 标准术语名称：数据、信息、客观证据、信息系统、文件、成文信息、规范、质量手册、质量计划、记录、项目管理计划、验证、确认、技术状态纪实、特定情况。

汽车行业补充术语如下文所述。

2.3.8.1 控制计划

定义：对控制产品制造所要求的系统及过程的成文描述（见新标准附录 A）。

2.3.8.2 反应计划

定义：当检测到异常或不合格事件时，控制计划中规定的活动或一系列步骤。

解释：反应计划是控制计划的一部分。当产品出了不合格品或操作者操作有误时，操作者等就可启动反应计划中规定的活动，来予以应对。

2.3.8.3 实验室范围

定义：包括下列内容的受控文件：

1) 实验室有资格进行的特定试验、评价或校准。
2) 用来进行上述活动的设备清单。
3) 用来进行上述活动的方法和标准清单。

2.3.8.4 特殊状态

定义：一种顾客识别分类的通知，分配给由于重大质量或交付问题，未能满足一项或多项顾客要求的组织。

解释：特殊状态是顾客用来对通知内容重要程度进行分类的标识。

2.3.8.5 权衡曲线

定义：用于理解产品各设计特性的关系并使其相互沟通的一种工具。产品一个特性的性能映像于 Y 轴，另一个特性的性能映像于 X 轴，然后可绘制一条曲线，显示产品相对于这两个特性的性能。

解释：为了某个目的，在开发前期，把收集到的有关数据，按不同情况，分别标注在平面直角坐标 X 轴和 Y 轴上，然后，把两轴交点相连得一曲线，此曲线命名为权衡曲线。它是前述权衡过程常用的一种方法。

2.3.9 有关顾客的术语

ISO 标准术语名称：反馈、顾客满意、投诉、顾客服务、顾客满意行为规范、争议。

2.3.10 有关特性的术语

ISO标准术语名称：特性、质量特性、人为因素、能力、计量特性、技术状态、技术状态基线。

汽车行业补充术语：特殊特性。

定义：可能影响安全性或产品法规符合性、可装配性、功能、性能、要求或产品的后续处理的产品特性或制造过程参数。

解释：特殊特性是指，凡涉及安全（生产安全和产品安全）、环保、法律、法规的符合性，影响到产品的配合、功能以及后续生产过程，或者顾客提出一些要求，在验证活动中要求特别关注的特性等。特性分为两类：产品特性和过程特性。特殊特性是符合这两类特性的集合。

2.3.11 有关确定的术语

ISO标准术语名称：测定、评审、监视、测量、测量过程、测评设备、检验、试验、进展评价。

汽车行业补充术语：对照件（旧版称为挑战件）。

定义：具有已知规范，经校准并且可追溯到标准的零件。其预期结果（通过或不通过）用于确认防错装置或检具（如通止规）的功能。

解释：根据定义的描述，故把术语名改为对照（标准）件。该对照件属测量仪器类。一般，对照件在现场使用时常做对比试验用，如：外观件的样板。

2.3.12 有关措施的术语

ISO标准术语：预防措施、纠正措施、纠正、降级、让步、偏离许可、放行、返工、返修、报废。

2.3.13 有关审核的术语

ISO标准术语名称：审核、多体系审核、联合审核、审核方案、审核范围、审核计划、审核准则、审核证据、审核发现、审核结论、审核委托方、受审核方、向导、审核组、审核员、技术专家、观察员。

2.4 有关问题说明

2.4.1 2000版ISO 9000质量管理原则诞生和其重要性

在现代质量管理的发展历程中，逐步形成了一系列颇有影响和具有指导性的原则、思想和理念，如：全面质量、朱兰的质量三部曲、戴明的14条质量职责等。这些论述，尽管影响很大，但均是从不同时期、角度提出，故具有一定的局限性。

早在1995年ISO/TC 176技术委员会在策划2000版ISO 9000系列标准时，就考虑为组织的管理编制一套文件，用来提升组织的管理能力。为此成立了一个编号为WG15的工作组，编制了一份编号为ISO/CD 9004-8"质量管理原则及其应用"的文件，由于对该文件以什么文件形式发布存在争议，故未予通过。但其中"8项质量管理原则"在1997年ISO/TC 176哥本哈根年会上得到一致赞同，并决定作为编写2000版ISO 9000族的理论基础和组织管理者实施质量管理的行为准则。从此，ISO/TC 176技术委员会将质量管理原则系统地应用于ISO 9000族中，将质量管理原则作为一种管理理念，编制质量管理标准时的理论基础。在ISO 9001标准的具体要求中，予以充分体现和运用。

随着时间的推移，质量管理原则的重要性和其作用得到了充分显现和证实，普遍认为：它是质量管理最基本、最通用的一般性规律，是质量管理的理论基础。它可以指导一个组织在长时期内，通过关注顾客及其相关方的需求和期望，从而达到改进其总体绩效的目的；能够帮助最高管理者系统地建立质量管理的理念，正确理解ISO 9000族的内涵，提高其管理水平。一个组织的质量管理能否成功的关键，就是看它是否能将质量管理原则、理念、意识和价值观渗透到组织中的各个层面和领域，成为组织质量管理体系和组织文化的重要组成部分。它为质量管理创造了一个新的管理模式，即以过程为基础的质量管理体系模式。它也为满足顾客要求和获得顾客信任的质量目标，提供了有力的支持。当然它也为ISO/TC 176技术委员会制定标准，提供了坚实的理论基础。

当然技术在进步，该原则也与时俱进，随着环境的变化，其修改版已公布在2015版的ISO 9000标准中。

2.4.2 概念

概念是反映对象的本质属性的一种思维形式，是人类在认识过程中，把所感知事物的共同本质特点抽象出来，加以概括，就成为概念。表达概念的语言形式是词或词组。概念都有内涵和外延。内涵是指这个概念的含义。外延即适用范围，是指这个概念所反映事物对象的范围。

扼要地说，概念是指对特征独特组合而形成的知识单元（GB/T 15237.1—2000）。当然概念不是一成不变的，它随着社会经济和人类认识的发展而不断变化着。

2.4.3 顾客价值理论

由于近十年来贸易环境变化加快竞争更加激烈，为了获得竞争优势，领先的企业忙着从组织内部进行改进，但多无功而返。于是学术界从顾客角度着手，提出了确保在竞争中保持优势的"顾客价值理论"。

顾客价值理论是指顾客所能感知到的利得，与其获取产品或服务中所付出的成本，两者进行权衡后，得出对产品或服务效用（其定义为对欲望的满足）的整体评价。

顾客价值是顾客对产品或服务的一种感知，该感知是与产品或服务联系在一起的，并且来自于顾客的主观判断，也就是说，顾客对企业提供的产品或服务在价值方面所做的初步主观评价。

顾客感知价值的核心，是顾客所获得的感知利益与因获得和享用该产品或服务而付出的感知代价之间的权衡，即利得和利失之间的权衡。

价值是指顾客对事物属性与人的需要之间关系的主观判断，即有用和无用或利得和利失。用户是价值的最终决定者。

感知的基本解释是指人用心来诠释自己器官接收到的信号，其意是指主观的初步认识。

该理论是在20世纪90年代提出的，其清楚地叙述了顾客购物动机和"买与不买"的决定过程。顾客购物出发点，是为了满足自己的需要（即有用性）和欲望（是一种内在主观的表现），若能达到惊喜更好。顾客购物"买与不买"的决定，取决于"顾客感知"与"利得和利失"的权衡。当今，该理论已被企业界接受，并应用于在产品开发设计和制造过程中，尽量使顾客价值最大化，并使顾客感知。

2.4.4 企业文化（组织文化）

企业文化的含义目前无统一说法，现从三个方面来说明企业文化的内涵：

1）它是一种微观文化现象，它与企业相伴而生，具有客观属性、亚文化属性和经济管理文化属性。

2）它是一种管理方式，它在企业管理体系中处于根基地位。

3）它是一种管理理论，它代表了企业管理理论发展的最新趋势。

也就是说，企业文化是指在一定的社会大文化的影响下，经过企业领导者的长期倡导和全体员工积极响应，长期实践和创造，所形成的企业价值观。它是企业文化的核心，是企业全体人员共同的价值判断和价值取向。外在表现是企业和员工的精神面貌，以及在经营与生产中的处事方式、办事和行为的风格。

2.4.5 总顾客价值的组成和说明

（1）总顾客价值

总顾客价值是顾客感受到从某特定产品或服务中获得的一系列利益，即所谓

"利得"。它主要由产品价值、服务价值、人员价值和形象价值四大项目价值组成，而项目价值又与组成价值的因素有关，它们的变化均对总顾客价值会产生影响。

(2) 项目价值的说明

1) 产品价值。一般认为它由产品功能、特性、品质、品种和式样等所产生的价值。但在现代商品市场上，消费者需求各异，常带有个人色彩，并且在市场中还处于支配地位。因此，企业常生产一种具有多重价值的产品，来适应消费者的需求。其多重价值是指实用（使用）价值，即产品可用度，要求产品经久耐用、使用方便。

2) 欣赏价值（又称为艺术价值或显示价值），即产品美感度。要求产品新颖、别致。追加价值即产品信誉度；要求产品具有品牌、服务周到舒适和企业名誉极佳。

这些仅是企业单方面的想法，而产品是否有价值最终还是由顾客自己来决定。

3) 服务价值。是指伴随产品实体的出售，企业向顾客提供各种附加服务，如产品介绍、送货、安装、调试、维修、培训和产品保证等所产生的价值。因现代的消费市场中，消费者在选择产品时，不仅注意产品本身价值的高低，也很注意附加值的大小。它是重要因素，也是竞争焦点之一。

4) 人员价值。是指企业员工素质，如：经营思想、知识能力和工作作风等所产生的价值。因为企业员工，尤其是直接为顾客提供产品和服务的企业员工的素质，它的高低对顾客价值和利益的感知，起着购买导向作用。

5) 形象价值。是指企业及其产品在社会公众中形成的总体形象所产生的价值。当然它也是上述四方面的综合反映和结果的体现。良好的形象对企业产品会产生巨大的支持作用。

2.4.6 循证决策的说明

(1) 译名

循证决策是"Evidence-Based Policy Making"的中译名，按字句直译，应是"基于证据的决策"。因"循"可解释为遵守、依据、沿袭之意，现作为标题，译为"循证决策"更佳。

(2) 决策基本含义

决策是人们在政治、经济、技术生活中普遍存在的一种行为，决策是管理中经常发生的一种活动，决策是决定的意思，是为了实现特定的目标，根据客观的可能性，在占有一定信息和经验的基础上，借助一定工具、技巧和方法，对影响目标实现诸因素进行分析、计算和判断、优选后，对未来行动做出的选定。

(3) 循证决策的起源

循证决策是一种新的决策活动（或过程），起源于循证医学，后又扩展到相邻学科。循证决策最先由英国布莱尔政府于 1999 年提出的。它在同年公布的"政府现代化白皮书"中提出"将政策制定过程视为一个持续学习过程,要改进对理论研究成果和证据的使用"。接着,在内阁公布的"21 世纪专业政策制定"文件中提出"政府现代化的一个主要驱动力是公共服务供给和以证据为基础的政策制定,是提高政府有效性的一个重要途径。"这两个规定,前者确立了循证决策的思想,后者明确了循证决策的概念。

(4) 循证决策的概念

1) 决策。是指组织的决策者对组织的方针、策略和重大事件的措施,做出决定的活动或过程。

2) 决策遵循的原则。众所周知,决策正确与否,决定了决策是否有效。怎样才能使决策有效?回答是清楚的,应将其建立在所获得的最佳证据基础上。这就是决策时应遵循的原则,也是循证决策核心的体现。

循证决策扼要地说:政策制定可视为一个活动或过程。如果这一活动或过程中严格基于证据的原则,这就是循证决策。其目的是提高决策的有效性和成功率。

3) 决策的过程。

首先,确定要求决策的事件,如:组织的方针、策略或重大事项及措施等。

然后,组建活动的架构,即活动的主体是组织的决策者,参与者是与决策主题有利益关系的相关方和资源管理者等。

接着,先对提供证据的真实性和科学性进行评价,在得到肯定的结论后,再对证据是否适用决策主题和最佳性展开评论,力求取得共识。

最后,组织的决策者在遵守决策原则的基础上,依靠自身的业务能力、工作经验和直觉,在权衡组织所处的环境、资源提供的可能性和价值取向后,对要求决策的事项或重大措施做出决定。同时,规定在付诸实施后,要对实施过程进行监测和记录,以便判断决策的正确性和有效性。

4) 循证决策带来的好处。

- 提高了决策的科学性和透明度。
- 提高了决策的正确性和成功率。
- 为组织减少了无效劳动,增加了效益。

5) 循证决策中使用的证据。证据是指用来证明事物真实性的依据,或证据是具有能够证明某事物真实性的有关事实或材料。

证据的来源和适用性:证据的源头是数据、信息和事实,但证据与它们不能画上等号。数据、信息和事实只有经过分析、归纳和再研究,达到因果关系(即适用性)后,才能成为证据。

目前,循证所需的证据有两个来源,一个可向世界上专门的知识库索取,即可应用，循证医疗就是如此；另一个来源是自行制作，循证决策就属此列。制作出来的证据，必须符合适用性要求后，才可使用。

6）循证决策使用中的障碍。

障碍之一，由于循证决策中所使用的证据需自行研制，其数据分析不仅要分析出数据间的相互关系，而且还要分析出因果关系。不仅如此，还需达到高置信度等级。这样一来，自制的难度是十分高的，其结果可能是决策时无证据可依。

障碍之二，若有证据，规定要求决策者和参与者要慎重、准确和明智地应用所获得的最好的研究所得的证据，来进行决策。对照上述要求，目前的决策者和参与者的能力也成了问题。

基于上述两点，要真正做到循证决策，还需假以时日和努力。

7）本书作者的看法。本书编著者仔细研究了"旧版8项规定中的第7条原则——基于事实的决策方法"与"新版7项原则中的第6条原则——循证决策"。认为两者除对原则命名外，其余描述基本一致。当然新版对原则的命名较旧版更确切。换句话说：这条原则除了改名外，新旧版本没有实质上的区别。因此，执行这条原则若按过去的办法，也是可行的。

Chapter 3 第3章

在过程方法基础上建立质量管理体系

3.1 质量管理体系（QMS）简述

3.1.1 质量管理体系

凡是一个组织均有方针、目标，常把它展开从而形成各层次、各部门的分目标。质量方针和目标就是组织方针和目标在质量管理方面的展开。质量管理体系（QMS）就是为了实现质量方针和目标的一种组织形式。最高管理者通过它指挥和控制质量方面的活动，从而确保质量方针和目标的实现。所以 QMS 是一种工具，是为了实现组织质量目标和组织特点量身定制而成的。

3.1.2 质量管理体系模式

质量管理有四种模式：日本的全面质量控制（TQC）模式、ISO 9001 模式、全面质量管理（TQM）的 ISO 9004 模式、卓越绩效模式。

（1）TQC 模式

TQC 模式是在美国率先提出的，在日本得以发展，1978 年从日本引入中国。给中国带来的是质量观念和质量管理方法的巨大转变，如：满足用户要求，"头QC"（这是中国的通俗说法，即领导作用），全员参与，全过程管理，用数据说话，始于教育、终于教育，PDCA 循环以及新、老七种工具等。这些全新的理念和方法在中国的企业土壤中得以融合、生根和发展。但应指出，TQC 模式只是着眼于加强过程控制,从而保证产品质量,然而却没有质量保证(QA)的概念。同时,它对 PDCA,实际上是从 C 做起的,是检查出问题,再策划如何改进,而不是从 P 做起的,主动地预防问题的发生。在 1987 年,ISO/TC 176 技术委员会表决 ISO 9001 时,日本人是投反对票的。直到 1992 年,日本明显感到对外贸易吃亏了,才等同采用了 ISO 9001。

(2) ISO 9001 模式

ISO 9001 模式是从 1987 版、1994 版一直发展到 2000 版、2008 版和现在的 2015 版的 ISO 9001 模式。2000 版和 2008 版全面吸收了 TQM 的基础思想和理念,解决了 TQM 的一些问题,建立了一个组织以过程为基础的完整的质量管理体系。但它提出的只是质量管理的起码要求,至于通过什么途径来达到这些要求,则未涉及。

(3) ISO 9004 模式

ISO 9001 发布以来从质量保证发展到质量管理,但其一直是质量管理体系入门的最低要求。在它的基础上提出了更高、更全面要求的 ISO 9004,而且不仅提出要求组织做什么,同时还指出了达到要求的方法和途径,如自我评估。但其最新版本尚未跟上 ISO 9001:2015,目前其 2009 版的许多要求已纳入 ISO 9001,新版本即将完成修订。

(4) 卓越绩效模式

卓越绩效模式指组织通过综合的绩效管理方法,为顾客和其他相关方不断创造价值,提高组织整体的绩效和能力,促进组织得到持续发展和成功。卓越绩效准则模式既吸收了全面质量管理的理念,又考虑到 ISO 9001 以过程为基础的模式,同时克服了 ISO 9001 的缺陷,更加完善和科学。它是以美国国家质量奖(波多里奇奖)评奖标准为蓝本制定的。

有关四种标准模式的详细介绍请参见文献【1】。

3.2 质量管理模式的选择

每个经营者均期望自己的组织兴旺发达、持续发展和取得成功。要使期望变成现实,组织必须把提供给顾客的产品和服务质量满足或超过顾客的需求才行。

3.2.1 选择的考虑

组织的最高管理者发现有四种标准模式可供选择,即日本式的 TQC 或欧美的 TQM(在 ISO 9004 已有较全面的体现)、卓越绩效模式和以过程为基础的 QMS。于是,进行同类比对。

概括地说，TQC已落后过时了，ISO 9004和卓越绩效模式均属于要求更高、需要更好的基础的管理模式。从它们开始起步，是不现实的。同时，这三种模式，都是只能提高管理水平，而不能进行认证。此外，还考虑到如下：

1) 对以部门职能为基础的纵向管理与以过程为基础（又称为系统）的横向管理体系做了比较：前者强调部门，忘了全局，有形成部门壁垒之趋势；后者强调全局，并能很好地照顾到过程之间的结合部。

2) 看标准自我介绍：只有 ISO 9001 或在此标准基础上建立的行业标准（如 IATF 16949），在标准范围栏目中明确标明："通过体系的有效运作……保证符合顾客要求，旨在增强顾客满意"。同时，它还指出："采用质量管理体系是组织的一项战略决策，能够帮助组织提高整体绩效，为推动可持续发展奠定良好基础"。也就是说，只要采用质量管理体系标准，再通过体系的有效运行，来提升组织的管理水平，从而使产品和服务质量得到提高。随着质量不断提高，待到质量目标实现之时，也就是满足顾客需求之日。看来实现质量目标的使命非它莫属了。这时，还应注意到如下：

a) 要想取得顾客的信任，ISO组织深知单靠质量管理体系组织的自查，从而做出有无能力的结论是苍白无力的。若有第三方权威机构对实施运行的质量管理体系的组织进行能力评审，根据能力评审的结果做出有无能力的结论。这种做法和所得结论，容易被顾客所接受。因此，ISO组织及时提出了建立"第三方质量管理体系认证规定"和与认证配套的"认证机构之间认证证书相互认可制度"。这样一来，不仅免去了供应商多次认证之苦，而且把认证证书变成了国内制造企业参加国际贸易的入场券。此举深得供应商赞许和欢迎，这也是组织选中ISO 9000族的原因。

b) 在国际贸易中，经常出现由于不同的经济体之间存在技术法规差异等因素引起的贸易壁垒。世界贸易组织（WTO）注意了此问题，就此问题做出了规定，即技术性贸易壁垒协议（TBT）。在此协议中 ISO 9000 族被作为相互承认的基础之一，ISO 9001 标准被要求作为基础的质量管理体系认证制度，也在国际范围内被纳入"合格评定互认程序"。因此，取得体系认证又变成了组织参与国际贸易的入场券，成了增强竞争力的有力工具。参加国际贸易的组织，就必然会采用国际通用的质量管理体系作为本组织的QMS。

c) ISO 质量管理体系标准从 1987 年公布至今已有 30 多年了，历经 4 次修改，现仍经久不衰。据我国质监委统计，到 2016 年年底，我国企业通过体系认证已有 75.1 万家，约占全球体系认证数 1/3。由此可知，全球约有 200 多万家企业通过了体系认证。这些数据证明了，ISO 质量管理体系的确是一个经受了时间考验，并为组织、顾客和相关方（含社会）带来了益处的管理标准。

3) 采用 ISO 质量管理体系还可得益如下：

a）可用来证实组织具有稳定地提供满足顾客要求及适用法律法规要求的产品和服务的能力，同时也增强和促成了满足顾客的机会。

b）可用来证实组织具有了符合规定的质量管理体系要求的能力，为体系认证提供了坚实的基础，为取得顾客的信任和出口贸易创造了条件。

c）通过体系的有效应用，包括体系改进的过程，实现对产品质量、生产能力和管理水平持续不断的改进，减少了产品质量的波动和造成的浪费，降低了生产成本。

d）由于在建立和运用质量管理体系的过程中，在满足标准要求的基础上仍然具有充分的灵活性，可以帮助组织不断适应和应对变化的内外部环境和与目标相关的风险和机遇。

e）由于质量管理体系在满足标准要求的基础上还具有充分灵活性，因此，也为组织如何建立和运用质量管理体系提供了思考框架。

f）由于体系认证制度的建立，以及与其配套的认证组织之间的体系认证证书相互认可制度的实施，这为取得顾客信任提供了更加有力的证据，也为供应商参加国内外贸易开了方便之门。

3.2.2 决策

综上考虑，最高管理者就不难做出决定：采用可认证的、以过程为基础的QMS，作为建立本组织QMS的模式。同时，还应指出如下：

1）将质量管理基本概念和原则作为建立质量管理体系的理论基础和指导思想，是无可置疑的。

2）ISO 9001和IATF新标准是建立具有满足顾客需求和取得顾客信任的质量管理体系的指南。

3）持续不断改进应作为"理念"来对待。

4）建立自己的质量管理体系是组织的一项战略决策。

在此基础上，进一步吸收ISO 9004和卓越绩效模式中适用于组织的部分，进一步提高QMS的管理水平和绩效。

3.3 知识和技能准备

为了建立和实施QMS标准，需要做好如下准备：

3.3.1 学习"质量管理基本概念和原则"

质量管理基本概念和原则的最新版本，是建设质量管理体系的基础理论读本，能帮助组织获得应对与最近数十年截然不同的环境所提出挑战的能力。当前组织的工作所面临的环境表现出如下特点：

- 变化加快，市场全球化。
- 知识作为主要资源出现。
- 质量的影响已超出了顾客满意的范畴，它也可直接影响到组织的声誉。
- 社会教育水平的提高、需求的增长，使得相关方的影响力在增强。

基于上述，ISO 组织再次提出"质量管理体系的基本概念和原则"，作为组织在建立质量管理体系时的理论基础或依据。

质量管理基本概念和原则，看似由两部分组成，但它们不是彼此孤立的，应被看成一个整体，没有哪一个概念或原则比另一个更重要。但在应用时，进行适当的权衡是至关重要的，其主要内容包括如下：

（1）质量管理的基本概念

质量管理的基本概念由五个概念组成，分别为：质量、质量管理体系、组织环境、相关方和支持。

其中，支持这个概念又可细分为：资源（包括人、财、物、信息）、能力、意识和沟通等。

（2）质量管理原则

质量管理原则由七条组成，分别为：

1）以顾客为关注焦点。

2）领导作用。

3）全员积极参与。

4）过程方法。

5）改进。

6）循证决策。

7）关系管理。

关于这部分内容的解读见本书第 2 章。

3.3.2　学习新标准

1）标题说明。新标准是本书对 IATF 16949：2016 汽车行业质量管理体系标准——汽车生件及相关服务件组织的质量管理体系要求的简称。

2）新标准的文本架构。新标准文本架构完全按照 ISO 管理体系标准规定的高层架构，共计 10 章。

3）新标准解读。新标准各章解读见本书所对应的各章。

4）学习和应用 ISO 9001 标准。新标准只是对汽车行业在 ISO 9001 标准基础上的补充。ISO 9001是其重要组成部分。因此，必须首先学懂ISO 9001标准。

其中过程方法不仅是质量管理原则之一，而且是在达到贯彻执行要求时，对每一个过程都必须采用的方法。

3.4 过程方法

3.4.1 概述

1990年哈默在美国《哈佛商业评论》上发表了一篇题为"再造"的文章。从此，"过程"一词进入了人们眼帘，引起了企业理念上一个大变革。

ISO/TC 176技术委员会在1994年突破了职能式的纵向质量管理运作模式，创造了以过程为基础的质量管理体系模式。为了配合ISO 9001质量管理体系标准，2000年过程方法作为质量管理原则之一进入质量管理世界，后作为ISO 9000族配套使用的一种重要方法。

过程方法是由ISO/TC 176标准技术委员会提出的，在ISO 9000：2000《质量管理体系基础和术语》和ISO 9001：2000标准的引言部分，予以公布。该方法具有识别过程和过程间的相互关系以及对其进行管理的功能，供组织按ISO 9001：2000标准建立质量管理体系时配套使用。

由于ISO/TS 16949：2002技术规范除了要求部分的内容比ISO 9001：2000标准内容多了汽车行业共同要求之外，其他诸如质量管理体系模式、文件的结构等均与ISO 9001：2000标准相同。因此，与ISO 9001：2000标准配套使用的过程方法，也同样适用于ISO/TS 16949：2002。但该规范终究是为汽车生产件及相关维修零件组织度身量体的质量管理体系，因此，IATF组织对ISO提出的过程方法也有所发展，提出了汽车业的过程方法，但本章在论述时作为过程方法的发展一并论述。

3.4.2 提出过程方法的目的及其适用范围

目的：提出过程方法是为创立以过程为基础的质量管理体系模式奠定理论基石。读者通过应用过程方法就可建立适合本企业以过程为基础的质量管理体系模式。

适用范围：在建立、实施质量管理体系以及改进其有效性时，可采用本方法。

3.4.3 过程方法的概念

3.4.3.1 基本概念

（1）过程的含义

1）为什么引入过程概念。ISO 9000：2000族，其质量管理体系是建立在以过程为基础的管理模式上,也就是一切工作都是通过过程来完成的。换句话说,一切质量都是通过过程来形成的,要想控制质量,就一定要控制过程,故对过程概念的认识成了至关重要的问题。

2)在标准术语中的过程。过程是指一组将输入转化为输出的相互关联或相互作用的活动。图3-1所示为过程示意图,也就是说过程的组成要素是输入、输出和活动。

图 3-1 过程示意图

3)在过程方法中把过程定义做了扩展,认为过程是通过资源和管理,将输入转化为输出的活动,如图3-2所示。此可称为广义的过程,其组成要素是输入、输出、管理、资源和活动。

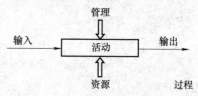

图 3-2 广义的过程

4)在汽车业过程方法中,"IATF"把广义的过程中资源和管理更细化,用操作(方法/程序/技术)和判别准则(测量/评估)替代管理,用人力(能力/技能/培训)和物力(设备/工具/材料)替代资源。因此"IATF"把过程视作通过如何操作、使用什么准则、谁做和使用什么,将输入转化为输出的活动,如图3-3所示。因该图形似乌龟,故又称为乌龟图。新标准中所采用的过程,其组成要素是:输入、输出、谁做、如何做、使用什么、怎样判别和活动。

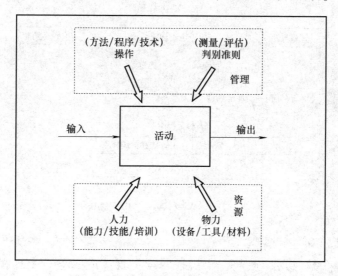

图 3-3 汽车业的过程示意图(乌龟图)

(2)过程要素

过程要素所涵盖的内容如图3-4所示。

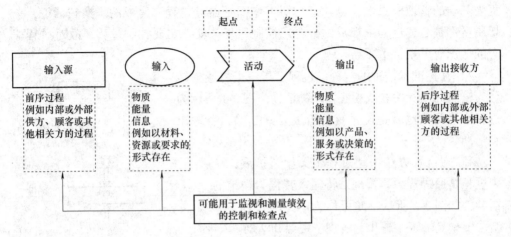

图3-4 过程要素所涵盖的内容

在过程分析中,应考虑到过程的多重影响因素,如图3-5所示。在过程管理中,还应当考虑来自过程本身和顾客的信息反馈,如图3-6所示。

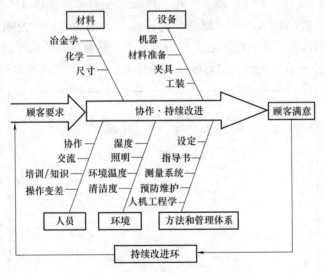

图3-5 机械制造行业的过程影响因素

（3）过程链和过程系统

在存在多个过程时,通常一个过程的输出直接形成下一个过程的输入,如图3-7所示。多个过程间出现这种连接方式称为过程链。除了串联之外,还可以并联、混联。若存在关联关系,称为过程系统。

（4）过程网络

若干个过程通过相互关联或相互作用,形成多个过程系统和过程链,最后诸多系统的组合形成一个过程网络，如图3-8所示。它们之间隶属关系及其与质量管理体系文件结构的对应关系如图3-9所示。

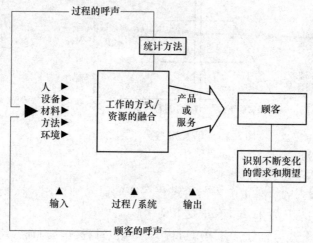

图3-6 过程的信息反馈

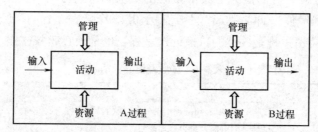

图3-7 两个过程相互作用关系

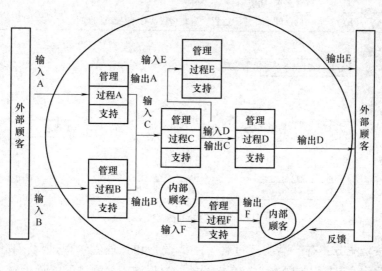

图3-8 过程网络

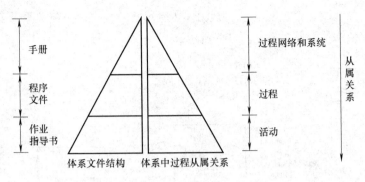

图 3-9 过程层次与文件层次对应关系

(5) 过程类别

识别过程的类别,对于了解每个过程存在的意义和作用,以及过程的结果对产品特性的影响及其后果,具有重要意义。

1) 按过程有效运作分,有增值过程与非增值过程,其判别方法可用价值分析法。但要注意过程最终都是为了获得更高的价值。价值分为三种:无增值、顾客增值和内部顾客增值(即品牌/利润增值),其解释见表 3-1,评价流程和解释如图 3-10 所示。增值过程是关键的价值创造过程,也是核心业务过程。

表 3-1 过程增值的说明

目 标	解 释
无增值(NVA)	过程对顾客/公司均无增值。此过程若属多余过程,应将其去除。但应注意有的过程虽不增值,也不可去除
顾客增值(CVA)	顾客最终从过程输出获益。如果是外部顾客,要确保顾客增值的活动能满足顾客要求/期望
品牌/利润增值(BVA)	内部顾客受益的过程,这些过程往往是持续改进的过程

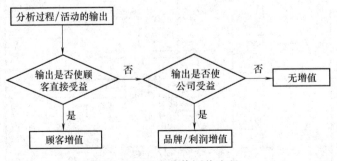

图 3-10 过程价值评价流程

2) 按功能分,有产品实现过程、支持过程和管理者管理过程,其间关系如图 3-11 所示。有时把与顾客要求直接相关的过程称为关键过程。而 IATF 把顾客要

第3章 在过程方法基础上建立质量管理体系

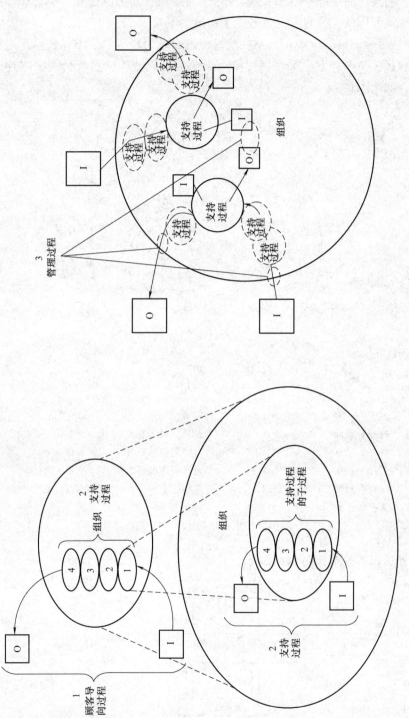

图 3-11 三类过程定义和关系的示意图

求输入,通过产品/服务实现的过程转化为满足顾客输出的过程,称为顾客导向过程,其他过程不变,并对三类过程做了明确的定义。

a) 顾客导向过程 (COP) ——该过程的输入为顾客的要求,其输出是顾客的满意。它直接与顾客发生关系,直接为企业带来收益。可用章鱼图来描述顾客导向过程,如图 3-12 所示。

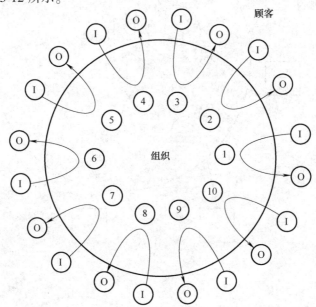

其中:I—输入　O—输出　　　I—输入　　　　O—输出
过程① 询价　　报价　　　　过程⑥ 技术要求　方案提交
过程② 招标　　投标　　　　过程⑦ 样品要求　样品提交
过程③ 订单　　交货　　　　过程⑧ 批准要求　供批准的资料
过程④ 退货　　处理　　　　过程⑨ 更改要求　更改完成
过程⑤ 投诉　　回复　　　　过程⑩ 意向　　　协议

图 3-12　顾客导向过程（章鱼图）

三种过程的关系如图 3-13 所示。

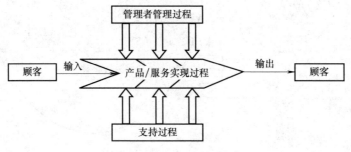

图 3-13　三种过程的关系

第3章 在过程方法基础上建立质量管理体系

b) 支持过程（SOP）——它是支持顾客导向过程实现功能的过程。

c) 管理过程（MOP）——它是保证过程实现增值，保证过程、过程之间和过程与顾客之间，相互沟通和行使管理职责的过程。

3.4.3.2 过程方法的定义

组织内诸过程系统的应用，连同这些过程的识别和相互作用及其管理可称为过程方法。

应用过程方法时应对下列各点予以特别注意：

1) 理解并满足要求。

2) 需要从增值的角度考虑过程。

3) 获得过程业绩和有效性的结果。

4) 基于客观的测量，持续改进过程，可用 PDCA 法。

据此定义可将企业在经营活动中的业务工作视为诸过程系统应用的结果，其涉及的过程和相互关系可用过程方法对其进行识别和管理。然后，考虑"3.4.3.6 采用过程方法的注意点"，对识别到的过程进行判别，决定识别正确与否。

3.4.3.3 过程方法的目的

1) 就是使过程得到连续的控制使其获得持续改进的动态循环。

2) 使组织的总体业绩得到显著的提高，达到顾客满意。

3) 在质量管理方面，要把职能式的垂直领导，改为与过程程序的横向领导相结合的方式，来适应过程的质量管理体系模式。

3.4.3.4 过程方法的用途

过程方法是一种方法，它是为建立 ISO 9000 标准以过程为基础的质量管理模式服务的。当然，它也是使活动为顾客和其他相关方创造价值，进行组织和管理的一种有力工具。

3.4.3.5 过程方法的特点

通常，组织由各层次的职能部门组成。组织通常实行垂直管理，将预期输出的职责分配给各个部门。

过程方法引入水平管理，打破不同职能部门之间的界限，把他们的注意力统一到组织的主要目标上。它把过程接口，也纳入管理之列。

过程方法是把过程作为系统的基本要素，然后通过若干过程及其相互作用形成过程网络（即系统）。组织对系统实施管理。这种网络的协调运行以前称为"管理的系统方法"，现又称为过程管理。

3.4.3.6 采用过程方法的注意点

1) 帮助组织理解和满足顾客、法律、法规和规定的要求。

2) 帮助组织通过过程管理而达到增值的目的。

3）帮助组织通过过程管理获得过程业绩和各种实效的成果。

4）帮助组织基于对过程的测量评价而持续改进过程。

3.4.4 过程方法的应用

过程方法的应用从组织的业务工作开始，到过程文件为止。中间要经过：确定业务工作、确定业务工作的活动、确定过程之间关系、建立业务工作流程图、确定各活动所需的资源、对过程及其相互关系进行管理。

3.4.4.1 一般的应用守则

1）确定这些过程所需的输入和期望的输出。

2）确定这些过程的顺序和相互作用。

3）确定和应用所需的准则和方法（包括监视、测量和相关绩效指标），以确保这些过程有效运行和控制。

4）确定这些过程所需的资源，并确保其可获得性。

5）分配这些过程的职责和权限。

6）按照ISO 9001条款6.1的要求，应对风险和机遇。

7）评价这些过程，实施所需的变更，以确保实现这些过程的预期结果。

8）改进过程和质量管理。

3.4.4.2 应用步骤

从过程方法定义可知，可用过程方法识别业务工作中的过程和相互关系，其步骤如下：

（1）确定业务工作

业务工作随企业的性质（制造或服务性行业）和经营方式的不同而有所变化，一般可先从企业各业务部门承担的职能着手。下面以采购业务为例说明各个应用步骤，其业务工作职能记录表见表3-2。

表3-2 企业业务工作一览表

序号	职能部门	承担职能	业务工作	备注
1	采购部	① 采购企业所需的物资 ② 建立合格供方网络	采购、外购件、生产辅料和原材料	

（2）确定业务工作的活动

业务工作可看作是一个大过程，它还可分解为子过程、分过程，直到活动止。过程是通过一系列活动来运作的，而有效的活动应为过程目的服务。因此，首先要知晓目的。然后，再视输入来决定活动，这样才能确保输出符合原定目的。一般可从体系标准中的要求来确定目的。最后把确定的结果予以记录，其记录表见表3-3。

第3章 在过程方法基础上建立质量管理体系

表 3-3 业务工作解析表

序号	业务工作	过程名称	活动	目的	输入内容	输入供方	输出内容	输出接受方	过程界限起始	过程界限终止	资源人力	资源物力	管理谁管	管理操作	判别准则
1	采购物资	供应商确定	核对清单、要求，指令是否一致和齐全、完整、清晰	保障生产进行	采购指令、采购清单和要求	计划部	采购到合格的物资	外购件仓库	接收指令	物资入库					
			• 查找各供应商是否在生产同类产品、有一定知名度的供应商名单中选择	防止乱采购	采购指令、采购清单和要求	计划部	开出采购单和采购实施计划		指令	开出采购单和实施计划					
			• 询价或招标	确保物资符合规定的要求	供应商名单	采购部采购的资料	询价单或招标书	供应商	采购者	询价单或招标书					
		合约签订和批准	• 报价单或招标书获主管同意或中标书 • 商谈合约、洽谈协议、合约的批准	建立契约总结	经批准的报价单和招标的投标书、采购单和协议	采购方	合约	采购方、供方	• 批准的报价单 • 中标书批准	合约批准					
2		到货验收入库	验收	保证货品与要求相符	验收协议货物	合同购件供方	验收结论	供方、采购方	到货报验	货品入库					

制表/日期　　　　　　　　　　　　　　　　　　　　　　　　　审核/日期

注：1. 活动内容：为完成任务而进行的活动（按顺序）。
2. 人力：活动对所需人员素质、能力和操作技能等要求。
3. 物力：活动所需的设备、工具和材料。
4. 操作：活动所需的操作或工作指导书。
5. 判别准则：任务的各项指标、准则。

(3) 确定过程之间的关系

建立业务工作流程图,采购部门的业务流程图如图 3-14 所示。

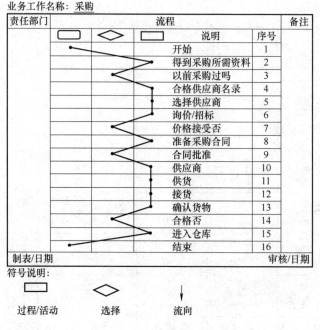

图 3-14 采购部门的业务流程图

(4) 确定活动所需资源

新标准中资源是指人力、基础设施和工作环境,这可根据活动所需列出。

在列出人力资源时,应对人员能力、技能等要求详细叙述。同样,对基础设施有要求时也应详列,如设备、工具和材料等。

上述均记录在表 3-3 的资源栏内。

(5) 对过程及其相互关系进行管理

谈到管理必然会提出谁是管理者?管理的范围多大?故首先要确定过程的归属,即过程属哪个部门管理。然后视部门职能是否覆盖了过程的界限,若没有则要扩大职能。若与其他部门重叠,要定出协商制度,最好不重叠。对每个具体过程,新标准提出要明确过程拥有者,即责任者。除了管理者履行管理职责外,操作(方法/程序/技术)和判别准则(测量/评估)也属管理范畴,记录填写在表 3-3 管理栏中。

在这里特别请读者注意,在对过程间相互关系的交接点进行管理时,除了部门间的职能接口(即组织接口)外,还存在产品或信息的交接(即技术接口),对此也要进行管理。

另外过程方法中所述过程是需要配置资源的,故对资源也需管理。一般管理点设置如图 3-15 所示。

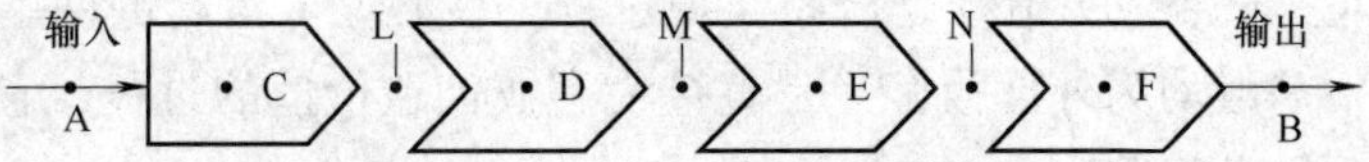

注: A、B—输入、输出管理点,C、D、E、F—过程管理点,L、M、N—过程相互交接处的管理点

图 3-15 管理点设置

(6) 使过程形成文件

形成文件的过程实质是指对过程进行详细的文字说明。对于组织一般均应有制定过程文件的规范,以使文件符合要求且便于管理。

(7) 评审

对建立的业务工作流程是否有效、是否路程最短要进行评审,评审准则有以下两大内容:

1) 是否考虑应用过程方法时的注意点,这已在前面 3.4.3.6 中列出。

2) 过程的六大特性,即具有拥有者、已经定义、形成文件、建立了联系、受到监控、保持记录。

在符合上述要求的情况下,可按以下判据,对过程进行评审。

1) 过程是否增值。这可用基本概念中所述的价值分析法,来对过程的价值进行评价。判为不增值的则要先判断是否有必要,如编写文件虽不直接增值但却有必要。对既不增值又无必要的活动,则应一律予以删除。

2) 过程所需资源和管理是否到位。这可按基本概念中所述"乌龟图"和过程的六个特性来进行判别。

3) 过程是否满足体系标准的要求。这可将各个业务工作流程与体系标准要求进行比对,发现不足予以增补。

4) 过程输出的结果是否有效和达到绩效要求。这可按过程输出是否符合输入时的各项要求来衡量,而绩效可用过程效率来衡量,即输出结果与投入的耗费之比,一般用百分比表示。若有明确的绩效目标,则还需以此评价过程有效性。

评审应予以记录。最后根据评审的结果对已建成的业务流程进行修改、补充和确认。

(8) 画出以过程为基础的本企业质量管理体系模式框图

1) 体系模式框图的用途。既是采用过程方法最后一个环节,又是展示采用过程方法所取得的成果。该图是建立 QMS 依据之一。

2) 绘制。绘画前说明如下:

- 在企业中，流程一般分为三类：即运行、管理和支持流程，运行流程又可分为核心业务流程和管理、支持流程。
- 制造业的核心业务流程是产品实现过程。核心业务流程的两端（即输入和输出）一般均为外部顾客，是直接为企业创造价值的过程，它的绩效将影响企业的竞争力。
- 绘制前，已有了各职能部门的业务流程图。绘图开始：

首先，确定本企业的核心业务流程，由哪些业务组成，然后，按输入输出和相互关系连接起来，即完成了核心业务流程。

其次，把剩下的流程按管理和支持进行分类。然后，按本技术规范提供的管理模式图中所指出的相互关系连接起来。这样一幅本企业的质量管理体系模式框图就完成了。其出现的形式各异，但只要真实说明体系涉及过程和过程之间关系即可，如图 3-16、图 3-17 所示。

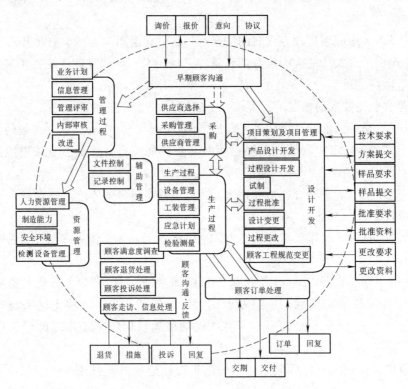

图 3-16 以组织过程为核心的 QMS 体系模式框图

3.4.5 过程管理的 PDCA 循环

新标准中过程管理的 PDCA 循环如图 3-18 所示。

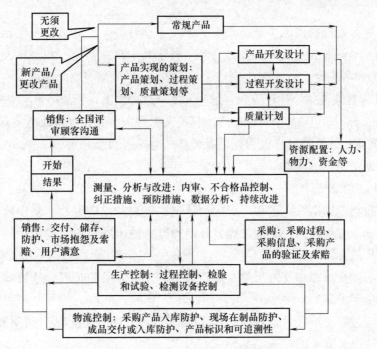

图 3-17 企业以过程为基础的质量管理体系模式框图

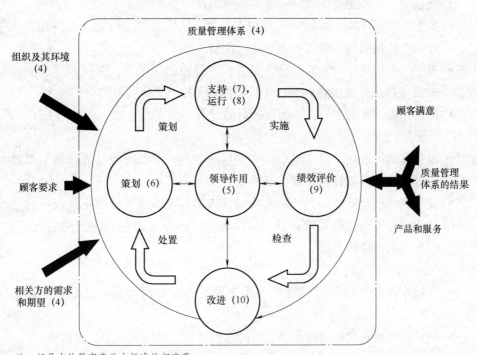

注：括号中的数字表示本标准的相应章

图 3-18 新标准中的 PDCA 循环

3.4.5.1 过程管理的概念

1) 过程管理是指使用一组实践方法、技术和工具来策划、控制和改进过程的效果、效率和适应性。

2) 过程管理包括：过程策划、过程实施、过程监测（检查）和过程改进（处置）四个部分，即 PDCA 循环四阶段。其英文名为：Plan-Do-Check-Action，是质量管理大师戴明在休哈特统计过程控制思想基础上提出的。

3.4.5.2 对 PDCA 的解释

（1）过程策划（P）

- 从过程类别出发，识别组织的价值创造过程和支持过程，从中确定主要价值创造过程和关键支持过程，并明确过程输出的对象，即过程的顾客和其他相关方。
- 确定过程顾客和其他相关方的要求，建立可测量的过程绩效目标（即过程质量要求）。
- 基于过程要求，融合新技术和所获得的信息，进行过程设计或重新设计。

（2）过程实施（D）

- 使过程人员熟悉过程设计，并严格遵循设计要求实施。
- 根据内外部环境、因素的变化和来自顾客、供方等的信息，在过程设计允许的柔性范围内，对过程进行及时调整。
- 根据过程监测所得到的信息，对过程进行控制。例如：应用 SPC 控制过程输出（产品）的关键特性，使过程稳定受控并具有足够的过程能力。
- 根据过程改进的成果，实施改进后的过程。

（3）过程监测（C）

- 过程监测。包括过程实施中和实施后的监测。旨在检查过程实施是否遵循过程设计，达成过程绩效目标。
- 过程监测可包括产品设计过程中的评审、验证和确认，生产过程中的过程检验和试验，过程质量审核，为实施 SPC 和质量改进而进行的过程因素、过程输出抽样测量等。

（4）过程改进（A）

- 突破性改进是对现有过程的重大变更或用全新的过程，来取代现有过程（即创新）。
- 渐进性改进是对现有过程进行的持续性改进，是集腋成裘式的改进。

3.4.6 质量管理体系的创建

3.4.6.1 组织建立 QMS 应遵循其内在规律

1）采用 QMS 是组织的一项战略决策，它关系到组织的全体员工及相关方的利益，对组织的总体业绩有着重要影响，关系到组织的生存和发展，因此，组织的最高管理者应亲自参加，并承担责任。

2）质量管理具有整体性、关联性、有序性和动态性的特性。

3）不同组织的 QMS 各不相同，QMS 的建立和实施应遵循其内在规律，应用适合组织的方法去建立和实施。适合组织的 QMS 是确保体系的符合性、有效性和持续有效运行的关键。

3.4.6.2 确定 QMS 模式

选择 QMS 一定要注意有效性、适宜性、充分性和效果，还需注意第三方认证的可能性（若有此要求）。因此，选用已广为全球汽车供应商所采用的新标准是明智的。该标准采用的是以过程为基础的 QMS 模式。

3.4.6.3 创建过程

开始建造，直到结束。整个建造 QMS 的工作，应按 PDCA 质量管理活动这套框架来进行，应注意如下：

1）QMS 无须复杂，而是需要准确地反映组织的需求。

2）QMS 的策划不是一件单独的事情，而是一个持续的过程，计划会随着组织学习的深入和环境的变化，逐渐发生演变。这个计划要考虑组织的所有质量活动，并覆盖新标准的全部要求，该计划应经批准后实施。

3）定期监督和评价 QMS 计划执行情况和绩效，对组织来说是非常重要的。应仔细考虑这些指标，以便审核工作顺利开展。

4）审核是一种评价 QMS 有效性、识别风险和确定满足要求的方法。为了有效地进行审核，需要收集有形和无形的证据。在对所收集的证据进行分析的基础上，采取纠正和改进措施。

5）在建立 QMS 时，因新建 QMS 是按过程模式来建立的，因此在建立时，要对"过程"予以特别的关注：

a）识别和确定组织在运作过程中有哪些过程，其中哪些是 QMS 所需要的（含外包过程）。

b）对每个过程特性进行描述。

- 先界定过程涉及范围和职能，然后再确定在组织中归属哪个部分（部门或团队）。

- 为确保这些过程有效运作和对其实施监控,必须提供所需资源(人和物、监控的方法以及评估的准则)。
- 确定过程的输入和输出。

c)根据每个过程的输入和输出,确定各个过程相互关系和排列顺序,以及它们的结合点(即接口),最终形成过程网络图。

d)按照新标准对过程(管理活动、资源提供、支持、产品实现和测量、分析、改进)的要求,对已识别和确立的过程进行管理。

第 2 篇
汽车行业质量管理体系要求分析

第 4 章 组织环境
第 5 章 领导作用
第 6 章 策划
第 7 章 支持
第 8 章 运行
第 9 章 绩效评价
第 10 章 改进

引言：

从第 4 章起至第 10 章，介绍标准中关于汽车 QMS 的要求。由于本丛书中，已另有阐述 ISO 9001：2015 的专著《ISO 9000 质量管理体系（第 3 版）》[1]，故在此只列出其条款，除对一些条款有所补充外，对其内涵就不赘述了。以下关于 QMS 要求的各章，将介绍汽车行业方面的补充要求，尤其是对标准新增要求中较难理解部分及条款更新的说明。对那些显而易懂的条文，则无须再进行说明。为便于读者对照，本书所列条目，均保持了与新标准的章、节、条、款、项的对应关系。

Chapter 4　第4章

组 织 环 境

关于组织环境的内涵，在有关术语的 2.1.3 条款中，已做了阐释。由其内涵可见，组织环境涉及的问题很广泛。深入进行分析需要运用相应的工具和技术，如 SWOT 分析法（即态势分析，要对内部的优势、劣势和外部的机遇和威胁进行详尽的分析）等。同时，还要充分了解行业和竞争对手等大量的信息。本章大量要求的内容都与 ISO 9001 相同。以下仅就新标准要求所列补充内容进行说明，特别着重对汽车行业 QMS 补充要求的难点，较详细地加以解释。

4.1　理解组织及其环境

ISO 9001：2015 的要求：

组织应确定与其宗旨和战略方向相关并影响其实现质量管理体系预期结果的能力的各种外部和内部因素。

组织应对这些内部和外部因素的相关信息进行监视和评审。

注1：这些因素可能包括需要考虑的正面和负面要素或条件。

注2：考虑来自于国际、国内、地区和当地的各种法律法规、技术、竞争、市场、文化、社会和经济环境因素，有助于理解外部环境。

注3：考虑与组织的价值观、文化、知识和绩效等有关的因素，有助于理解内部环境。

4.2　理解相关方的需求和期望

ISO 9001：2015 的要求：

由于相关方对组织持续提供符合顾客要求和适用法律法规要求的产品和服务的能力具有影响或潜在影响，因此，组织应确定：

> a) 与质量管理体系相关方。
> b) 与质量管理体系相关方的要求。
> 组织应对这些相关方及其要求的相关信息进行监视和评审。

4.3 确定质量管理体系的范围

> ISO 9001：2015 的要求：
> 组织应确定质量管理体系的边界和适用性，以确定其范围。
> 在确定范围时，组织应考虑如下：
> a) 内部和外部因素见4.1。
> b) 相关方的要求见4.2。
> c) 组织的产品和服务。如果本标准的全部要求适用于组织确定的质量管理体系范围，组织应遵循本标准的全部要求。
>
> 组织的质量管理体系范围应作为成文信息，可获得并得到保持。该范围应描述所覆盖的产品和服务类型，如果组织确定本标准的某些要求不适用于其质量管理体系范围，应说明理由。
>
> 除非组织所确定的不适用于其质量管理体系的标准要求，不影响组织确保其产品和服务合格以及增强顾客满意的能力或责任，否则不能声称符合本标准要求。

4.3.1 确定质量管理体系的范围——补充

> 支持功能，无论其在现场或外部场所（如设计中心、公司总部和配送中心），应包含在质量管理体系的范围中。本汽车 QMS 标准唯一允许的删减是 ISO 9001 第 8.3 条中的产品设计和开发要求。删减应以成文信息（见 ISO 9001 第 7.5 条）的形式，进行证明和保持。
> 允许的删减不包括制造过程设计。

本条款原来包含在 ISO/TS 16949 第 1.1 和 1.2 的两部分，现将其合二为一。应注意，删减任何设计和开发要求时（见 8.3），必须具备充足的理由，即在产品实现过程中，确无此类活动且不承担相应的责任。若有删减，则应留存成文信息的证据。

还涉及支持职能。将其修改，以确保不仅仅只需要处理包含在审核内的支持职能，也要确保其包含在整个 QMS 范围内。这一规定确保不发生在审核支持职能

第4章 组织环境

时，只在组织内部进行，而未包括在 QMS 范围内的外部场所。

4.3.2 顾客特定要求

> 应对顾客特定要求进行评价，并将其包含在组织的质量管理体系范围内。

尽管原技术规范也贯穿了满足顾客特定要求的需求，但新标准则明确提出，需要评估顾客的特定要求和包括在组织 QMS 中适用的企业社会责任。这意味着，供应商需要对顾客特定要求逐一评估的过程，并确定在适用时，怎样（如在哪儿）准确地将其应用到组织的 QMS 中。

4.4 质量管理体系及其过程

4.4.1 总则

> ISO 9001：2015 的要求：
> 组织应按照本标准的要求，建立、实施、保持和持续改进质量管理体系，包括所需过程及其相互作用。
> 组织应确定质量管理体系所需的过程及其在整个组织中的应用，且应：
> a）确定这些过程所需的输入和期望的输出。
> b）确定这些过程的顺序和相互作用。
> c）确定和应用所需的准则和方法（包括监视、测量和相关绩效指标），以确保这些过程有效地运行和控制。
> d）确定这些过程所需的资源并确保其可用性。
> e）分派这些过程的职责和权限。
> f）应对按照 6.1 的要求所确定的风险和机遇。
> g）评价这些过程，实施所需的变更，以确保实现这些过程的预期结果。
> h）改进过程和质量管理体系。

4.4.1.1 产品和过程的符合性

组织应确保所有产品和过程，包括服务件及外包的产品和过程，符合一切适用的顾客和法律法规要求（见第 8.4.2.2 条）。

这一要求是根据 IATF 收集的信息反馈而增加的。这样做，确保了以下两点：
1）供应商（组织）负责外包过程的符合性。

2) 所有产品和过程符合所有利益相关方全部适用的期望和要求。为确保产品和过程的符合性,组织将需要采取主动的方法来评估和处理风险,而不仅仅靠检查。

4.4.1.2 产品安全

> 组织应有形成文件的过程,用于与产品安全有关的产品和制造过程管理;形成文件的过程应包括但不限于(在适用情况下):
> a) 组织对产品安全法律法规要求的识别。
> b) 向顾客通知 a) 项中的要求。
> c) 设计 FMEA 的特殊批准。
> d) 产品安全相关特性的识别。
> e) 产品及制造时安全相关特性的识别和控制。
> f) 控制计划和过程 FMEA 的特殊批准。
> g) 反应计划(见第 9.1.1.1 条)。
> h) 包括最高管理者在内的,明确的职责,升级过程和信息流的定义,以及顾客通知。
> i) 组织或顾客为与产品安全有关的产品和相关制造过程中涉及的人员确定的培训。
> j) 产品或过程的更改在实施之前应获得批准,包括对过程和产品更改带给产品安全的潜在影响进行评价(见 ISO 9001 第 8.3.6 条)。
> k) 整个供应链中关于产品安全的要求转移,包括顾客指定的货源(见第 8.4.3.1 条)。
> l) 整个供应链中按制造批次(至少)的产品可追溯性(见第 8.5.2.1 条)。
> m) 为新产品导入的经验教训。
> 注:特殊批准是指负责批准含有安全相关内容文件的职能机构(通常为顾客)做出的额外批准。

这是一个新条款。用它来处理汽车工业当前面临的产品和过程安全的紧急事件。本条款要求组织有形成文件的过程,用于管理产品安全相关的产品和过程。安全包括人员、设备、水电煤气和建筑等基础设施以及环境(如粉尘超标危及员工健康)诸方面。事先对此,组织都应做出预计和应对预案,一旦出现问题,立即按预案做出必要的反应。这些在控制计划中,都应有所安排。

本条款还包括:对法规要求的识别;识别和控制在设计过程中、制造中产品的相关特性;定义职责、升级过程、反应计划、与包含高层管理者和顾客沟通的信息流;接受 FMEA 和控制计划的特殊批准;产品可追溯性方法和在供应链中的传递要求。在这些要求中,反应计划和升级过程在术语中已做过介绍。

4.4.2 过程的识别和确定

ISO 9001：2015 的要求：
在必要的范围和程度上，组织应：
a）保持成文信息，以支持过程运行。
b）保留成文信息，以确信其过程按策划进行。

ISO 9001：2015 在这一章节中，还有 4.4.3 不适用要求的说明，4.4.4 确定过程的顺序和相互作用，4.4.5 确定过程控制准则和方法，4.4.6 确定过程所需资源，4.4.7 确定过程职责和权限，4.4.8 过程的监测、分析和评价，4.4.9 确定质量管理体系过程持续改进机会，4.4.10 必要范围和程度成文信息等要求。由于在新标准中，均另有条款针对汽车行业做出规定，故在此，均将上述各条省略。实际上本条款只是保留了 ISO 9001 中 4.4.10 的要求。为了新标准的顺序连接，而借用了 4.4.2 的名称。

Chapter 5 第5章

领导作用

5.1 领导作用与承诺

5.1.1 总则

ISO 9001：2015 的要求：

最高管理者应证实其对质量管理体系的领导作用和承诺，通过：

a) 对质量管理体系的有效性承担责任。

b) 确保制定质量管理体系的质量方针和质量目标，并与组织环境和战略方向相一致。

c) 确保质量管理体系要求融入组织的业务过程。

d) 促进使用过程方法和基于风险的思维。

e) 确保质量管理体系所需的资源是可用的。

f) 沟通有效的质量管理和符合质量管理体系要求的重要性。

g) 确保质量管理体系实现其预期结果。

h) 促进、指导和支持人员为质量管理体系的有效性做出贡献。

i) 推动改进。

j) 支持其他相关管理者在其职责范围内发挥领导作用。

注：本标准使用的"业务"一词可广义地理解为涉及组织存在目的的核心活动，无论是公营、私营、营利或非营利组织。

5.1.1.1 公司责任

> ISO 9001：2015 已将原管理职责的概念，扩展到一组领导活动，以确保有效建立和实施 QMS。
>
> 组织应明确并实施公司责任方针，至少包括反贿赂方针、员工行为准则以及道德准则涉及政策（"举报政策"）。

上述要求体现了公司对不断增长的市场和改进汽车行业，所面临的社会和环境的政府期望，这就要求公司不得出现任何贿赂行为。但这在某些国家和地区很难做到，为办成事而常采取变通的方式，进行贿赂。然而今后，这种贿赂行为，一旦被查出，就是违背公司方针的严重不符合项。

员工行为准则是指在企业内部员工在工作时应遵守的行为规范。一般组织可用员工手册形式，来规范员工的行为。在制定员工守则时应考虑：合法性（如符合劳动法），适合性（如具有可操作性），合理性（如兼顾公司和员工的利益，对员工的制约和激励）。其内容可包括：员工的道德规范，如维护公司信誉和保密；考勤制度；加班、值班制度；放假和请假制度等。

这里所添加的公司责任，已超越了以往的对产品质量和对顾客负责的范畴，而着眼于公司及员工对社会和对自己的行为所加的约束，并将其规范化。道德准则主要的内涵为：守法（包括学法、懂法、用法、守法和护法，特别是要遵守与公司直接相关的法律和法规等）、明礼诚信（包括文明礼貌、诚实守信、诚恳待人等）、团结友善（包括与人为善、和睦共事、团队协作等）、勤俭自强（包括努力工作、积极进取、奋发向上、勤俭节约、爱护公物等）、敬业奉献（包括忠于职守、兢兢业业、克己奉公等）。具体奖励的形式除奖金外，还有升职、股权激励等。

行为准则和道德准则涉及的政策是指公司对鼓励方向的具体政策，如奖励政策：在与客户、供应商和所有相关方打交道时，员工都应按道德准则做正确的事；尊重同事、下属和相关方的权利，注重平等（不分国别和肤色），不得歧视或侮辱；当开展业务时，要遵守所在国的法律法规和风俗习惯，采用适当的商务模式避免冲突，以及举报违法违规行为等。

同时，这意味着在供应商/组织的各层次和职能的职责授权，需要遵守道德准则，并且不怕报告任何观察到的不道德行为。

5.1.1.2 过程有效性和效率

> 最高管理者应评审产品实现过程和支持过程，以评价并改进过程有效性和效率。过程评审活动的结果应作为管理评审的输入（见第 9.3.2.1 条）。

这里，要求每个供应商/组织要评审其过程，以确保有效性和效率，并特别强调了最高层管理者对过程的有效性和效率的责任，并对过程的拥有者所做的评审再进行详细评审。过程评审活动需要包含评估方法、结果和实施改进。

5.1.1.3 过程拥有者

> 最高管理者应确定过程拥有者，由其负责组织的各过程和相关输出的管理。过程拥有者应了解他们的角色，并且具备胜任其角色的能力（见 ISO 9001 第 7.2 条）。

以前对过程的职责和授权虽有规定，但未明确上述要求。这个新要求确保管理层理解这种预期，通过明确识别过程拥有者和其能执行被委派的角色。同时，它还确认了过程拥有者对其所管理过程的活动和结果有权利和义务。

新标准明确了最高管理者对任命胜任的过程拥有者的责任。过程属于谁，谁就是第一责任者。这对保证过程的工作质量、有效性和效率都是至关重要的。

5.1.2 以顾客为关注焦点

> ISO 9001：2015 的要求：
> 最高管理者应通过确保以下方面，证实其以顾客为关注焦点的领导作用和承诺：
> a）确定、理解并持续地满足顾客要求以及适用的法律法规要求。
> b）确定和应对能够影响产品和服务的符合性以及增强顾客满意能力的风险和机遇。
> c）始终致力于增强顾客满意。

5.2 方针

5.2.1 建立质量方针

> ISO 9001：2015 的要求：
> 最高管理者应制定、实施和保持质量方针，质量方针应如下：
> a）适应组织的宗旨和环境并支持其战略方向。
> b）为建立质量目标提供框架。
> c）包括满足适用要求的承诺。
> d）包括持续改进质量管理体系的承诺。

5.2.2 沟通质量方针

> ISO 9001：2015 的要求：
> 质量方针应如下：
> a) 可获取并保持成文信息。
> b) 在组织内得到沟通、理解和应用。
> c) 适宜时，可为相关方所获取。

5.3 组织的作用、职责和权限

> ISO 9001：2015 的要求。
> 最高管理者应确保组织内相关岗位的职责、权限得到分配、沟通和理解。
> 最高管理者应分配职责和权限，以：
> a) 确保质量管理体系符合本标准的要求。
> b) 确保各过程获得其预期输出。
> c) 报告质量管理体系的绩效及其改进机会（见10.1），特别是向最高管理者报告。
> d) 确保在整个组织推动，以顾客为关注焦点。
> e) 确保在策划和实施质量管理体系变更时保持其完整性。

5.3.1 组织的作用、职责和权限——补充

> 最高管理者应向人员指派职责和权限，以确保顾客要求得到满足。这些指派应形成文件。这包括但不限于：特殊特性的选择，质量目标和相关培训的设置，纠正和预防措施，产品设计和开发，产能分析，物流信息，顾客计分卡以及顾客门户。

这个条款澄清了目的不只是处理顾客要求，而要完全满足顾客要求。当指派人员时，涉及其能力能否胜任。其他所列各项均需指派并形成文件。在这里，还进一步强调最高管理者对重要岗位人员的职责和权限必须亲自指派，以示这些岗位具有重责，并激励岗位员工奋发工作。

应该指出，ISO 9001：2015 对最高管理者的要求已从原有 5 项增至 11 项，即有：

1) 为质量管理体系的有效运行承担责任。最高管理者既是体系有效性的第一

责任者,又要为此提供相应的证据。

2) 确保质量方针和目标的建立。

3) 确保质量方针的传达、理解和应用。

4) 确保质量体系要求纳入组织的业务运行。

5) 促进使用过程方法和基于风险的思维。

6) 确保质量管理体系所需资源的获取。

7) 传达有效的质量管理及满足质量管理体系要求的重要性。

8) 确保质量管理体系实现预期的结果。

9) 吸纳、指导和支持员工对质量管理体系的有效性做出贡献。

10) 推动改进。

11) 支持其他管理者在其负责的领域展示其领导作用。

在这个基础上,IATF 16949:2016 标准又进一步增加了以下要求:

1) 最高管理者应负责对重要岗位人员指派职责,并授予相应权限,以确保顾客要求得到满足。对于其他岗位人员的职责和权限的赋予,最高管理者也有领导和把关的责任。

许多组的 QMS 运行有效性很差,其中一个重要原因就是岗位职责不清或授权不足。在组织接口的界面处,常出现"三不管"的情况,或者有职无权、责大权小,致使岗位人员难以履行其职责。要做到:"职责分明,授权充分",离不开最高管理者的关注和推动。由此可见,这一补充对像汽车这类较复杂的产品来说,尤其重要。

2) 最高管理者应确保为组织内的相关职能、过程和级别,明确、建立并保持符合顾客要求的质量目标,即其应对质量目标的展开和分解到各层级负责,见6.2.2节。

3) 最高管理者对任命胜任的过程拥有者的责任。

4) 参与对应急计划的评审见 6.1.2.3 条。

5.3.2 产品要求和纠正措施的职责和权限

a) 负责产品要求符合性的人员有权停止发运或生产,以纠正质量问题。

注:由于一些行业中的过程设计(如浇注流水线),并非总是能立即停止生产。在这种情况下,必须对受影响批次进行控制,以防将其发运给顾客。

b) 拥有纠正措施权限和职责的人员能够及时获知与要求不符的产品或过程,以确保避免将不合格品发运给顾客,并确保所有潜在不合格品得到识别与控制。

在这里，明确了必须有一个过程用于通知那些负有纠正措施职责的人员。及时获得这种重要信息，才能确保有责人员对不符合产品和过程，加以有效控制。这还意味着所指派的有责人员，必须能够迅速采取纠正措施制止发货。

> c）所有班次的生产作业都安排有确保产品符合要求的负责人员或代理职责人员。

通常，为了严把质量关，除工序检验外，每个班次的生产线上，设有抽样复检后放行的检验班组长（俗称台阶检的负责人）。然而，在夜班，值班人员减少，甚至没有能负责的人员。

Chapter 6　第6章

策　划

6.1　风险和机遇的应对措施

6.1.1　确定应对的风险和机遇

> ISO 9001：2015 的要求：
> 在策划质量管理体系时，组织应考虑到4.1所提及的因素和4.2所提及的要求，并确定需要应对的风险和机遇，以：
> a) 确保质量管理体系能够实现其预期结果。
> b) 增强有利影响。
> c) 避免或减少不利影响。
> d) 实现改进。

6.1.2　应对措施的策划

> ISO 9001：2015 的要求：
> 组织应策划：
> a) 应对这些风险和机遇的措施。
> b) 如何在质量管理体系过程中整合并实施这些措施（见4.4），如何评价这些措施的有效性。

第6章 策 划

> 应对措施应与风险和机遇对产品和服务符合性的潜在影响相适应。
>
> 注1：通过信息分析的决策，应对风险可选择规避风险，为寻求机遇承担风险，消除风险源，改变风险的可能性或后果，分担风险，或保留风险。
>
> 注2：机遇可能导致采用新实践，推出新产品，开辟新市场，赢得新顾客，建立合作伙伴关系，利用新技术和其他可行之处，以应对组织或其顾客需求。

6.1.2.1 风险分析

> 组织应在风险分析中，至少包含从产品召回、产品审核、使用现场的退货和修理、投诉、报废及返工中吸取的经验教训。
>
> 组织应保留成文信息，作为风险分析结果的证据。

本条款就风险分析做出专项规定表明，识别、分析和响应风险，是一个持续的需求，供应商/组织都应充分考虑与汽车行业相关的各种风险。组织不仅应通过上述问题吸取经验教训，还需要据此实施相应措施。

产品召回是指生产商将已送到批发商、零售商或最终用户手中的产品收回。这是在发现缺陷或潜在风险后，对批量性产品实施的生产商的主动行为。产品召回制度与一般"三包"的退货、换货制度是两码事。后者只针对个体消费者，并不足以说明产品质量存在问题。

6.1.2.2 预防措施

> 组织应确定并实施措施，以消除潜在不合格的原因，防止不合格发生。预防措施应与潜在问题的严重程度相适应。
>
> 组织应建立一个用于减轻风险负面影响的过程，过程包括以下方面：
> a) 确定潜在不合格及其原因。
> b) 评价防止不合格发生的措施的需求。
> c) 确定并实施所需的措施。
> d) 所采取措施的成文信息。
> e) 评审所采取预防措施的有效性。
> f) 利用取得的经验教训预防类似过程中的再次发生（见ISO 9001第7.1.6条）。

这表明组织需要实施一个过程来减少风险的消极作用影响，其应与潜在问题的严重程度相适应。这个过程包括：识别不合格再次发生的风险、文件经验教训的学习、识别和评审不合格可能发生的类似过程，并应用取得的经验教训预防此类潜在问题的发生。预防措施是在贯彻ISO 9001时遇到的难题，鲜有企业能主动采取预防措施。汽车行业QMS中提倡的防错法在这方面，具有独到之处。

6.1.2.3 应急计划

应急计划是指以最佳方式应对所发生的、给组织带来危害并影响其顺利运行的严重事件而拟定的预案,即准备好所预见的一套技术和组织方法。

> 组织应:
> a) 对保持输出并确保顾客要求得以满足而言,必不可少的所有制造过程和基础设施设备,识别并评价内部和外部风险。
> 根据风险和对顾客的影响制定应急计划。
> b) 准备应急计划,以在下列任何一种情况下,保证供应的持续性:关键设备故障,外部提供的产品、过程或服务中断,常见自然灾害,火灾,公共事业中断(如停水、停电),劳动力短缺,基础设施破坏。
> c) 作为应急计划的补充,包含一个通知顾客和其他相关方的过程,告知影响作业情况的程度和持续时间。
> d) 定期测试应急计划的有效性(模拟,视情况而定,如灭火演习等)。
> e) 利用包括最高管理者在内的跨部门小组,对应急计划进行评审(至少每年一次),并在需要时更新。
> f) 对应急计划形成文件,并保留描述修订以及更改授权人员的成文信息。
> 应急计划应包含相关规定,用以在发生生产停止的紧急情况、重新开始生产之后,以及在常规停机过程未得到遵循的情况下,确认制造的产品持续符合顾客规范。

a) 项制造过程和基础实施设备的内部风险是由于操作者素质、所用机器状态、材料质量、工艺方法和工序安排、厂房及工作环境、测量仪器等因素造成的。导致外部风险则可能由于上述 b) 项所列诸原因,以及组织环境所述因素,如资金流出现问题或国际、国内政治经济形势和政策(如由于美国加息、缩表、减税)变化的影响,市场情况的变化等。对上述影响因素可用因果图(鱼刺图)进行分析。

c) 项这个扩展要求确保组织与通知顾客和其他相关方的过程一起定义,并准备应急计划。组织首先要采取系统的方法,来识别和评估所有制造过程的风险,对外部风险应给予特别的关注。外部提供的产品、过程和服务中断、常见的自然灾害、火灾或公共事业相关的中断。通知顾客在任何应急计划中都是一个强制步骤,除非没有发运不合格品或影响及时交付的风险。

从生产方面可狭义理解为:对在生产过程中出现意外情况时,为满足生产进度,保证产品准时交付而采取的非常规措施,如:针对人力资源不足、设备故障、原材料供应不上、工艺欠缺等情况,采取的临时措施。早在 ISO 9001:1994 版中,

第6章 策 划

就列入了例外采购的条款[2]。当原材料或配件短缺时,在经过评定的合格供方供不应求的情况下,允许例外采购。问题在于,这时如何规范地操作,才能确保供货的质量达到要求。这需要制定一套控制方案,如加严检验和提高批准层级。

此外,还应注意应急计划与后文涉及的控制计划中的反应计划是不同的。反应计划则是针对质量问题而采取的对策。

在应急计划管理中,要明确目的、规定适用范围、职责、工作程序、制定应急计划表(根据经验预估可能出现的紧急情况,并提出相应的应对措施及多种应急计划的优先级顺序)等,还应注意应急计划的可操作性。

6.2 质量目标及其实施的策划

6.2.1 在相关职能、过程和层次上建立质量目标

> ISO 9001:2015 的要求:
> 组织应在相关职能、层次和质量管理体系所需的过程建立质量目标。
> 质量目标应:
> a) 与质量方针保持一致。
> b) 可测量。
> c) 考虑适用的要求。
> d) 与产品和服务合格以及增强顾客满意相关。
> e) 予以监视。
> f) 予以沟通。
> g) 适时更新。
> 组织应保持有关质量目标的成文信息。

6.2.2 质量目标如何实现的策划

> ISO 9001:2015 的要求:
> 策划如何实现质量目标时,组织应确定:
> a) 做什么。
> b) 需要什么资源。
> c) 由谁负责。
> d) 何时完成。

6.2.2.1 质量目标如何实现的策划——补充

> 最高管理者应确保为整个组织内的相关职能、过程和级别,明确、建立并保持符合顾客要求的质量目标。
>
> 组织在建立其年度(至少每年一次)质量目标和相关性能指标(对内和对外)时,应考虑组织对相关方及其有关要求的评审结果。

为了确保组织目标满足顾客要求,这些目标需要考虑顾客目标。员工应清楚和承诺达成结果,以满足顾客要求。质量目标和相关绩效目标应定期加以评审(每年至少一次)。

【案例6-1】 南都汽车制造公司的质量目标

制定出质量方针后,经最高管理者提出经营思路和对未来的设想,各部门和分厂广泛讨论,由质量管理部门归纳汇总,再经一轮反复,最后由最高管理者批准,制定出南都汽车公司三年的质量目标是:

该公司的质量方针为:创新优先、过程优化、产品过硬,力求客户更满意。

1)新能源产品开发每年至少一个车型,再加上改进型号车的销售额占总销售额的30%。

2)顾客满意率达到80%,且呈逐年上升趋势,无顾客重大投诉和召回。

3)各主流车型 MTBF 提高 20%,并逐年提高。

4)各生产过程的不合格率降低10%,综合管理成本降低10%以上,且呈逐年下降趋势。

在制定质量目标时应与质量方针相呼应,通过目标落实质量方针每一句话的要求。目标应可测量。同时,质量目标既要反映对产品质量要求,又要体现持续改进的精神。目标应是跳一跳就可摘到的桃子,既具有挑战性,又有可行性。目标还需一定的完成期限,以便检查是否达成。

6.3 更改的策划

> ISO 9001:2015 的要求:
>
> 当组织确定需要对质量管理体系进行变更时,变更应按所策划的方式实施(见4.4)。
>
> 组织应考虑:
>
> a)变更目的及其潜在后果。
>
> b)质量管理体系的完整性。
>
> c)资源的可获得性。
>
> d)职责和权限的分配或再分配。

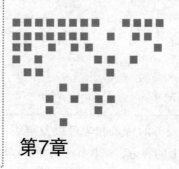

Chapter 7 第7章

支 持

这里的支持是广义的,即包括组织内部和外部可能获得的对 QMS 支持的各种条件,包括资源(含人力资源、基础设施和设备工装等)、能力、意识和沟通等诸方面。支持不仅是 QMS 的重要组成部分,而且是实现质量方针和其他过程以及完成质量目标的重要条件。此外,任何增值和创新过程都离不开支持。因此,支持过程本身的有效性和效率,是任何过程的基本保障。本章的目的在于,确保所有影响产品和过程有效性的支持因素,都能得到有效的控制。

7.1 资源

本章阐述从资源方面为产品符合要求提供保障,涉及制造过程所需的各种资源及其管理问题。有关详情,请参见本丛书中的《制造过程管理》[3]。在这里,请注意区分组织的资源和资产的内涵。关于资产管理体系 ISO 55000 资产管理概述原则和术语、55001 资产管理体系要求、55002 资产管理体系应用指南,均已于 2014 年颁布实施。资产管理的对象是实物资产和无形资产。实物资产是指组织拥有的设备、存货和不动产。无形资产包括租赁权、商标、数据资产、使用权、许可、知识产权、信誉与协议等。资源是指在组织内拥有的物力、财力和人力等各种要素的总称。由此可见,资源和资产所含的内容是有重叠和交叉的。属于资产的部分,进一步的管理可参考 ISO 55000 族。

无论资源或资产管理,其核心问题都是如何使其创造价值最大化。

7.1.1 总则

ISO 9001:2015 的要求:

> 组织应确定并提供所需的资源,以建立、实施、保持和持续改进质量管理体系。
> 组织应考虑如下:
> a) 现有内部资源的能力和局限。
> b) 需要从外部供方获得的资源。

资源的配置取决于产品和服务的特点和规模以及组织自身的能力,还需要考虑资源的利用率,以及从经济上的考虑,来决定是由组织内部解决或外包。

7.1.2 人员

> ISO 9001：2015 的要求:
> 组织应确定并配备所需的人员,以有效实施质量管理体系,并运行和控制其过程。

7.1.3 基础设施

> ISO 9001：2015 的要求:
> 组织应确定、提供并维护所需的基础设施,以运行过程,并获得合格产品和服务。
> 注:基础设施可包括如下:
> a) 建筑物和相关设施。
> b) 设备。包括硬件和软件。
> c) 运输资源。
> d) 信息和通信技术。
> 组织应运用多方论证的方法,来开发和改进工厂、设施和设备的运行计划,并识别和缓解其风险,在设计工厂布局时:
> a) 应优化物料的流动和搬运。以有序的节拍同步流动,可减少对象的储留,提高工效,减少差错。
> b) 适用时,便于材料的同步流动。
> 应用适当方法,对新产品和新工艺或操作方法,进行可制造性评估。
> 组织应保持过程的有效性,定期进行风险复评,要注意将以往实践中所做的所有的有效更改纳入过程控制。
> 这种制造可行性的评估和产能策划的评价均应作为管理评审的输入。
> 注1:这些原则应包括对精益制造原则[3]的应用。
> 注2:如适用,这些要求应应用于现场供应商的活动中。优化物流,充分发挥场地空间的利用价值,并有利于对不合格品的控制。

实现 a）项所述还需要对产能的适应性进行策划，同时，对现有操作提出改进意见。在评估时，不仅看其能否达到制造准确度的要求，而且应兼顾其生产效率能否满足要求。在这方面，笔者曾看到德国某设计院的工厂设计思路与苏联传统的工厂设计有很大不同。前者是按工艺流程来布置设备的，后者是按工种和设备分类来安排设备划分车间（或分厂）的，以致造成对象频繁周转，流程大为增长，效率明显低得很多。

生产现场物流杂乱易造成产品混淆，不利于不合格品的控制。因此，考虑如何将不合格品或可疑产品（指尚无法确定合格与否的产品）隔离或分流，是十分必要的。

对于特别重要的零部件，应考虑将这种管理方法延伸至供方。对供方的过程监控不力，是我国大多数组织的实际状况。应通过落实标准的这一要求，加强对主要零部件在供方生产过程中的有效控制。

新标准增加了从关注风险识别和风险缓解方面，来进行制造可行性评估、过程风险的复评及现场供应商的活动。通过在策划过程中应用基于风险的思维，使很多操作风险得以避免。这些活动也可扩展到物料的同步流动和运用楼层空间来控制不合格品。在制造可行性评估过程中，对产能策划必须考虑顾客签约的生产率和产量，而不只是当前订单的水平。

7.1.4 过程操作的环境

> ISO 9001：2015 的要求：
> 组织应确定、提供并维护所需的环境，以运行过程，并获得合格产品和服务。
> 注：适当的过程运行环境可能是人为因素与物理因素的结合，如：
> a) 社会因素（如非歧视、安定、非对抗）。
> b) 心理因素（如减压、预防过度疲劳、保证情绪稳定）。
> c) 物理因素（如温度、热量、湿度、照明、空气流通、卫生、噪声）。
> 由于所提供的产品和服务不同，这些因素可能存在显著差异。

7.1.4.1 过程操作的环境——补充

> 应使生产现场保持在与产品和制造过程控制的需求相适应的有序、整洁的状态。

这一要求是从 ISO/TS 16949 转换过来的。它意味着汽车行业对生产现场管理有更高的要求，通常采用 5S（整理、整顿、清理、规范、素养）管理方法。

7.1.5 监视和测量资源

7.1.5.1 总则

> **ISO 9001：2015 的要求：**
> 当利用监视或测量来验证产品和服务符合要求时，组织应确定并提供所需的资源，以确保结果有效和可靠。
> 组织应确保所提供的资源：
> a）适合所开展的监视和测量活动的特定类型。
> b）得到维护，以确保持续适合其用途。
> 组织应保留适当成文信息，作为监视和测量资源适合其用途的证据。

为保证监测结果的准确性和有效性，组织必须控制好影响监测装置误差的所有环节，从而为正确评价监测结果提供保证。测量结果的有效性取决于整个测量系统，包括测量人员、测量装置、测量软件、测量方法、测量环境、测量系统的干扰以及测量用辅助器具（如定位用具）等。有关详细阐述，请参见 ISO 9000 丛书中的《检验和测量控制》[4]。

> **测量系统分析**
> 应进行统计研究来分析，在控制计划中所识别的每种检验、测量和试验设备系统的结果中，呈现的变异。所采用的分析方法及接受准则，应与测量分析的参考手册相一致。
> 如用替代方法，应保留顾客接受测量分析结果的记录。如果得到顾客的批准，其他的分析方法和接受准则也可以采用。
> 替代方法的顾客接受记录与替代分析的结果，应一起保留（见9.1.1.1 条）。
> 注：测量系统分析研究的优先级，应当着重于关键或特殊产品或过程特性。

优先级是一种约定，优先级高的先做。优先级是计算机分时操作系统在处理多个专业程序时，决定各作业程序接收资源的优先等级参数。这里，借用来表示如何确定工作顺序的依据。

一般可采用 QS9000 五大手册中的 MSA 进行分析。

现在要求保留替代结果记录。以前只要求分析测量结果，现已明确扩展到检验设备。同时，顾客接收的记录需要与来自替代测量系统分析的结果一起加以保留。

7.1.5.2 测量的可追溯性

> **ISO 9001：2015 的要求：**

当要求测量溯源时，或组织认为测量溯源是信任测量结果有效的基础时，测量设备应：

a) 对照能溯源到国际或国家标准的测量标准，按照规定的时间间隔或在使用前进行校准和（或）检定（验证），当不存在上述标准时，应保留作为校准或检定（验证）依据的成文信息。

b) 予以识别，以确定其状态。

c) 予以保护，防止由于调整、损坏或衰减所导致的校准状态和随后的测量结果的失效。

当发现测量设备不符合预期用途时，组织应确定以往测量结果的有效性是否受到不利影响，必要时应采取适当的措施。

测量结果是否准确，其基础在于测量校准的基准可以溯源，一直可追溯到所依据的国家或国际标准。因此，保持测量校准的记录编号或其他标识符号，满足 ISO 9001：2015 标准的要求，以便追溯，是非常必要的。

校准/验证记录

组织对测量系统校准/验证记录的管理，应有形成文件的方法，以确保所使用的量具和测试设备（包括员工、顾客和供应商现场所拥有的检测设备），都符合法律法规要求和顾客要求以及组织内部的要求。这些记录应加以保持并包括下列具体内容：

a) 根据影响测量系统的工程更改（指已在制造中实施的更改）进行的修订。

b) 所获得的任何偏离规范的数据。

c) 对偏离规范而引起的风险的评估。

d) 在计划校准/验证期间或使用期间，如发现检测设备偏离校准或存在缺陷，则应保留此检测设备先前测量结果有效性的成文信息，包括校准报告显示相关标准最后一次校准日期和下一次计划校准的到期日。

e) 如可疑产品已发运，则需通知顾客。

f) 校准/验证后，符合规范的声明。

g) 对产品、过程控制所用软件版本符合规定的验证。

h) 所有量具和测试设备的校准和维护活动。

i) 对参与产品和过程控制的软件的验证。

在这里请注意，"校准"并非我国计量法规定的"检定"。从 ISO 9001：1994 开始提出"校准"，我国许多质量界的工作者误以为就是"检定"。在这方面，当时国家标准的翻译，起了误导作用。

本条款通过加强校准/验证记录的保留要求，以确保满足顾客要求，包括安装在员工使用的设备或顾客拥有的设备上的软件。为了提供符合的证据，要求形成文件的过程，用于管理校准/验证记录，并包括任何现场供应商拥有的设备。为了建立批准的标准，检验、测量和测试设备的校准/验证活动，需要考虑适当的内部、顾客、法律及管理要求。

7.1.5.3 实验室要求

（1）内部实验室

组织应按其能力，明确内部实验室可从事的检验、试验和校准的工作范围，并在质量管理体系文件中加以规定，并需规定下列要求：

a）实验室具备充分的技术能力。

b）实验室人员的资格。

c）产品试验要求。

d）正确执行所提供的服务的能力，并可追溯到相关实验室标准，如，美国材料实验协会（ASTM）标准和欧洲标准（EN）。若无相应的国家或国际标准，则应明确规定一个如何验证测量系统能力的方法。

e）顾客的要求（若有）。

f）对有关记录的评审。

注：通过ISO/IEC 17025第三方认可的实验室的认可，则视为组织内部实验室符合上述要求。

（2）外部实验室

为组织提供检验、试验和校准服务的外部实验室（含商业、独立实验室），其检验、试验和校准能力，均应具备一个适应组织要求的范围，且：

实验室应通过ISO/IEC 17025或等同的国家标准的认可，且认可证书的范围应包括组织需要提供的检验、试验和校准服务。校准证书或试验报告，应包括国家认可机构的标志，或具有顾客可以接受的证据。

注：这些证据可以通过顾客评估来证实，或由顾客批准的第二方机构评估，来证明该实验室满足了ISO/IEC 17025或等效的国家标准的意图。第二方机构评估可由评估实验室的组织，采用顾客批准的评估方法进行。

若某一设备没有具备资格的实验室时，校准服务可以由设备制造商进行，在这种情况下，组织应确保（1）的要求得到满足。

校准服务的采用，除了符合具备相应资质（或顾客接受）外，可能还需要根据有关法律法规，得到政府监管机构的确认。

新标准允许组织采用实施实验室设施的第二方评估，但评估方法需要顾客批准。

本条款也澄清了，即使校准是由设备制造厂实施的，使用这种校准服务时，可能也需要获得政府监管的确认。这同样适用于内部实验室。

7.1.6 组织知识

> ISO 9001：2015 的要求：
> 组织应确定必要的知识，以运行过程，并获得合格产品和服务。
> 这些知识应予以保持，并能在所需的范围内得到。
> 为应对不断变化的需求和发展趋势，组织应审视现有的知识，确定如何获取更多必要的知识和知识更新。
> 注1：组织的知识是组织特有的知识，通常从其经验中获得。是为实现组织目标所使用和共享的信息。
> 注2：组织的知识可基于：
> a) 内部来源（如知识产权，从经验获得的知识，从失败和成功项目得到的经验教训，获取和分享未成文的知识和经验，过程、产品和服务的改进结果）。
> b) 外部来源（如标准，学术交流，专业会议，从顾客或外部供方收集的知识）。

由于现在处于知识爆炸年代，新技术、新知识日新月异，人员更新也快，组织必须从内部巩固和保持积累的知识及其获得方法。此外，组织还应从外部不断获取新的知识。这些都需要进行规范的管理。

7.2 能力

能力是人力资源中的核心问题。

> ISO 9001：2015 的要求：
> 组织应：
> a) 确定在其控制下工作的人员所需具备的能力，这些人员从事的工作影响质量管理体系绩效和有效性。
> b) 基于适当的教育、培训或经验，确保这些人员是胜任的。
> c) 适用时，采取措施获得所需的能力，并评价措施的有效性。
> d) 保留适当的成文信息，作为人员能力的证据。
> 注：适当措施可包括对在职人员进行培训、辅导或重新分配工作，或者聘用、分包胜任的人员。

7.2.1 能力——补充

> 组织应建立并保持形成文件的过程，以识别培训需求（包括意识），并使

所从事有影响产品和过程要求符合性活动的人员具备能力。从事特定指派任务的人员应要求进行资格认可，尤其关注对顾客要求的满足。

这里，要求涉及对产品质量有影响的所有人员，应进行哪些培训以及通过什么样的培训方式，才能使其具备所要求的能力的问题，加以识别。同时，要不断改进这个成文过程，以确保其有效性。这也是制定培训计划的基础。

对从事特定指派任务（如检验和难度较大的焊接、装配和维修人员等）的人员，特别是涉及顾客要求能否满足者，应按要求进行资格认可，以确保其能胜任所担负的工作。

这里增加了"意识"的要求，包括对组织的质量方针、质量目标、从事质量管理体系的人员、改进绩效的益处，以及不符合质量管理体系要求的含义的认识。同时，也进一步增强了顾客对在职培训的要求，不只是质量要求。这里还应注意，术语用的是"过程"，而不是"程序"，过程意味着需要管理（通过 PDCA 循环）这些活动，而不仅是实施。

7.2.2　能力——在职培训

对于承担一些质量要求、内部要求、法律法规要求符合性的新上岗或换岗人员（包括合同工或代理工），组织应对其进行在职培训（其中，还应包括对顾客要求的培训）。这种培训的详细程度，应与人员的受教育程度及其所担负工作的复杂程度相称。应告知从事影响产品质量有关的人员，不符合顾客要求的后果。

新标准强调了在职培训的重要及其对满足顾客及其他相关方要求的重要性。决定在职培训需求的输入时，考虑了所有与利益有关的相关方的要求，并在决定所有使用方法时，考虑教育水平和任务的复杂程度。培训也必须包括合同工和临时工，并向所有从事影响质量工作的人员传达不符合顾客要求的后果。

7.2.3　内部审核员的能力

组织应有验证内部审核员能力的形成文件的过程。该过程要考虑到顾客的特定要求。内部审核员的全面要求可参考 ISO 19001。组织应保持一份合格的内部审核员名单。应具有如何评价内部审核员是否合格的判断方法及相应的条件。

对质量体系审核员、制造过程审核员、产品审核员，应能全部证实至少具备以下能力：

a) 了解适用的顾客特定要求。一般顾客特定要求包括：对产品材料、尺寸、外观和性能、测量方法、量具等；对环保、有害物质含量及有关法律法规要求，如符合欧洲 ROHS 标准；对第三方供应商的要求等。这还需要与顾客充分沟通并得到确认。

b) 了解基于风险思维的汽车审核过程方法。

c) 了解 ISO 9001 和 IATF 16949 中适用的与审核范围有关的要求。

d) 了解与审核范围有关的适用的核心工具（如 QS-9000 的五大工具）的要求。

e) 了解如何计划审核、实施审核、报告审核和关闭审核发现。

对制造过程的审核员来说，还应证实其对待审核的相关制造过程具有所需的技术知识，包括风险分析（PFMEA）、控制计划。

对产品审核员来说，还应证实其了解产品要求，并能通过使用相关测试设备验证产品符合性。

内部审核员的能力的维持和改进，应通过以下方法来证实：

f) 每年执行组织规定最小数量的审核。

g) 保持基于内部更改（如：过程技术、产品技术）和外部更改（如：ISO 9001、IATF 16949、核心工具及顾客特定要求）的相关要求的认知。

应注意对体系、产品、过程的审核有很大的不同，在 ISO 9000 丛书《质量审核》[5]中，对其要点分别进行了介绍。汽车 QMS 的审核员应具备这三方面的能力，才能胜任。

规定这些条款，会在很大程度上提高了对组织内部审核员的要求，以确保实施一个更为有效的内部审核过程。组织需要建立一个形成文件的过程，来考虑如何实现本条款的能力要求，采取措施来处理任何缺陷，保证所采取措施的有效性。同时，还要求记录批准的审核员清单。

内部审核员能力不足，难以保证审核质量和持续改进，是许多组织普遍存在的问题。

在这里，审核员的能力要通过培训和审核实践以及不断评价，以促其提高，才能逐渐磨炼出来，这也必然需要建立适当的淘汰机制。因此，审核员最好由从事过质量体系、产品或过程有关工作、熟悉情况的相应人员来担任。如审核 APQP 过程的人员，没有这方面的知识和实践经验，是难以理解其真谛和难点的。在通过培训提高人员能力的情况下，应保留证实培训师的能力符合上述要求的成文信息。这些规定都很必要。应该指出，通过培训取得的能力，仅仅是从事审核的基础,距离胜任审核任务,则是远远不够的。

7.2.4 第二方审核员的能力

> 组织应证实从事第二方审核员的能力。第二方审核员应符合顾客对第二方审核员适当的资质的特定要求,并证实至少具备以下核心能力,包括了解:
> a) 基于风险思维的汽车过程的审核方法。需要了解汽车过程可能存在的风险、风险分析及其影响、应对措施,包括预防措施、防错法等。
> b) 适用的顾客特定和组织特定的要求。
> c) ISO 9001 和 IATF 16949 中适用的与审核范围有关的要求。
> d) 适用的待审核制造过程,包括 PFMEA 和控制计划。
> e) 与审核范围有关的适用的核心工具要求。
> f) 如何计划审核、实施审核和关闭审核发现。

此条款概述了对第二方审核员的要求,确保他们有资格去实施那些审核类型,符合顾客特定要求的是主要关注点。对内审员同样的核心要求,也适用于第二方审核员。这里关闭审核发现是指审核发现的问题得到了解决。

7.3 意识

> ISO 9001:2015 的要求:
> 组织应确保在其控制下工作的人员知晓:
> a) 质量方针。
> b) 相关的质量目标。
> c) 他们对质量管理体系有效性的贡献,包括改进绩效的益处。
> d) 不符合质量管理体系要求的后果。

质量意识是激发和控制员工的质量行为符合要求的重要基础,因而必须重视员工意识的教育和培养。

7.3.1 意识——补充

> 组织应保持成文信息,证实所有员工都认识到其对产品质量的影响,以及他们所从事的活动在实现、保持和改进质量中的重要性,还包括顾客要求以及不合格带给顾客的风险。

在这里的意识可理解为人们对外界和自身的觉察和关注程度。

这包括额外的要求，确保使所有员工认识到他们的组织（供应商）的产品质量输出、顾客的特定要求及涉及顾客的不符合的风险。在这里，要点是不能空洞化，而要提供将质量意识从宏观认识，落实到具体活动中的证据。

7.3.2 员工激励和授权

> 组织应保持形成文件的过程，以激励员工实现质量目标，进行改进，并建立一个提倡创新的环境。该过程应包括促进整个组织对质量和技术的认知程度。

这一条款与以前变化不大，但要求"保持形成文件的过程"，而不是简单的"有一个过程"。

对员工的激励需要有适当的方式，不仅是奖金、奖状。还包括对其工作的认可，还可以对做出突出业绩者给予期权，使其增强主人翁感。创新无疑是组织发展的重要驱动力，也是参与市场争夺的核心竞争力。如何在全组织中建立和营造鼓励创新的氛围，是至关重要的。

7.4 沟通

> ISO 9001：2015 的要求：
> 组织应确定与质量管理体系相关的内部和外部沟通，包括：
> a) 沟通什么。
> b) 何时沟通。
> c) 与谁沟通。
> d) 如何沟通。
> e) 谁来沟通。

沟通是指不同的行为主体，提供各种载体实现信息的双向流动，形成行为主体的感知，以达到特定目标的行为过程。沟通的主体一般是指人与人、人与人群、人群与人群。随着科技进步和社会发展，计算机、机器人都可能纳入沟通对象。组织内部、外部的有效沟通，可以促进信息交流，达成共识，从而提高 QMS 及其过程的有效性和效率。

7.5 成文信息

7.5.1 总则

> ISO 9001：2015 的要求：
> 组织的质量管理体系应包括：
> a）本标准要求的成文信息。
> b）组织确定的为确保质量管理体系有效性所需的成文信息。
> 注：对于不同组织，质量管理体系成文信息的多少与详略程度可以不同，取决于：
> ——组织的规模，以及活动、过程、产品和服务的类型。
> ——过程及其相互作用的复杂程度。
> ——人员的能力。

成文信息既是 QMS 及其过程的运行依据，又可为 QMS 的运行状况提供证据，从而判断其有效性。

7.5.1.1 质量管理体系文件

在质量管理体系文件方面，可参阅本丛书中的《ISO 9001：2015 质量管理体系文件》第 2 版[7]。

> 组织的质量管理体系应形成文件，并包括一份质量手册，可由一系列文件构成。
> 质量手册的格式和结构由组织自行决定。这取决于组织的规模、文化和复杂性。若采用一系列文件，则应保留一份构成组织质量手册的文件清单。
> 质量手册至少包含下列内容：
> a）质量管理体系的范围，包括任何删减的细节和正当的理由。
> 对于标准所列条款，一般不能进行删减，除非有能证实组织内确实不存在或不需要开展某项过程或活动的充足的理由。
> b）为质量管理体系建立的形成文件的过程，或对其的引用。
> c）组织的过程及其顺序和相互作用（输入和输出），包括任何外包过程控制的类型和程度。
> d）一个体现组织的质量管理体系内哪些地方满足了顾客特定要求的文件（即矩阵），通常用一个矩阵表来体现，横向（行）为 QMS 各项要求，纵向（列）为顾客各项特定要求。在交叉格内，以符号表示满足程度。

在c)项中,应特别注意,许多组织过去只重视采购的控制,而未关注到所有的外包过程的控制。

对于质量管理体系文件已长期运行且行之有效的组织来说,无须大改,只要将新标准的新要求纳入体系即可。而不必拘泥于形式,或插入有关文件,或增加某些文件均可。

在认证审核中,往往审核员会要求提供d)项这个矩阵表。在ISO 9001:2015中,取消了对质量手册的要求,而汽车行业QMS标准保留了这一要求,但质量手册可以是一份主文档或一系列文件(硬拷贝或电子版的)。同时,还要求质量手册说明组织的过程和相互作用(含外包过程控制情况)。

7.5.2 编制和更新

ISO 9001:2015 的要求:

在创建和更新成文信息时,组织应确保适当的:

a) 标识和说明(如:标题、日期、作者、索引编号等)。

b) 格式(如:语言、软件版本、图表)和载体(如:纸质的、电子的)。

c) 评审和批准,以保持适宜性和充分性。

7.5.3 成文信息的控制

7.5.3.1 控制的目的

ISO 9001:2015 的要求:

应控制质量管理体系和本标准所要求的成文信息,以确保:

a) 在需要的场合和时机,均可获得并适用。

b) 予以妥善保护(如:防止泄密、不当使用或缺失)。

7.5.3.2 控制要求

ISO 9001:2015 的要求:

为控制成文信息,适用时,组织应进行下列活动:

a) 分发、访问、检索和使用。

b) 存储和防护,包括保持可读性。

c) 更改控制(如版本控制)。

d) 保留和处置。

> 对于组织确定的策划和运行质量管理体系所必需的来自外部的成文信息,组织应进行适当识别,并予以控制。
>
> 对所保留的、作为符合性证据的成文信息应予以保护,防止非预期的更改。
>
> 注:对成文信息的"访问"可能意味着仅允许查阅,或者意味着允许查阅并授权修改。

（1）记录保存

> 组织应有一个确定的、形成文件的且被执行的记录保存政策。对记录的控制应满足法律法规、组织和顾客要求。应保存生产件批准文件（可包括已批准产品、适用的设备记录或已批准的试验数据）、工装记录（包括维护和所有权）、产品和过程设计记录、采购订单或合同及其修正。保存时间为现行生产和服务中要求的有效期,再加一个日历年,除非顾客和监督机构另有规定。

这意味着要按照此要求,需编制相应的控制文件,来具体规定记录的保存管理方法。这里要求定义并形成文件的记录保持过程,包括对记录保持的要求,明确地指出生产件批准、工装记录、采购订单和合同及其修订情况。顾客若无其他新的要求,记录保存期就按以上规定执行。在汽车行业中,特别重视生产件批准。有关生产件批准的详细要求,可参见第 15 章。

（2）工程规范

> 组织应有形成文件的过程,描述基于顾客要求的进度进行的所有顾客相关标准/规范及相关修订的评审、分发和实施。
>
> 当工程标准/规范更改导致产品设计更改时,应按 ISO 9001 第 8.3.6 条的要求执行;当其导致过程更改时,应按 ISO 9001 第 8.5.6.1 条的要求执行。组织应保留每项更改在生产中实施日期的记录。实施应包括更新过的文件。
>
> 应当在收到工程标准/规范更改通知后 10 个工作日内完成评审。
>
> 注:若设计记录过程引用了这些规范,或它们影响了生产件批准过程的文件,如:控制计划、风险分析（如 PFMEA）等时,这些标准/规范的更改,需要对顾客的生产件批准记录进行更新。

在这里,工程规范是指过程管理图、QC 过程图、在 APQP 样件、试生产、量产各阶段的工程图样。

这个条款是新增的,该过程要形成文件,并得到顾客同意。在这里,结合相关章节也澄清了对产品设计变更和产品实现过程变更的管理。若无其他更重要的顾客协议,更改评审应在接到通知 10 个工作日内完成。

工程规范是保证产品质量的前提,理应得到充分重视,对有关工程规范管理的过程,更需要严格受控。上述这些要求的目的在于,确保不致因工程规范上的差错引发不合格。

Chapter 8 第8章

运 行

8.1 运行的策划和控制

ISO 9001: 2015 的要求:

为满足产品和服务提供的要求,并实施第6章所确定的措施,组织应通过以下措施对所需的过程(见4.4)进行策划、实施和控制:

a) 确定产品和服务的要求。

b) 建立下列内容的准则:

1) 过程。

2) 产品和服务的接收。

c) 确定所需的资源,以使产品和服务符合要求。

d) 按照准则实施过程控制。

e) 在必要的范围和程度上,确定并保持、保留成文信息,以:

1) 确信过程已经按策划进行。

2) 证实产品和服务符合要求。

策划的输出应适于组织的运行。

组织应控制策划的变更,评审非预期变更的后果,必要时,采取措施减轻不利影响。

组织应确保外包过程受控(见8.4)。

运行策划实际上既是对产品和服务实现的目标、过程、内容实施控制要求的设计,又是保证产品和服务达到质量要求的重要控制手段。有一个周密而良好的策划，在运行时只要不偏离或不断改进完善策划，就可以保证实现预期的目标，达到顾客满意。

8.1.1 运行策划——补充

> 在对产品进行策划时，应包括以下问题：
> a）顾客产品要求和技术规范。
> b）物流要求。
> c）制造可行性。
> d）项目策划（参见 ISO 9001 第 8.3.2 条）。
> e）接受准则。
> ISO 9001 第 8.1 条 c）项中的资源，适用于与产品和产品接受准则相关的、特定的验证、确认、监视、测量、检验和试验活动所涉及的资源。

本条款的特点是通过加强细节，来确保在产品实现策划时，能接受考虑关键过程。要求的主题包括顾客产品要求和技术规范、物流要求、制造可行性、项目策划和接受准则。同时，这也澄清了达成符合的资源需求，需要围绕开发过程的所有方面，而不只是制造过程要求。

8.1.2 保密

> 组织应确保正在开发中的顾客签约产品和项目以及有关信息的保密。

本条款修订后无实质性变化。

8.2 产品和服务要求

8.2.1 顾客沟通

> ISO 9001：2015 的要求：
> 与顾客沟通的内容应包括如下：
> a）提供有关产品和服务的信息。
> b）处理问询、合同或订单，包括更改。
> c）获取有关产品和服务的顾客反馈，包括顾客投诉。
> d）处置或控制顾客财产。
> e）关系重大时，制定有关应急措施的特定要求。

与顾客之间有效地沟通,是了解和实现顾客要求,认真贯彻"以顾客为关注焦点"原则的前提。

8.2.1.1 顾客沟通——补充

应按顾客同意的语言进行书面或口头沟通。组织应有能力按顾客规定的语言和形式来沟通必要的信息,包括按顾客规定的计算机语言和格式的数据(如:计算机辅助设计数据、电子数据交换等)。

这是增加的要求,沟通语言必须得到顾客同意。当确定与顾客沟通的人选的能力时,需加以考虑。

8.2.2 产品和服务要求的确定

ISO 9001:2015 的要求:
在确定向顾客提供的产品和服务的要求时,组织应确保:
a) 产品和服务的要求符合规定,包括:
1) 适用的法律法规要求。
2) 组织认为的必要要求。
b) 提供的产品和服务能够满足组织声明的要求。

8.2.2.1 产品和服务要求的确定——补充

这些要求应包括回收再利用、对环境的影响,以及根据组织对产品和制造过程的认知所识别的特性。

遵守 ISO 9001 第 8.2.2 条 a) 1) 项的要求应包括但不限于:
所有适用的与材料的获得、存储、搬运、回收、销毁或废弃有关的政府、安全和环境法规。

本条款通过将原技术规范的注 2 和注 3,提升为标准正文,来加强新标准。这些要求意味着管理范围,已经从产品本身扩展到在整个产品生命周期中的产品生命全过程。这些规定是希望目前组织涉及回收、对环境的影响及产品和制造过程特性,应加以标准化。当确定提供给顾客的产品要求和服务的要求时,该知识能系统化地应用到评审中。

8.2.3 产品和服务要求的评审

ISO 9001:2015 的要求:
组织应确保有能力向顾客提供满足要求的产品和服务。在承诺向顾客提供产品和服务之前,组织应对如下各项要求进行评审:

a) 顾客规定的要求，包括对交付及交付后活动的要求。
b) 顾客虽然没有明示，但规定的用途或已知的预期用途是所必需的要求。
c) 组织规定的要求。
d) 适用于产品和服务的法律法规要求。
e) 与以前表述不一致的合同或订单要求。

组织应确保与以前规定不一致的合同或订单要求已得到解决。

若顾客没有提供成文的要求，组织在接受顾客要求前应对顾客要求进行确认。

注：在某些情况下，如网上销售，对每一个订单进行正式的评审可能是不实际的，作为替代方法，可评审有关的产品信息，如产品目录。

8.2.3.1 产品和服务要求的评审——补充

> 组织应保留形成文件的证据，证明对 ISO 9001 第 8.2.3.1 条中正式评审要求的弃权，有顾客的授权。

这里强调，组织保持一个形成文件的顾客对正式评审要求弃权的授权。

（1）顾客指定的特殊特性

> 组织应符合顾客对特殊特性的指定、批准文件和控制的要求。

这里将改变活动从"证实符合"到"符合"，并澄清这涉及"批准文件"，而不仅是"文件"，但其本质上并未改变。

（2）组织制造可行性

> 组织应采用多方论证的方法来进行分析，以确定组织制造过程是否可行，能够始终生产出符合顾客规定的全部工程和产能要求的产品。组织应对其而言是新的制造或产品技术，以及更改过的制造过程和产品进行这种可行性分析。
>
> 此外，组织应通过生产运行、标杆管理研究或其他适当的方法，确认其能够以所要求的速率生产出符合规范的产品。这一要求对于新的产品来说，尤其应给予更深入的分析。

该条款加强了对制造可行性分析的要求。同时，要求用多方论证的方法来分析可行性，考虑所有工程和产能要求。组织还应对于任何新的制造或产品技术，及任何制造过程设计或产品设计变更要求进行分析。

这里的重点在于，组织不仅能制造出符合广义的各种质量要求的产品，而且应具有相应的生产能力，以顾客所需的速率来进行生产。过去，在 QMS 中除合同评审外，一般不涉及产能问题。

8.2.3.2 评审成文信息

> ISO 9001：2015 的要求：
> 适用时，组织应保留与下列方面有关的成文信息：
> a）评审结果。
> b）产品和服务的新要求。

8.2.4 产品和服务要求的更改

> ISO 9001：2015 的要求：
> 若产品和服务要求发生更改，组织应确保相关的成文信息得到修改，并确保相关人员知道已更改的要求。

8.3 产品和服务的设计和开发

8.3.1 总则

> ISO 9001：2015 的要求：
> 组织应建立、实施和保持适当的设计和开发过程，以确保后续的产品和服务的提供。

为了保证产品和服务的设计和开发，能有序、高效而持续地满足顾客的要求，应制定文件使其过程规范化。这种策划的理想目标是，使设计和开发能够一次成功。应该指出，设计和开发过程中的预防是最重要的预防，因其可以最大限度地减少成本和缩短设计和开发周期[8]。

8.3.1.1 产品和服务的设计和开发——补充

> ISO 9001 第 8.3.1 条的要求应适用于产品和制造过程的设计和开发，并应着重于错误预防，而不是探测。
> 组织应对设计和开发过程形成文件。

本条款将以前标准的注，升级为要求，从而强化标准。因为在汽车行业中设计开发过程的概念包括制造设计和开发，本章节中其他部分的要求，都应当视为制造和产品设计和开发过程的补充。

8.3.2 设计和开发的策划

> ISO 9001：2015 的要求：
> 在确定设计和开发的各个阶段和控制时，组织应考虑如下：
> a) 设计和开发活动的性质、持续时间和复杂程度。
> b) 所需的过程阶段，包括适用的设计和开发评审。
> c) 所需的设计和开发验证和确认活动。
> d) 设计和开发过程涉及的职责和权限。
> e) 产品和服务的设计和开发所需的内部和外部资源。
> f) 设计和开发过程参与人员之间接口的控制需求。
> g) 顾客和使用者参与设计和开发过程的需求。
> h) 对后续产品和服务提供的要求。
> i) 顾客和其他相关方期望的设计和开发过程的控制水平。
> j) 证实已经满足设计和开发要求所需的成文信息。

8.3.2.1 设计和开发的策划——补充

> 组织应确保设计和开发的策划，涵盖组织内部所有的受影响的利益相关者及其（适当的）供应链。这就要求策划时应考虑到各方面可能受到的影响及其后果。
>
> 使用多方论证的方法包括但不限于：
> a) 项目管理（如：APQP 或 VDA-RGA）。
> b) 产品和制造过程设计活动（如：DFM 和 DFA），考虑替代的制造设计和制造过程。
> c) 产品的设计风险分析（DFMEA）的开发和评审，包括降低潜在风险的措施。
> d) 制造过程风险分析（如：PFMEA、过程流程、控制计划、标准的工作指导书）的开发和评审。
>
> 多方论证的方法通常包括组织的设计、制造、工程、质量、生产、采购、供应、维护和其他适当职能。

a) 款中涉及的 APQP，在本书第 11 章中详细介绍了与其有关的问题。VDA-RGA 是德国汽车工业协会制定的在产品诞生过程中新零件成熟度保障及其评价方法。其本质是整车企业用来和供应链企业共同进行项目阶段跟踪评审的工具，以确保新零件的质量。本书第 17 章中较详细地介绍了项目管理。

c) 款涉及的 FMEA 的详情，请参见本书第 12 章。

本条款澄清了何时用多方论证的方法以及将涉及谁。特别是，必须包括所有组织内受影响的利益相关方，适用时还包括他们的供应链。在设计和开发策划过程中（包括项目管理），在可能使用这种方法的区域提供了额外的例子，并且进一步澄清了利益相关方也许会包括采购、供应商和维护功能。

8.3.2.2　产品设计技能

> 组织应确保负有产品设计职责的人员有能力达成使产品达到要求，并具备经组织识别的、适用的产品设计工具和技术技能。
> 注：基于数学的数字化数据的应用，就是一种产品设计技能。

可用于产品设计的工具和技术相当多，如设计公理、产品生命周期、稳健设计计的田口方法、QFD（质量功能展开）、可靠性技术和同步设计等，可参见本丛书中的《设计控制》[8]和《现代产品设计指南》[9]。针对具体项目，组织需要选定某些适用的方法，并通过培训或应用，使参与设计的人员，能掌握和运用这些工具和技术。

本条款除增加一个注作为设计技能的一个例子外，其余与以前没有变化。

8.3.2.3　带有嵌入式软件的产品开发

> 组织应有一个质量保证过程，用于其内部开发的带有嵌入式软件的产品。应采用软件开发评估的方法，来评估组织的软件开发过程。组织应按照风险和对顾客影响的优先级，为软件开发能力的自我评估，保留成文信息。组织应将软件开发纳入内部审核方案的范围。

该条款增加了对嵌入式软件开发和软件开发自我评估责任的要求。组织必须对带有内部开发的嵌入式软件的产品实施一个质量保证过程，并且有一个适当的评估方法来评估其软件开发过程。软件开发过程必须包含在内部审核程序范围内，内审员应能理解和评估组织所选用的软件开发评估方法的有效性。

嵌入式软件就是嵌入在硬件中的操作系统和开发工具软件。它在产业链中的关联关系为：芯片设计制造—嵌入式系统软件—嵌入式电子设备开发、制造。在汽车的控制仪表中常具有这种软件。对智能化汽车来说，嵌入式软件就更多了。

现代设计通常都是硬件和软件相结合的，甚至是智能化的。为此，组织应特别注意加强软件开发及其过程的管理能力。

8.3.3　设计和开发的输入

> ISO 9001：2015 的要求：

> 组织应针对所设计和开发的具体类型的产品和服务,确定必需的要求。组织应考虑:
> a) 功能和性能要求。
> b) 来源于以前类似设计和开发活动的信息。
> c) 法律法规要求。
> d) 组织承诺实施的标准或行业规范。
> e) 由产品和服务性质所导致的潜在的失效后果。
> 针对设计和开发的目的,输入应是充分和适宜的,且应完整、清楚。
> 相互矛盾的设计和开发输入应得到解决。
> 组织应保留有关设计和开发输入的成文信息。

8.3.3.1 产品设计的输入

> 组织应对作为合同评审结果的产品设计的输入要求进行识别,形成文件并进行评审。产品设计输入的要求包括但不限于:
> a) 产品规范,包括但不限于特殊特性(见第8.3.3.3条)。
> b) 边界和对接要求。这涉及接口管理(包括:组织接口和技术接口、内部和外部接口)[8]。
> c) 标识、可追溯性和包装。
> d) 对设计对替代选择的考虑。
> e) 对输入要求的风险评估,以及对组织缓解/管理风险(包括来自可行性分析的风险)能力的评估。这种能力取决于能否尽早发现问题和及时解决问题。
> f) 产品要求的符合性的目标,包括防护、可靠性、耐久性、可服务性、安全、健康、环境、开发时程安排和成本等方面。
> g) 顾客确定的目标国(如有提供)适用的法律法规要求。
> h) 嵌入式软件的要求。
> 组织应有一个过程,将从以前的设计项目、竞争对手分析(标杆)、供应商反馈、内部输入、适用现场数据和其他资源中获取的信息,推广应用于当前和未来相似的项目。
> 使用权衡曲线是考虑设计替代的一种方法。

权衡曲线是一种快速、有效沟通的简单的方法,能够在多种方案并行的环境中,方便地说明十分复杂且技术性极强的性能属性。它是丰田公司工程师,用来分析不同设计特征之间关系的工具。权衡曲线是一种集合式的设计语言,它可以提供有利创造系统设计的子系统知识,并为以后的项目储备知识。利用权衡曲线里的知识,对于创造新产品来说,就能从已经证实的子系统里创造全新的产品,只不过采用不同的组合方式而已。在权衡曲线中,子系统某一性能表示在 X 坐标轴上,另一性能则表示在 Y 坐标轴上,从而形成一条能反映子系统性能相关性的曲线。为了改变不同参数,然后通过试验绘制权衡曲线。通常为了得到最佳参数,需要若干原型件绘制的权衡曲线。

通过权衡曲线表(用 A3 纸绘制),可纳入这些试验结果,进行综合分析。权衡曲线表包括的信息有:零部件或其流程图,所考虑的实效模式的说明,对原因的分析,可能的对策,可描述失效模式发生条件的图表。

本条款扩展了产品开发输入的最小集合,加强了管理和软件要求。新的扩大的要求包括:产品规范,范围和接口要求,设计抉择的代价,风险评估及组织减轻和管理这些风险的能力,符合性的目标,适用性、健康、安全、环境和开发时限,目的地国家法规和监管的要求,嵌入软件要求等。

实际上产品设计的输入,即是作为优化设计前提的目标函数和约束条件。

8.3.3.2 制造过程设计输入

> 组织应对制造过程的设计输入进行识别,形成文件并进行评审,包括但不限于:
> a) 产品设计输出的数据,包括特殊特性。
> b) 生产能力、过程能力及时程安排。
> c) 制造过程替代技术的选择。
> d) 顾客要求(如有)。
> e) 以往的开发经验。
> f) 新材料。
> g) 产品搬运及人体工学要求。
> h) 可制造性设计和可装配性设计。
> 制造过程设计应包括,针对问题适当的重要程度和所遭遇到风险相称的程度,来使用适当的防错方法。

本条款将以前关于防错方法的注,提升为标准内容,进一步加强了这一要求。在制造阶段,可采取的防错方法有:专用防错工具;用机器人来代替人工操作;通过合并、精简工序及其操作,从而降低对操作人员的要求,避免失误;采用防错检测技术;对于误操作的自动报警等,详见本书第 17.4 节。

本条款扩展了制造过程输入清单,其中有:产品设计输出数据,包括:特殊特性、时间安排目标、制造技术替代选择、新材料、产品搬运和人体工学要求,以及可制造性设计和可装配性设计。

输入中有可能包括来自创新和基准替代选择方面的考虑，并且供应链中的新材料可能用以提高过程能力。

8.3.3.3 特殊特性

> 组织应采取多方论证的方法，建立、形成文件并实施用于识别特殊特性的过程，包括顾客确定的以及组织风险分析所确定的特殊特性，应包括：
> a）将所有特殊特性记录在图样（按要求）、风险分析、控制计划和标准的工作/操作说明书中。特殊特性用特定的标识进行标识，并贯穿每一个文件。
> b）为产品和生产过程的特殊特性开发控制和监视策略。
> c）有要求时，顾客规定的批准。
> d）遵守顾客规定的定义或符号或组织的等效符号和标记，如符号转换表所示，如有要求，应向顾客提供符号转换表。

对于汽车行业来说，特殊特性是一个突出的问题，在管理中应予以特别的重视。特殊特性是指影响产品的安全性和法规的符合性、配合、功能、性能或后续过程的产品特性或制造过程参数。它有两类，一类是产品特性，另一类是过程特性。一般涉及法规和安全的关键特性都属于特殊特性，或顾客指定的某些特性也包括在内。特殊特性需要特别管理，做到标识和各种文件齐全，其目的是为将来提供它受到了严格的控制并符合要求的证据，以免除其他责任。

这里要求识别特殊特性的来源，并包括由顾客或组织实施的风险分析。对于风险分析，主要是考虑事件发生的可能性及其引起的后果。同时，与那些特殊特性的相关要求在一起，扩展了用于识别特殊特性来源的清单。特殊特性需要在所有使用的系列质量策划文件中标识出来，其监视策略应关注减少变差，这是应用统计技术时的典型做法。组织还应考虑顾客特殊要求的批准，如适用并有要求时，提交符号转换表。实际上，各公司确定的特殊特性也不尽相同。

8.3.4 设计和开发控制

> ISO 9001：2015 的要求：
> 组织应对设计和开发过程进行控制，以确保：
> a）规定拟获得的结果。
> b）实施评审活动，以评价设计和开发的结果满足要求的能力。
> c）实施验证活动，以确保设计和开发输出满足输入的要求。
> d）实施确认活动，以确保形成的产品和服务能够满足规定的使用要求或预期用途要求。

第8章 运 行

e) 针对评审、验证和确认过程中确定的问题采取必要措施。

f) 保留这些活动的成文信息。

注：设计和开发的评审、验证和确认具有不同目的。根据组织的产品和服务的具体情况，可以单独或以任意组合进行。

8.3.4.1 监视

产品和过程的设计和开发期间特定阶段的测量应被确定、分析，以汇总结果的形式来报告，作为对管理评审的输入（见第 9.3.2.1 条）。

在顾客有所要求时，应在顾客规定或同意的阶段向顾客报告对产品和过程开发活动的测量。

注：在适当的情况下，这些测量可包括质量风险、成本、前置期、关键路径和其他测量。

本条款修订的变化使其与 OEM 先期质量策划活动匹配，目的是减少顾客特殊要求的数量。同时，澄清了测量方法应用在产品和服务的设计开发过程的指定阶段，并且应按顾客要求进行报告，如，可能包括顾客 APQP 安排的里程碑、路径评审，以及与开发活动相关的问题清单的定期更换。

8.3.4.2 设计和开发确认

应根据顾客要求，包括适用的行业和政府机构发布的监管标准，对设计和开发进行确认。设计和开发确认的时程安排应与顾客规定的适用时程相符。

在与顾客有合同约定的情况下，设计和开发确认应包括评价组织的产品，包括嵌入式软件在最终顾客产品系统内的相互作用。

应注意确认和验证的不同。验证只是表明设计输出满足了设计输入的要求，由于输入的不完整，所制造出的产品未必能满足使用要求。而确认活动一定要在实际使用的条件下进行，以确保能够满足使用要求。

这一条款以加强设计和开发确认为重点，并增加了对嵌入式软件方面的要求。在策划和实施设计开发活动时，应考虑顾客特殊要求、行业和政府机构所发布的监管标准。

8.3.4.3 原型样件方案

当顾客要求时，组织应制定原型样件方案和控制计划。组织应尽可能地使用与正式生产相同的供应商、工装和制造过程。

应监视所有的性能试验活动的及时完成和要求符合性。

当服务被外包时，组织应将控制的类型和程度纳入其质量管理体系的范围，以确保外包服务符合要求（见 ISO 9001 第 8.4 条）。

本条款的变化,是通过提高组织质量管理体系对外包产品和服务的管理,来强化标准要求。

8.3.4.4 产品批准过程

> 组织应建立、实施并保持一个符合顾客规定要求的产品和制造批准过程。
>
> 在向顾客提交其零件批准之前,组织应根据 ISO 9001 第 8.4.3 条,对外部提供的产品和服务进行审批。如顾客有所要求,组织应在发运之前获得形成文件的产品批准。这类批准的记录应予保存。
>
> 注:产品的批准应当是制造过程验证的后续步骤。

本条款的变化是阐明了批准的要求,强调外包产品和/或服务及记录的保持要求。对这些活动应进行管理(含有效的评审和改进措施的应用),不仅是实施。

8.3.5 设计和开发输出

> ISO 9001:2015 的要求:
>
> 组织应确保设计和开发输出:
>
> a) 满足输入的要求。
>
> b) 满足后续产品和服务提供过程的需要。
>
> c) 包括或引用监视和测量的要求,适当时,包括接受准则。
>
> d) 规定产品和服务特性,这些特性对于预期目的、安全和正常提供是必需的。
>
> 组织应保留设计和开发输出的成文信息。

8.3.5.1 设计和开发输出——补充

> 产品设计输出的陈述方式应适合用于对照产品输入要求进行验证和确认。产品设计输出应包括但不限于(如适用):
>
> a) 设计风险分析。
>
> b) 可靠性研究结果。
>
> c) 产品特殊特性。
>
> d) 产品防错结果,如 DFSS、DFMA 和 FTA。
>
> e) 产品定义,包括三维模型、技术数据包、产品制造信息,以及几何尺寸和公差(GD&T)。
>
> f) 二维图样,以及产品制造信息、几何尺寸和公差(GD&T)。
>
> g) 产品设计结果。
>
> h) 服务诊断指南即修理和可服务性说明。

第8章 运　行

> i）服务件要求。
>
> j）运输的包装和标签要求。
>
> 临时的设计输出应包含通过权衡过程正在解决的工程问题。

在这里 DFSS-六西格玛设计，一般机械产品采用三西格玛设计，其合格率可达 99.97%，但对于要求较高的汽车行业，这已不够。如要求不合格品的百万分数仅为 3.4，几乎等于零缺陷，则只有按六西格玛才能实现。即使按 4 西格玛设计其不合格品的百万分数（ppm）也达到 6210。目前有可能实现这种要求是因为加工中心可以达到超高精度。进一步了解，请参考文献【12】，DFMA 可参考文献【13】。

产品设计输出附加包括使用 3D 模型的识别，以及包括服务件和包装。这里明确了要求产品设计使用防错方法，如 DFSS、DFMA 和 FTA。组织可应用公差和定位系统基于函数关系拟定尺寸和相关的公差。输出还包括修理和可服务性说明以及服务件要求，这些将被经批准的维护组织所使用。作者推荐：列出输入输出对照表，是一种简便进行验证检查的方式。

8.3.5.2　制造过程的设计输出

> 组织应对制造过程的设计输出形成文件，采用的方式应能对照制造过程设计输入进行验证。组织应对照制造过程设计输入要求对输出进行验证。制造过程的设计输出应包括但不限于：
>
> a）规范和图样。
>
> b）产品制造过程的特殊特性。
>
> c）对影响特性的过程输入变量的识别。
>
> d）对生产和控制的工装和设备，包括设备和过程能力的研究。
>
> e）制造过程流程图/制造过程平面布置图，包括产品过程和工装的联系。
>
> f）产能分析。
>
> g）制造过程 FMEA。
>
> h）维护计划和说明。
>
> i）控制计划（见附录 A）。
>
> j）标准作业和工作指导书。
>
> k）过程批准的接受准则。
>
> l）质量、可靠性、可维护性、可测量性的数据。
>
> m）适用时，防错识别和验证的结果。
>
> n）产品/制造过程不符合快速探测、反馈和纠正的方法。

本条款的变化是加强了验证要求、过程输入变量、产能分析、维护计划以及过程的纠正；明确了针对应用到制造设计过程的、对照过程输入验证过程输出的过程方法论。同时，扩展了制造过程设计输出清单。

8.3.6 设计和开发的更改

> ISO 9001：2015 的要求：
> 组织应对产品和服务设计和开发期间以及后续所做的更改进行适当的识别、评审和控制，以确保这些更改对满足要求不会产生不利影响。
> 组织应保留下列方面的成文信息：
> a) 设计和开发更改。
> b) 评审的结果。
> c) 更改的授权。
> d) 为防止不利影响而采取的措施。

8.3.6.1 设计和开发的更改——补充

> 组织应评价初始产品批准之后的所有设计更改，包括组织或其他供应商提议的更改，评价这些更改对可装配性、形式、功能、性能和耐久性的影响。这些更改应对照顾客要求进行确认，并在生产实施之前得到内部批准。如顾客有所要求，组织应在实施之前，从顾客处获得形成文件的批准或弃权。
> 对于带有嵌入式软件的产品，组织应对软硬件的版本级别形成文件，作为更改记录的一部分。

对于设计更改进一步的有效控制方法，可参见 ISO 10007《质量管理技术状态管理指南》。

8.4 外部提供的过程、产品和服务的控制

8.4.1 总则

> ISO 9001：2015 的要求：
> 组织应确保外部提供的过程、产品和服务符合要求。
> 在下列情况下，组织应确定对外部提供的过程、产品和服务实施的控制：
> a) 外部供方的产品和服务将构成组织自身的产品和服务的一部分。
> b) 外部供方代表组织直接将产品和服务提供给顾客。

c) 组织决定由外部供方提供过程或部分过程。

组织应基于外部供方按照要求提供过程、产品或服务的能力,确定并实施外部供方的评价、选择、绩效监视以及再评价的准则。对于这些活动和由评价引发的任何必要的措施,组织应保留成文信息。

外部供方包括了所有向组织提供产品和服务的供应商,这就比以前的采购、外协、代销等范围大为扩展。同时,对其要求也更为严格。

8.4.1.1 总则——补充

组织应有一个形成文件的供应商选择过程。选择过程应包括:

a) 对所选供应商产品符合性,以及影响组织向其顾客不间断供应产品的风险评估。

b) 相关质量和交付绩效。

c) 对供应商质量管理体系的评价。

d) 多方论证决策。

e) 如适用,对软件开发能力的评估。

本条款将 TS16949 关于采购产品的"注"的内容,升级为对外部提供的过程、产品和服务受控的要求。

同时,还应明确 8.4 章节所有要求,适用于分装、排序、分选、返工和校准服务。

8.4.1.2 供应商选择过程

应当考虑的其他供应商评价准则包括如下:

——汽车业务量(绝对值,以及占其总量的百分比)。

——财务稳定性。主要应评估其货款回收的及时率、现金流以及资产负债率等状况。

——采购的产品、材料和服务的复杂性。

——所需技术(产品或过程)。

——可用资源(如人员、基础设施)的充分性。

——设计开发能力(包括项目管理)。

——制造能力。

——更改管理过程。

——业务连续性规划,如:防灾准备、应急计划。

——物流过程。

——顾客服务。

TS16949 通过采购过程虽提出了这一问题,但供应商选择过程控制的要求并未强化。现在则明确地提出了应完成的供应商选择过程标准。需要扩展供应商的评估,除了典型的 QMS 审核,还包括以上各方面,如:产品符合性和组织向其顾客不间断供应产品的风险。

8.4.1.3 顾客指定的货源(亦称"指向性购买")

> 当顾客指定时,组织应从顾客指定的货源处采购产品、材料和服务。
>
> 第 8.4 条的所有要求(除了 IATF 16949 第 8.4.1.2 中的要求),适用于组织对指定货源的控制,除非组织与顾客之间的合同另有特殊约定。

本条款说明了对顾客指定的货源及对顾客有指向性购买的供应商,组织应负有的责任。除非合同另有规定,8.4 章节的所有要求(除涉及供应商自己的选择要求)均适用于本条款的情况。

8.4.2 控制的类型和程度

> ISO 9001:2015 的要求:
>
> 组织应确保外部提供的过程、产品和服务不会对组织持续地向顾客交付合格产品和服务的能力产生不利影响。
>
> 组织应:
> a) 确保外部提供的过程保持在其质量管理体系的控制之中。
> b) 规定对外部供方的控制及其输出结果的控制。
> c) 考虑:
> 1) 外部提供的过程、产品和服务对组织持续地满足顾客要求和适用的法律法规要求的能力的潜在影响。
> 2) 由外部供方实施控制的有效性。
> d) 确定必要的验证或其他活动,以确保外部提供的过程、产品和服务满足要求。

对供应商的控制,宜按其供货的重要程度、供货状况,进行动态的、不同力度的分类管理,以确保有效性的同时兼顾管理成本。

8.4.2.1 控制的类型和程度——补充

> 组织应有一个形成文件的过程,以识别外包过程并选择控制的类型和程度,用于验证外部提供的产品、过程和服务,对内部(组织的)要求和外部顾客要求的符合性。

第8章 运　行

本条款的变化是进一步加强了对外包过程的控制要求，包括风险评估。需要在控制外部提供产品、过程和服务的过程中考虑：内部要求和顾客要求是输入。控制类型和程度需要考虑与供应商绩效和产品、材料和服务风险评估保持一致。这意味着基于对已建立的、标准的绩效和风险评估的持续监控，从而引发控制的类型和程度的扩大或减少的活动。

8.4.2.2　法律法规要求

> 组织应有形成文件的过程，确保采购的产品和服务符合收货国、发运国或顾客确定的目的国（如有提供）的现行适用法律法规要求。
>
> 如果顾客为特定产品符合法律法规要求确定了特殊控制，组织应确保按照规定实施并保持这些控制，包括在供应商处。

本条款明确了法律法规要求的适用性，并强化了这些要求。

8.4.2.3　供应商质量管理体系开发

> 组织应要求其汽车产品和服务供应商开发、实施并改进一个通过 ISO 9001 认证的质量管理体系，除非顾客另行授权［如下文的 a) 项］，最终目标是通过汽车质量管理体系标准的认证。除非顾客另有规定，应根据以下顺序，来达成这一要求：
>
> a) 经由第二方审核符合 ISO 9001。
>
> b) 经由第三方审核通过 ISO 9001 认证；除非顾客另有规定，组织的供应商应通过保持认证机构出具的第三方认证证明，来证实对 ISO 9001 的符合性。证明上应有被承认的 IAF MLA（国际认可论坛多边相互承认协议）成员的认可标志，其中认可机构的主要范围包括 ISO/IEC 17021 管理体系认证。在这里，ISO/IEC 17021 是为所有的管理体系认证活动制定的规则。
>
> c) 经由第二方审核通过 ISO 9001 认证，同时符合其他顾客确定的质量管理体系要求（如：次级供应商最低质量管理体系要求［MAQMSR］或等效要求）。
>
> d) 通过 ISO 9001 认证，同时经由第二方审核符合 IATF 16949。
>
> e) 经由第三方审核通过 IATF 16949 认证（IATF 认可的认证机构进行的有效的供应商 IATF 16949 第三方认证）。

本条款提供了一个与顾客特定要求一起来巩固 ISO 9001 认证的方法，且明确了可接受的第三方认证机构。同时，概述了一个先进的方法，实现由第二方审核符合 ISO 9001 到通过 IATF 16949 的第三方认证，以取代要求组织"简单的"开发供应商的 QMS。

> 汽车产品相关软件或带有嵌入式软件的汽车产品
>
> 组织应要求其汽车产品相关软件或带有嵌入式软件的汽车产品的供应商,为各自产品实施并保持一个软件质量保证过程。
>
> 应采用软件开发评估方法,来评估供应商的软件开发过程。组织应按照风险和对顾客影响的优先级,要求供应商为软件开发能力自我评估保存成文信息。

本条款增加了对软件开发评估的方法论的要求。这些要求与8.3章节提出的一致,但现在扩展到供应商了。

8.4.2.4 供应商监视

> 组织应为供应商绩效评价制定形成文件的过程和准则,以便确保外部提供的产品、过程和服务,符合内部要求和外部顾客要求。
>
> 至少应监视以下供应商绩效指标:
> a) 已交付产品对要求的符合性。
> b) 在收货工厂对顾客造成的干扰,包括整车候检和停止出货。
> c) 交付进度绩效。
> d) 超额运费发生次数。
>
> 如顾客有所规定,组织还应视情况,在供应商绩效监视中包括如下:
> e) 与质量或交付有关的特殊状态顾客通知。
> f) 经销商退货、保修、使用现场和召回。

组织应持续评审输入,并在需要时针对供应商的监视数据采取措施。无论是否形成文件,整车候检与停止出货均应视为对顾客造成了干扰。在供应商监视过程中,应包含顾客提供的和来自服务的绩效指标。

> 第二方审核
>
> 组织的供应商管理方法中应包括一个第二方审核,第二方审核可以用于:
> a) 供应商风险评估。
> b) 供应商监视。
> c) 供应商质量管理体系开发。
> d) 产品审核。
> e) 过程审核。
>
> 基于风险分析,包括产品安全/法规要求、供应商绩效和质量管理体系认证水平,组织至少对第二方审核需求、类型、频率和范围的确定准则,形成文件。

> 组织应保留第二方审核的记录。
> 如果第二方审核的范围,是评估供应商的质量管理体系,则方法应与汽车过程方法相符。
> 注:可从 IATF 审核员指南和 ISO 19011 中获得指导。

本条款是新增的。第二方审核应考虑与组织相关的问题,这要超过仅简单考虑其 QMS 时的开发成熟度。

能够引发第二方审核的案例:来自供应商绩效指标输入,风险评估结果,来自产品审核和过程审核遗留问题的跟踪,以及新开发开始准备。组织在决定第二方审核的需求、类型、频次和范围的标准时,必须基于风险分析。

8.4.2.5 供应商开发

> 组织应为其活跃供应商,确定所需供应商开发行动的优先级、类型、程度和时程安排。由于确定的输入应包括但不限于:
> a) 通过供应商监视识别的绩效问题。
> b) 第二方审核发现。
> c) 第三方质量管理体系认证状态。
> d) 风险分析。
> 组织应采取必要措施,以解决未解决的(不符合要求的)绩效问题,并寻求持续改进的机会。

本条款对于基于绩效的供应商开发活动,增加了一个重点管理方法。供应商监视控制过程,应作为供应商开发活动的输入。这些开发活动应考虑短期和长期的目标。短期作用通常关注供应商的产品,并采用适合的方法,来确保从每一个供应商处采购产品的质量。应该指出,由于认证机构的管理水平和审核员的素质差异很大,再加上不正常的促销,故实际通过认证的体系并非都有可靠的保障,需要对其具体状态,进行符合实际的评价。

8.4.3 外部供方的信息

> ISO 9001:2015 的要求:
> 组织应确保在与外部供方沟通之前所确定的要求是充分和适宜的。
> 组织应与外部供方沟通以下要求:
> a) 需提供的过程、产品和服务。
> b) 对下列内容的批准:
> 1) 产品和服务。

2）方法、过程和设备。
3）产品和服务的放行。
c）能力、包括所要求的人员资格。
d）外部供方与组织的互动。
e）组织使用的对外部供方绩效的控制和监视。
f）组织或其顾客拟在外部供方现场实施的验证或确认活动。

外部供方的信息——补充
组织应向供应商，传达所有适用的法律法规要求以及产品和过程的特殊特性，并要求供应商沿着供应链直至制造，贯彻所有的适用的要求。

通过这个要求，使组织向其供应商提供关键信息。

8.5 生产和服务的提供

8.5.1 生产和服务提供的控制

ISO 9001：2015 的要求：
组织应在受控条件下进行生产和服务提供。适用时，受控条件应包括：
a）可获得成文信息，以规定以下内容：
1）拟生产的产品、提供的服务或进行的活动的特性。
2）拟获得的结果。
b）可获得和使用适宜的监视和测量资源。
c）在适当阶段实施监视和测量活动，以验证是否符合过程或输出的控制准则以及产品和服务的接收准则。
d）为过程的运行提供适宜的基础设施，并保持适宜的环境。
e）配备胜任的人员，包括所要求的资格。
f）若输出结果不能由后续的监视或测量加以验证，应对生产和服务提供过程实现策划结果的能力进行确认，并定期再确认。
g）采取措施防范人为错误。
h）实施放行、交付和交付后活动。
注：在 ISO 9001 的基本要求中，适当的基础设施，包括保证产品符合性所需的制造设备，监视测量资源包括确保制造过程有效性所需的、适当的监视和测量设备。

8.5.1.1 控制计划

> 组织应针对相关制造现场和所有提供的产品,在系统、子系统、部件和/或材料各层次上(根据附录A),制定控制计划,包括那些生产散装材料和零件的过程。采用相同制造过程的散装材料和相似零件,可使用控制计划族。这里,控制计划族是指用同一个控制计划就可指导由相同过程所生产的相似零件或材料。
>
> 组织应制定投产前控制计划和量产控制计划,显示设计风险分析(若顾客提供了)、过程流程图和制造过程风险分析输出(例如:FMEA)的联系,并在计划中包含从这些方面获得的信息。
>
> 如果顾客要求,组织应提供投产前或量产控制计划执行期间收集的测量和符合性数据。组织应在控制计划中包含以下内容:
> a) 用于制造过程的控制手段,包括作业准备的验证。
> b) 首件/末件确认,如适用。
> c) 用于制造和顾客确定的特殊特性(见附录A)控制的监视方法。
> d) 顾客要求的信息(如果有)。
> e) 当检测到不合格品,过程会变得不稳定或统计能力不足时,规定的反应计划(见附录A)。
>
> 组织应在如下任一情况出现时,对控制计划进行评审,并在需要时进行更新:
> f) 当组织确定已经向顾客发运了不合格品。
> g) 当发生任何影响产品、制造过程、测量、物流、供应货源、生产量或风险分析(FMEA)的变更(见附录A)。
> h) 当适用时,在收到顾客投诉并实施了相关纠正措施之后。
> i) 基于风险分析的设定频率。
>
> 如顾客要求,组织应在控制计划评审或修订后,获得顾客批准。

本条款强化了控制计划要求,并将OEM顾客的特殊要求融入标准。同时,也将涉及顾客批准的注提升为要求,并加强控制计划的评审和更新。这种更新联系到FMEA的更新。不仅是对最终产品和/或最终装配线,而且对于相关的制造现场和所有提供的产品,都需要控制计划。尽管控制计划族对于用于共同制造过程的散装材料和类似零部件是可接受的,但应注意对应用这种共同控制识别差异等级。

关于控制计划的详细介绍,可参见第11章。

8.5.1.2 标准化作业——操作指导书和目视标准

> 组织应确保标准化作业文件:

> a) 传达给负责相关工作的员工，并被其理解。
> b) 是清晰易读的。
> c) 用有责任遵守这些文件的人员能够理解的语言表述。
> d) 在制定的工作区域易于得到。
> e) 标准化作业文件还应包含作业员安全规则。

在 1994 版 ISO 9001 中，规定了当没有操作文件就不能保证质量时，就需要制定操作指导书，即标准化的作业文件[2]。当然，对素质很高的操作者，没有这种文件，也会正确操作时，就不必一刀切。但是，现在普遍存在的问题是，这一要求尚未贯彻到位。因此，还要重视对标准化作业文件的控制。

目视管理是一种以公开化和视觉显示为特征的生产现场管理方式，如广告牌管理、安灯显示、标识牌和警示标识等。通过本条款，新标准强化了对标准化作业的要求，包括提出指定语言的需求。标准化作业文件需要使组织的操作人员清楚地理解，且应包括所有适用的质量、安全和其他必要方面，以使每次制造操作的实施保持一致。

8.5.1.3 作业准备的验证

> 组织应：
> a) 在执行作业准备时，进行作业准备验证，如：需要新作业准备的一项工作的首次运行，材料更换或作业更改。
> b) 保持有关准备人员的成文信息。
> c) 使用时，采用的统计验证方法。
> d) 如适用，进行首件/末件确认。适当时，应当保留首件用于与末件比较，应当保留末件与后续运行中的首件比较。
> e) 保留作业准备和首件/末件确认之后的过程和产品批准的记录。

本条款将原有的一个注提升为要求，并明确要保留记录（包括信息和零件）。阐明在一起新的作业准备时，组织应验证工作变更，对作业人员保持形成文件的新项目；实施首件/末件确认，如适用，包括以进行保留和比较，并保持这些确认措施过程和产品批准的记录。

8.5.1.4 停工后的验证

> 组织应确定并采取必要的措施，确保在计划或非计划生产停工期之后，产品对要求的符合性。

本条款整合了行业经验和成员的最佳实践，提出停工期后验证的新要求。适用时，停工期后采用的必要措施，应在 FMEA、控制计划和维护说明中提前使用。多方论证的方法，应该用于识别任何需要的额外措施，来处理非预期的停工事件。

8.5.1.5 全面生产维护

> 组织应制定、实施并保持一个形成文件的全面生产维护系统。
>
> 该系统至少包含：
> a) 对按照要求产量生产合格品所必需的过程设备的识别。
> b) a) 项中的被识别设备的替换件的可用性。
> c) 机器、设备和设施维护的资源提供。
> d) 设备、工装、量具的包装和防护。
> e) 适用的顾客特定要求。
> f) 成文的维护目标，如：OEE（设备综合效率）、MTBF（平均故障间隔时间）和 MTTR（平均维修时间）以及预防性维护计划和目标以及成文的措施计划的定期评审，以在未达到目标时采取纠正措施。
> g) 对预防性维护方法的使用。
> h) 如适用，对预见性维护方法的使用。
> i) 周期性检修。
> j) 维护符合性指标。维护目标的绩效应作为管理评审的输入（见 ISO 9001 第 9.3 条）。

这里，OEE = 可用率 × 运行效率 × 成品率

式中　可用率——设备可用时间的百分比，即可用率 = 操作时间/可用时间；

运行效率——设备相对其设计循环运行的效率，运行效率 = 实际生产率/预期生产率；

成品率——设备市场能满足质量要求成品的百分率，即成品率 = 合格品/总产量。

其中，各项主要都是由于设备管理不善引起的损失。OEE 的一般可接受水平，应达到 85%。有效实施全面生产维护，则可大大减少各种损失，使 OEE 大幅度提高。

本条款加强对设备的全面生产维护和全面主动管理的要求。全面生产维护是一个通过机器、设备、过程和为生产关系创造价值的员工，来维护和改进生产和质量体系的完整性的系统。应将全面生产维护，完全地整合到制造过程和任何必要的支持过程中。

全面生产维护（TPM）早已超出传统设备维护的范围，而是全供应链的 TPM。它以组织供应链的生命周期整体为对象，与相关方面共同构筑预防体制，靠全员

参与、团队合作，力求实现：零不良、零故障、零浪费、零灾害，从而改进组织绩效与相关方实现共赢。其详细介绍可参见文献【11】。

8.5.1.6　生产工装及制造、试验、检验工装和设备的管理

> 组织应针对生产和服务材料、散装材料（如适用），为工具、量具的设计、制造、验证活动，提供资源。
>
> 组织应建立、实施一个生产工装管理体系，不管归组织所有还是顾客所有，其中包括：
>
> a) 维护维修设施与人员。
>
> b) 存储与修复。
>
> c) 工装准备。
>
> d) 易损工具的工具更换方案。
>
> e) 工具修改的文件，包括产品工程变更等级。
>
> f) 工具的修改和文件的修订。
>
> g) 工具标识，如：序列号或资产编号；状态，如生产、修理或废弃；所有权；以及位置。
>
> 组织应验证顾客拥有的工具、制造设备、试验和检验设备的明显位置处有永久性标识，以便能确定每件工具和设备的所有权和用途。
>
> 如果任何活动被外包，应实施监视这些活动的系统。

本条款重点强调工装和设备标识和跟踪要求。这些要求扩展了生产和服务材料以及散装材料的范围，并明确了应用属于组织的或顾客的工装要求。这次更新明确了生产工装管理的系统必须包括工具设计修改的文件和工具标识信息。对顾客拥有的工具和设备，需要在明显的位置进行永久性标识。

8.5.1.7　生产排程

> 组织应确定为满足顾客订单/需求来安排生产，如准时生产（JIT），并且全部生产系统由一个信息系统来支持。该系统允许在过程的关键阶段，取得生产信息，而且是由订单驱动的。
>
> 组织应在生产排程期间包含相关策划的信息，如：顾客订单、供应商准时交付绩效、产能、共享载荷（共线工位）、前置期、库存水平、预防性维护及校准。
>
> 订单驱动是指由订单逐步拉动每个制造工序生产的方式，可以达到最有效地发挥生产能力，减少存储的目的。

本条款强调了策划信息和整合IATF OEM顾客经验教训的重要性，确保顾客订

单/需求得以达成。建议组织针对生产排程有一个稳健可行的评审过程,生产排程活动也需要包括所有相关策划信息,作为其可行性评审的输入,并做出必要的调整。

上述共线工位,是指在生产柔性化系统中,常有多种产品(如不同车型的车身)共享一条生产线进行生产的情况,从而使同一工位可承担多种产品的生产任务。

8.5.2 标识及可追溯性

> ISO 9001:2015 的要求:
> 需要时,组织应采用适当的方法识别输出,以确保产品和服务合格。
> 组织应在生产和服务提供的整个过程中按照监视和测量要求识别输出状态。
> 当有可追溯要求时,组织应控制输出的唯一性标识,且应保留所需的成文信息,以实现可追溯。
> 注:检验和试验状态并不能以产品在生产流程中所处的位置来表明,除非产品本身状态明显(如在自动化生产传递过程中的物料)。如果该状态已清晰地标识,文件化且达到了指定的目的,允许采用其他方法来标识。

8.5.2.1 标识及可追溯性——补充

可追溯性的目的在于支持对顾客所收产品的开始点和停止点的清楚识别,或者用于发生了生产质量和/或安全相关不符合的情况。因此,组织应按照下文所述实施标识和可追溯性。

组织应对所有汽车产品的内部、顾客及法规的可追溯性要求进行分析,包括风险等级或失效对员工、顾客的严重程度,制定可追溯计划并形成文件。这些计划应按产品、过程和制造位置,明确适当的可追溯系统、过程和方法,应:

a) 使组织能够识别不合格品和/或可疑产品。
b) 使组织能够隔离不合格品和/或可疑产品。
c) 确保能够满足顾客要求和/法规对相应时间的要求。
d) 确保保留了成文信息,保留形式(电子、硬拷贝、档案)使组织能满足相应时间的要求。
e) 如顾客或监管标准有所规定,应确保各单个产品的串行化标识。
f) 确保标识和可追溯性要求,可被扩展应用至外部提供的具有安全/监管特性的产品。

在汽车行业注重对可疑产品的控制,虽然尚未判定其合格与否,但先将其按不合格品一样进行标识。在 e)项要求中的串行化是将对象的状态信息(各个属性量)

保存起来，然后在需要的时候再获得。串行化标识的案例，如条形码、二维码等。

本条款通过强化可追溯性的要求，来支持向存在现场管理问题的行业学习经验。要求对顾客所收到产品要清楚识别开始点和停止点，与 ISO 9001：2015 中可追溯性的定义相一致。

8.5.3 属于顾客和外部供方的资产

> ISO 9001：2015 的要求：
> 组织应爱护在组织控制下或组织使用的顾客或外部供方的财产。
> 对组织使用的或构成产品和服务一部分的顾客和外部供方财产，组织应予以识别、验证、防护和保护。
> 若顾客或外部供方的财产发生丢失、损坏或发现不适用情况，组织应向顾客或外部供方报告，并保留相关成文信息。
> 注：顾客或外部供方的财产可能包括材料、零部件、工具和设备、场所、知识产权和个人信息。

8.5.4 防护

> ISO 9001：2015 的要求：
> 组织应在生产和服务提供期间对输出进行必要防护，以确保符合要求。
> 注：防护可包括标识、处置、污染控制、包装、存储、传输或运输以及保护。

8.5.4.1 防护——补充

> 防护应包括标识、包装、污染控制、搬运、存储、输送或运输以及保护。
> 应对来自外部和/或内部供方的材料和部件，在从收货到处理期间提供防护，包括到发运直到交付给顾客/被顾客验收。
> 组织应当在适当计划的时间间隔，评审库存品状况、存储器放置/类型及存储环境，以便及时探测变质情况。组织应使用库存管理系统，以优化库存的周转期，如确保库存周转，如"先进先出（FIFO）"。
> 组织应确保对待过期产品按不合格品类似的方法进行控制。
> 组织应满足其顾客规定的防护、包装、发运和标签的要求。

本条款增加对特殊性问题的防护控制，并包括应用到内部和/或外部供方。防护活动要考虑两个方面：一是防护控制，二是防护控制应用的地点。防护控制包括在产品保质期内的标识的防护，适当识别风险的污染控制程序，稳妥的包装盒存储区域的设计和开发，充分的输送和运输考虑，以及保护产品完整性的方法。

防护控制应特别关注带存储有效期的化工、塑料、橡胶等产品以及其他容易发生变质的产品。

8.5.5 交付后的活动

> ISO 9001：2015 的要求：
> 组织应满足与产品和服务相关的交付后活动的要求。
> 在确定所要求的交付后活动的覆盖范围和程度时，组织应考虑：
> a) 法律法规要求。
> b) 与产品和服务相关的潜在不良的后果。
> c) 产品和服务的性质、用途和预期寿命。
> d) 顾客要求。
> e) 顾客反馈。
> 注：交付后活动可包括保证条款所规定的措施、合同义务（如维护服务等）、附加服务（如回收或最终处置等）。

8.5.5.1 服务信息的反馈

> 组织应确保建立、实施并保持一个在制造、材料搬运、物流、工程和设计活动之间，沟通服务信息的过程。建立服务信息沟通过程，宜搭建一个信息共享平台，并具备将有关信息告知相关过程的功能。
> 注1：将"服务问题"增加到这个子条款，是为了确保组织知晓，可能在顾客地点和使用现场，识别的不合格品和材料。
> 注2："服务问题"应在适用时，包括使用现场失效试验分析（见第10.2.6条）的结果。

本条款的要求，以扩展的范围，包括材料搬运和物流为重点。注2为新增加的内容，它阐明了"服务问题"应当在适用时包括使用现场失效分析的结果。增加的意图是确保组织了解发生在组织外部的不符合。

8.5.5.2 与顾客的服务协议

> 当与顾客达成服务协议时，组织应：
> a) 验证相关服务中心满足适用要求。
> b) 验证任何特殊工具和测量设备的有效性。
> c) 确保所有服务人员得到了对适用要求的培训。

本条款明确了当与顾客达成服务协议时，服务中心需要符合所有适用的要求。

8.5.6 更改的控制

> ISO 9001：2015 的要求：
> 组织应对生产或服务提供的更改进行必要的评审和控制，以确保持续地符合要求。
> 组织应保留成文信息，包括有关更改评审的结果、授权进行更改的人员以及根据评审所采取的必要措施。

8.5.6.1 更改的控制——补充

> 组织应有一个形成文件的过程，对影响产品的更改，进行控制和反应。任何更改的影响，包括由组织、顾客和供应商引起的任何更改，都应进行评估。
> 组织应：
> a) 明确验证和确认活动，以确保与顾客的要求相一致。
> b) 在实施前，对更改予以确认。
> c) 对相关风险分析的证据形成文件。
> d) 保留验证和确认的记录。
> 应当对更改（如：对零件设计、制造地点或制造过程的更改），包括对供应商做出的更改，进行以验证为目的的试生产，以便确认更改对制造过程带来的影响。
> 当顾客要求时，组织应：
> a) 向顾客通知，最近一次产品批准之后，任何计划产品实现的更改。
> b) 在更改实施之前，获得形成文件的批准。
> c) 达成验证或额外标识要求，如：试生产和新产品确认。
> 过程控制的临时改变
> 组织应识别过程控制手段，包括检验、测量、试验和防错装置，形成文件化的清单并予以保持，清单包括主要过程的控制和经批准的备用和替代方法。
> 组织应有一个形成文件的过程，对替代控制方法的使用进行管理。
> 组织应基于风险分析（如 FMEA）和严重程度，在本过程中，包含要在主要生产中，实施替代控制方法之前，获得内部批准。

如有要求，在发运采用替代方法检验或试验的产品之前，组织应获得顾客批准。组织应保持一份控制计划中提及的经批准的过程控制替代方法的清单，并定期评审。每个替代过程控制方法，应有标准的工作指导书。组织应至少每日评审替代过程控制手段的运行，以验证标准作业的实施，旨在尽早返回控制计划规定的标准过程。方法范例包括但不限于：

a) 以质量为关注点的每日审核，(如：适用时，采用分层过程审核)。

b) 每日领导会议。

基于严重程度，并在确认防错装置或过程所有特征均得以有效恢复的基础上，在规定的时期内，对重新启动验证形成文件。

在使用替代过程控制装置或过程期间，组织应实现生产的所有的产品的可追溯性（如：保留每个班次的首件和末件）。

这里，a) 项中的分层审核，是一种由组织中的各级人员，按照预先计划的频次，定期参与审核并回顾整改为基础的标准化的审核过程，用以确保制造过程受控并加强精益制造理念。这是一种标准化的工作方式，其过程是由多个管理层进行的系统审核。为了有效地实施分层审核，第一，需要充分地沟通。分层审核的策划者必须向各级管理人员，详细说明分层审核实施的原因和目的。主要是为了尽快解决发现的问题。第二，需要合理地控制检查项目，一般各级人员的检查项目以 5~8 项为宜。第三，应优化审核方式，使其具有灵活性，通常不必专门安排审核，而利用到现场处理问题的同时，抽空按要求进行审核即可。第四，还要注意及时更新审核项目，要做到随时评估，与时俱进。分层审核有两种：一是过程控制审核，另一是防错防误审核。

本条款关于过程临时更改的新要求，处理了 OEM 顾客所经历的问题。组织必须识别过程手段，并保持一份成文的过程控制清单，包括优先过程控制（如：自动化的螺母扳手）和批准的备用或替代方法（如：手动扭力扳手）。清单必须定期更新，以反映当前和批准的过程控制。应将替代控制方法的使用视为一个过程。因此，组织应按要求对这个过程进行管理。

8.6 产品和服务的放行

ISO 9001：2015 的要求：

组织应在适当阶段实施策划的安排，以验证产品和服务的要求已得到满足。

除非得到有关授权人员的批准，适用时得到顾客的批准，否则在策划的安排已圆满完成之前，不应向顾客放行产品和交付服务。

组织应保留有关产品和服务放行的成文信息。成文信息应包括:
a) 符合接收准则的证据。
b) 有权放行人员的可追溯性。

8.6.1 产品和服务的放行——补充

组织应确保验证产品和服务要求得以满足的策划安排围绕控制计划进行,并且按照控制计划的要求形成文件(见附录A)。

组织应确保为产品和服务的初始放行所策划的安排,围绕产品和服务批准进行。

根据 ISO 9001 第 8.6.5 条,组织应确保在初始放行做出更改之后,完成产品或服务批准。

本条款强调围绕控制计划进行,满足策划安排及完成批准之后,才能放行。

8.6.2 全尺寸检验和功能性试验

应按控制计划中的规定,根据顾客的工程材料和性能标准,对每一种产品进行全尺寸检验和功能性试验。其结果应可供顾客评审。

注1:全尺寸检验是对设计记录上显示的所有产品尺寸进行完整的测量。
注2:全尺寸检验的频率由顾客确定。

本条款增加的注表明,全尺寸检验的频次是由顾客决定的。

8.6.3 外观项目

若组织制造的零件被顾客指定为"外观项目",则组织应提供:
a) 适当的资源,包括评价用的照明。
b) 适当的颜色、纹理、金属亮度、织物结构、影像清晰度(DOI)和触感技术的原始样板。
c) 外观原样板件及评价设备的维护和控制。
d) 验证执行外观验证评价的人员,具有从事该工作的能力和资格。

所谓外观项目是指对外观有较高要求的项目,其好坏会直接影响到顾客的观感和决定是否购买。

本条款要求组织适用时提供触感技术原始样板。由于外观件的评价带有主观性,因而更需要比较样板,以使评价更为客观。b)项中的影像清晰度是指影像上各细部影纹及其边界的清晰程度。触感技术是通过应用力、振动或使用者情感重现触感。可以利用这种触感来控制其操作。因此，它也是一种触觉反馈技术，如：利用在汽车上人接触开门把手的触觉和转向盘上的力反馈，进行自动控制开门或使操作转向盘更轻松。

8.6.4 外部提供的产品和服务符合性的验证和接受

> 组织应有一个过程，来确保外部提供的过程、产品和服务的质量，可采取以下一种或多种办法：
> a) 接收并评价组织供应商提供的统计数据。
> b) 接收检验和/或试验，如基于绩效的抽样检查。
> c) 结合已交付的对要求的符合性记录，由第二方或第三方机构对供应商现场进行评估或审核。
> d) 指定实验室的评价。
> e) 顾客同意的其他方法。

本条款除与 ISO 9001：2015 的术语相协调一致外，并说明了供应商提供给组织的数据源。

8.6.5 法律法规的符合性

> 在放行外部提供的产品进入生产流程之前，组织应确认或提供证据证明，外部提供的过程、产品和服务，符合制造国以及顾客确定的目的国（如有提供）的、适用的最新法律法规或其他要求。

本条款强化了新标准对于组织应提供遵守法律和法规符合性证据的要求。"放行前"意味着组织应实施一个过程和/或与其供应商间的协议，来要求进行充分的预防和探测控制，以确保产品符合所有使用的法律、法规及其他要求。

8.6.6 接收准则

> 接收准则应由组织确定，当有要求时，由顾客批准。
> 对于计数型数据的抽样，其接收水平应是零缺陷（见9.1.1.1条）。

本条款将原用"适用的地方"改为"有要求时"，并更新涉及与新结构相匹配的条款。此外，其意图没有大的变化。接收准则会决定产品抽验验收的质量水平。因此，需要对其进行适当的控制。

8.7 不符合输出的控制

> ISO 9001：2015 的要求：
> 组织应确保对不符合要求的输出进行识别和控制，以防止非预期的使用或交付。
> 组织应根据不合格的性质及其对产品和服务符合性的影响，采取适当措施。这也适用于在产品交付之后，以及在服务提供期间或之后发现的不合格品和服务。
> 组织应通过下列一种或几种途径处置不合格输出：
> a) 纠正。
> b) 隔离、限制、退货或暂停对产品和服务的提供。
> c) 告知顾客。
> d) 获得让步接收的授权。
> 对不合格输出进行纠正之后应验证其是否符合要求。

8.7.1 不合格的控制

8.7.1.1 顾客的让步授权

> 无论何时，当产品和制造过程与当前批准的不同时，组织在进一步加工之前应获得顾客对让步或偏离的许可。
> 组织应在进一步加工之前，获得顾客对不合格品"照现状使用"或返工处置授权。
> 如果在制造过程中有子部件的再使用，应在让步和偏离许可中，向顾客清楚传达该子部件的再使用。
> 组织应保持有效期间或让步授权数量方面的记录。当授权期满时，组织还应确保原有的或接替的规范与要求的符合性。让步的物料装运时，应在每个发运的集装箱上，做适当的标识（此要求同样适用于采购的产品）。
> 在提交给顾客之前，组织应当批准供应商所提出的要求。

本条款的变化是术语的协调，以及关于应用到不合格品和子部件的再使用时让步的说明。这些变化澄清了组织应在进一步加工之前，对不合格品"照现状使用"或返工处置获得顾客授权，以及子部件再使用必须与顾客清晰地沟通。任何返工和子部件的再使用的、适用的内部验证和确认活动，应在向顾客提交之前获得批准。

应当指出,这种让步是具有前提条件的,即一般均要遵循三限定原则:即限定特性(关键特性是寸步不能让的),限定偏差范围(即让步是极其有限的),限定时间(即不能长期让步,而只限定某一时段或批次,应及时采取纠正措施来达到要求)[2]。

为此,需注意将这些要求纳入培训内容。

8.7.1.2　不合格品控制——顾客规定的过程

> 组织应遵守顾客规定的适用的不合格品控制。

本条款确保遵守顾客控制的发运要求,以及将这些顾客指定要求整合到组织对不合格品控制的内部活动中。

8.7.1.3　可疑产品的控制

> 组织应确保未经标识或可疑状态下产品,被归类为不合格品进行控制。组织应确保所有适当的制造人员,都接受了关于可疑产品和不合格品遏制的培训。

本条款的更新,通过确保遏制培训的实施,增强了对可疑产品的控制,如:适用的培训应考虑有关特殊特性的意识、与不合格产品控制相关的顾客特定要求、产品安全、升级过程、存储区域和相关角色。

8.7.1.4　返工产品的控制

> 组织应在决定对产品进行返工之前,利用风险分析方法,来评估返工过程中的风险。当造成不合格品的原因不详时(如未查清的设备、工装、刀具或量具的问题等),返工中存在着风险,如顾客有要求,组织应该在开始返工产品之前,获得顾客的批准。
>
> 组织应有一个形成文件的符合控制计划的返工确认过程,或者其他形成文件的相关信息,用于验证对原始规范的符合性。该过程包含了重新检验和可追溯性要求的拆卸或返工指导书,易于被适当的人员取得和使用。
>
> 组织应保留与返工产品处置有关的成文信息,包括数量、处置及处置日期及适用的追溯性信息。

本条款的更新,增加了返工产品要求控制的范围,包括:顾客批准、风险评估、返工确认、可追溯性和成文信息的保留。风险分析和顾客批准要求是相关的,FMEA应识别和处理在控制计划中规定的特性,可能由于返工引发相关的风险。

这里,还应注意:一般通过返工应可达到合格品要求,本是组织内部的事,与顾客无关。顾客之所以要干预，是恐怕返工后仍然达不到要求，而延误了交货期；返修通常需要作业指导书；而返工只有在找出不合格的根本原因，并确认通过适当的操作可以避免时，返工的作业指导书才有意义。

8.7.1.5 返修产品的控制

> 组织应在决定对产品进行返修之前，利用风险分析（如 FMEA）方法，来评估返修过程中的风险。组织应在开始产品返修之前获得顾客批准。
>
> 包括了重新检验和可追溯性要求的拆卸或返修指导书，易于被适当的人员取得和使用。
>
> 组织应获得顾客对返修产品的让步授权。
>
> 组织应保留与返修产品处置有关的成文信息，包括数量、处置及处置日期及适用的追溯性信息。

本条款的更新，明确了对返修产品的详细信息跟踪要求和需要。

应当指出，由于返修时原工艺和检验规范均难以执行，需要提供相应的返修作业指导文件。

8.7.1.6 通知顾客

> 当不合格品被发运时，组织应立即通知顾客，初始通知应随附事件的详细文件。

本条款以一个汽车的新的要求为重点，来处理 ISO 9001 要求的修改，并处理 IATF OEM 所关注的顾客问题。虽然在原先的标准中已两次（原标准条款 7.4.3.2 和 8.2.1.1）提到顾客要求，但未在一个独立的条款提出通知顾客。一旦组织发运了不合格品，就要求其立即通知顾客，并有跟踪的详细文件。

8.7.1.7 不合格产品的处置

> 组织应有一个形成文件的过程，用于不进行返工或返修的不合格品的处置。对不符合要求的产品，组织应验证待报废产品在废弃之前，已变得无用。
>
> 若无顾客提前批准，组织不得将不合格品用于服务或其他用途。

本条款明确了组织必须对处理不合格品（不是返工或修理）有一个形成文件的过程，来加强处理不合格品的要求。需要管理策划的活动，据其结果考虑改进这个过程。应该运用遏制控制实践，来避免这类不合格品的意外使用所造成的任何风险。在将这类不合格品交付服务或任何其他使用前，应得到顾客批准。

8.7.2 不合格控制的成文信息

> ISO 9001：2015 的要求：
> 组织应保留下列成文信息：
> a）描述不合格。
> b）描述所采取的措施。
> c）描述获得的让步。
> d）识别处置不合格的授权。

Chapter 9　第9章

绩 效 评 价

9.1 监视、测量、分析和评价

9.1.1 总则

> ISO 9001：2015 的要求：
> 组织应确定：
> a）需要监视和测量什么。
> b）需要用什么方法进行监视、测量、分析和评价，以确保结果有效。
> c）何时实施监视和测量。
> d）何时对监视和测量的结果进行分析和评价。
> 组织应评价质量管理体系的绩效和有效性。
> 组织应保留适当的成文信息，以作为结果的证据。

9.1.1.1 制造过程的监视和测量

组织应对新的制造（包括装配和排序）进行过程研究，以验证过程能力，并为过程控制提供附加的输入，包括由特殊特性的过程。

注：在一些制造过程中，可能无法通过过程能力证实产品的符合性，对于这些过程可采取替代方法，如：批次对于规范的符合性。

组织应确保由顾客零件批准过程要求所规定的制造过程能力或绩效。组织应验证已实施的过程流程图、PFMEA 和控制计划，包括遵守规定的：

a）测量技术。

> b) 抽样计划。
> c) 接收准则。
> d) 计量数据的实际测量值和/或试验结果的记录。
> e) 当不满足接收准则时的反应计划和升级过程。
>
> 应记录重要的过程活动，如更换工具和修理机器等，并将其作为成文信息予以保留。
>
> 组织应对统计能力不足或不稳定的特性，启动已在控制计划中标识、并经过规范符合性影响评价的反应计划。这些反应计划应包括适当的产品遏制和100%检验。为了确保过程变得稳定且具有统计能力，组织应制订并实施一份显示明确进度、时程安排和指派责任的纠正措施计划。当有要求时，此计划应由顾客评审和审批。
>
> 组织应保持过程变更生效日期的记录。

本条款明确了对制造过程有效性和效率的要求（不仅要"有"一个过程，而且要监控它）。同时，进一步确认了组织通过明确角色、职责和有效升级过程并用以支持制造过程，来驱动过程能力和稳定性。这些要求也是制定控制计划时，必须加以考虑的。

其中的注阐明了通过过程能力评估来测量产品或过程特性，也许不可能或不可行。在这种情况下，一些不符合的比率或指标，也许是可以接受的。

9.1.1.2 统计工具的确定

> 组织应确定统计工具的恰当使用。组织应验证产品先期策划（或等效策划）过程中，包含了适当的统计工具，作为策划的一部分。并且这些适当的统计工具，还包含在设计风险分析（如DFMEA）、过程风险分析（PFMEA）和控制计划中。

本条款要求，在使用DFMEA、PFMEA和APQP（或等同的）等统计工具时，要求确定形成文件的所需配置的其他统计工具的特征说明。在APQP（或等同的）过程中，所选择的工具应包括在设计/过程、风险分析和控制计划中。

运用统计工具或相应软件，可将系统、过程中的数据进行处理，找出其变化规律及其相关关系、发展趋势，以利控制和改进。可用的统计工具繁多，如控制图、直方图、排列图、散布图、相关分析和回归分析等。因此，需要从中选择哪些工具适用于组织的某个具体过程。

9.1.1.3 统计概念应用

> 从事统计数据收集、分析和管理的员工，应了解和使用统计概念，如：变差、控制（稳定性）、过程能力和过度调整后果。

本条款重点说明涉及采集和分析数据的要求。而在以前，有关员工进行这项工作则是被动的。应将这些概念包含在对"收集、分析和统计管理数据的员工"能力的要求内。

9.1.2　顾客满意

ISO 9001：2015 的要求：

组织应监视顾客对其需求和期望已得到满足的程度。组织应确定获取、监视和评审这些信息的方法。

注：监视顾客感受的例子可包括顾客调查、顾客对交付产品或服务的反馈、顾客座谈、市场占有率分析、顾客赞扬、担保索赔和经销商报告。

顾客满意——补充

通过对内部和外部绩效指标的持续评价，来监视顾客对组织的满意度，以确保符合产品和过程规范及其他顾客要求。

绩效指标应基于客观证据，包括但不限于：

a) 已交付零件的质量绩效。

b) 对顾客造成的干扰，如供货不及时、因质量问题出现故障，而导致影响顾客使用等情况。

c) 使用现场退货、召回和保修（在适用情况下）。

d) 交付时间安排的绩效（包括超额运费的情况）。

e) 与质量或交付问题有关的顾客通知，包括特殊状态。

组织应监视制造过程的绩效，以证明符合顾客对产品质量和过程效率的要求。监视应包括顾客绩效数据的评审，其中包含所提供的在线顾客门户和顾客记分卡。

本条款明确了顾客满意的监视标准和额外关注保修管理的说明。额外的关注用来确保对所有顾客进行绩效测量并对其定期评审，以减少顾客不满意的风险。组织有责任对顾客端公布的信息进行绩效评估、评审和采取适当措施。在识别纠正或改进措施的需求时，顾客记分卡缺失应予以优先权。

其中，顾客门户是指组织的在线服务中心（门户网站），顾客在购货后，便可得到一个门户账号。通过这个门户，当产品出现问题时，其可在线查询解决方案。如果没有查出适当的解决方案，所提交的问题可由组织的服务系统会同有关方面，在找到解决方案后，通过邮箱发给顾客，直到问题解决为止。这是一种有效的在线服务方式。

对供应商而言，顾客记分卡就是指顾客对所提供的服务的评价内容，也是顾客反馈的汇总。其内容可包括：退货情况、对服务的评价、改进意见、对纠正措施有效性的评价等。

9.1.3 分析和评价

> ISO 9001：2015 的要求：
> 组织应分析和评价通过监视和测量获得的适当的数据和信息。
> 应利用分析结果评价：
> a) 产品和服务的符合性。
> b) 顾客满意程度。
> c) 质量管理体系的绩效和有效性。
> d) 策划是否得到有效实施。
> e) 针对风险和机遇所采取措施的有效性。
> f) 外部供方的绩效。
> g) 质量管理体系改进的需求。
> 注：数据分析方法可包括统计技术。

9.1.3.1 优先级

> 质量和运行绩效的趋势，应与朝向目标的进展来进行比较，并形成措施，以支持顾客满意度改进措施的优先级。这就要求，通过比较找出较预期目标滞后的主要原因，从而确定解决的优先顺序。

该要求的重点从原先的"数据分析"，变更到基于绩效和风险管理的措施的优先级。改进顾客满意的措施，需要采用优先级作为组织考虑对改进的趋势和驱动。优先解决的事项就是组织和顾客最关心的问题。

9.2 内部审核

9.2.1 内部审核的概念及目的

> ISO 9001：2015 的要求：
> 组织应按照策划的时间间隔进行内部审核，以提供有关质量管理体系的下列信息：
> a) 是否符合：
> 1) 组织自身的质量管理体系要求。

2) 本标准的要求。

b) 是否得到有效的实施和保持。

9.2.2 内部审核的策划与实施

ISO 9001：2015 的要求：

组织应：

a) 依据有关过程的重要性、对组织产生影响的变化和以往的审核结果，策划、制定、实施和保持审核方案，审核方案包括频次、方法、职责、策划要求和报告。

b) 规定每次审核的审核准则和范围。

c) 选择审核员并实施审核，以确保审核过程客观公正。

d) 确保将审核结果报告给相关管理者。

e) 及时采取适当的纠正和纠正措施。

f) 保留成文信息，作为实施审核方案以及审核结果的证据。

注：相关指南参见 ISO 19011。

9.2.2.1 内部审核过程方案

组织应有一个形成文件的内部审核过程。该过程应包括制定并实施一个涵盖整个质量管理体系的内部审核方案，其中包括质量管理体系审核、制造过程审核和产品审核。与普通的质量管理体系审核不同的是，在汽车行业内部审核中，涵盖体系、过程和产品三个方面。

应根据风险、内部和外部绩效的趋势和过程的关键程度，确定审核方案的优先级。

在负责软件开发的情况下，组织应在其内部审核中，包含软件开发能力评估。

应对审核频率进行评审，并在适当时根据发生的过程更改、内部和外部不符合及/或顾客投诉进行调整。应对审核方案有效性进行评审，作为管理评审的一部分。

本条款通过加强一个组织的内审方案的开发和安排，来推动基于风险方法的需求。内审活动是一个过程。这个过程要求：清晰的、期望的输入、策划活动，预期的输出和监控的绩效。同时，该过程需要识别和评估：每个 QMS 过程、内部和外部绩效趋势，以及和过程关键程度相关的风险水平。此后，该过程需要持续地监控这个信息，以判断是否需要进行特殊内审和/或计划的定期内审。

9.2.2.2 质量管理体系审核

> 应根据年度审核方案，每三个日历年采用过程方法审核一次全部质量管理体系过程，以验证其与汽车质量管理体系标准的符合性。结合这些审核，组织应对顾客特定的质量管理体系要求进行抽样，检查是否得到有效实施。

本条款加强了 QMS 审核和过程方法的使用，这会推动整个组织的过程改进。审核方案是持续地监控，可能会产生信息从而引发一个计划外的内审。需要将汽车过程方法和机遇风险的思维，引入到审核中。内审也必须对顾客指定 QMS 的要求，有效地实施抽样检查。

在这里，应注意两个要点：其一是审核依据的标准是 IATF 16949，其二是需要附加关注顾客对质量管理体系的特定要求。此外，还明确指出三年内 QMS 审核必须全覆盖体系内所有过程。

9.2.2.3 制造过程审核

> 组织应采用顾客特定要求的过程审核方法，每三个日历年采用过程方法审核一次全部制造过程，以确定其有效性和效率。如果顾客未指定，组织应确定要采用的审核方法。
>
> 在每个审核计划内，每个制造过程的审核，应涵盖所有发生的班次，包括适当的交接班抽样。
>
> 制造过程审核应包括对过程风险分析（如 PFMEA）、控制计划和相关文件有效执行的审核。

本条款提出了加强审核的方法，以确保组织获得有效实施制造过程审核的利益。在这里，对制造过程的审核，应特别注意全覆盖，不留死角。标准附录 B 中推荐的 VDA6.3 是目前最常用的过程审核方法。

9.2.2.4 产品审核

> 组织应采用顾客特定要求的方法，在生产及交付的适当阶段，对产品进行审核，以验证对所规定要求的符合性。如果顾客未指定，组织应确定要采用的审核方法。

新标准加强了对产品审核的要求，适用时，应采用顾客指定的方法；如不适用，则组织要确定其产品审核过程。产品审核一般可参照 VDA6.5 进行。

产品审核的关键在于，审核员在熟悉情况的条件下，要预估存在问题概率较大的整机产品和零部件，及其易发生问题的阶段，从而使审核更具有针对性，较易发现改进的机会，取得更好的审核效果。

9.3 管理评审

9.3.1 总则

> ISO 9001: 2015 的要求:
> 最高管理者应按照策划的时间间隔对组织的质量管理体系进行评审,以确保其持续的适宜性、充分性和有效性,并与组织的战略方向一致。

> 管理评审——补充
> 管理评审应至少每年进行一次。应基于影响质量管理体系和绩效相关事宜的内部和外部更改,引起的满足顾客要求符合性的风险,增加管理评审的频率。

新标准加强了对管理评审的要求,包括对风险和顾客要求的评估。一年进行一次是最低要求。因为管理评审过程,是由内外部的变化及与绩效相关问题的风险的持续评估来推动的,故可能需要增加审核频次。此外,在产生变更和发现问题的情况下,管理评审的活动,也应适当增加。同时,管理评审加强也意味着最高层管理者责任的增加。

9.3.2 管理评审输入

> ISO 9001: 2015 的要求:
> 策划和实施管理评审时应考虑下列内容:
> a) 以往管理评审所采取措施的情况。
> b) 与质量管理体系相关的内外部因素的变化。
> c) 下列有关质量管理体系绩效和有效性的信息,包括其趋势:
> 1) 顾客满意和相关方的反馈。
> 2) 质量目标的实现程度。
> 3) 过程绩效以及产品和服务的合格情况。
> 4) 不合格以及纠正措施。
> 5) 监视和测量结果。
> 6) 审核结果。
> 7) 外部供方的绩效。

d) 资源的充分性。
e) 应对风险和机遇所采取措施的有效性（见6.1）。
f) 改进的机会。

9.3.2.1 管理评审的输入——补充

管理评审的输入应包括：
a) 不良质量成本（内部和外部不符合成本）。
b) 过程有效性的衡量。
c) 过程效率的衡量。
d) 产品符合性。
e) 对现有操作更改和新设施或新产品进行的制造可行性评估。
f) 顾客满意（见 ISO 9001 第 9.1.2 条）。
g) 对照维护目标的绩效评审。
h) 保修绩效（在适用情况下）。
i) 顾客计分卡评审（在适用情况下）。
j) 通过风险分析（如 FMEA）识别的潜在现场失效的标识。
k) 实际使用现场失效及其对安全或环境的影响。

新标准加强了对管理评审输入的细节要求，包括那些与不良质量成本、有效性、效率、符合性评估、顾客满意、对照目标的绩效、保修绩效、顾客记分卡评审，以及提供风险分析识别与失效相关的潜在问题。本条款所列内容应视为在管理评审时，必须覆盖的最少信息。组织应有一个适当的监控系统，有条件地触发计划外的管理评审活动。

9.3.3 管理评审输出

ISO 9001：2015 的要求：
管理评审的输出应包括与下列事项相关的决定和措施：
a) 改进的机会。
b) 质量管理体系所需的变更。
c) 资源需求。
组织应保留成文信息，作为管理评审结果的证据。

9.3.3.1 管理评审输出——补充

> 当未实现顾客绩效目标时,最高管理者应建立一个文件化的措施计划并实施。

本条款通过采取措施以确保:消除未获得顾客要求信息的地方、支持过程绩效和风险的持续分析。过程拥有者应处理与其相关的顾客绩效问题,而这一要求赋予高层管理者清晰的最终责任来处理顾客绩效问题,并确保纠正措施的有效性。

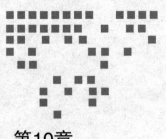

Chapter 10　第10章

改　　进

10.1　总则

> ISO 9001：2015 的要求：
> 组织应确定和选择改进机会，并采取必要措施，以满足顾客要求和增强顾客满意度。
> 这应包括：
> a) 改进产品和服务，以满足要求并应对未来的需求和期望。
> b) 纠正、预防或减少不利影响。
> c) 改进质量管理体系的绩效和有效性。
> 注：改进的例子可包括纠正、纠正措施、持续改进、突破性变革、创新和重组。

10.2　不符合和纠正措施

10.2.1　不符合的应对

> ISO 9001：2015 的要求：
> 当出现不合格，包括来自于投诉的不合格，组织应：
> a) 对不合格做出应对，并在适用时：
> 1) 采取措施，以控制和纠正不合格。
> 2) 处置后果。

b) 通过下列活动，评价是否需要采取措施，以消除产生不合格的原因，避免其再次发生或者在其他场合发生：
1) 评审和分析不合格。
2) 确定不合格的原因。
3) 确定是否存在或可能发生类似的不合格。
c) 实施所需的措施。
d) 评审所采取的纠正措施的有效性。
e) 需要时，更新策划期间确定的风险和机遇。
f) 需要时，变更质量管理体系。
纠正措施应与所产生不合格的影响相适应。

10.2.2 保持成文信息

ISO 9001：2015 的要求：
组织应保留成文信息，作为下列事项的证据：
a) 不合格的性质以及随后所采取的措施。
b) 纠正措施的结果。

10.2.3 问题解决

组织应有形成文件的问题解决过程，包括：
a) 用于各种类型和规模的问题（如：新产品开发、当前制造问题、使用现场失效、审核发现）的明确方法。
b) 控制不符合输出所必要的遏制、临时措施及相关活动（见 ISO 9001 第 8.7 条）。
c) 根本原因分析、采用的方法、分析及结果。
d) 系统性纠正措施的实施，包括考虑对相似过程和产品的影响。
e) 对已实施纠正措施有效性的验证。
f) 对适当成文信息（如：PFMEA、控制计划）的评审，必要时进行更新。
若顾客对问题解决有特别规定的过程、工具或系统，组织应采用这些过程、工具或系统，除非顾客另行批准。

本条款的更新是为了促进 IATF OEM 顾客指定的最少要求得以满足。
组织确定问题解决方法的过程，应考虑：问题的类型和规模，不符合输出的控制，系统性纠正措施和有效性的验证，以及成文信息的评审/更新。此外，与不符合和纠正措施相关的顾客特殊要求，需要整合和使用到内部纠正措施中。解决问题通常采用8D方法，即福特公司处理问题的一种实用方法，它又称为团队导向问题解决方法或称为8D问题求解法。它是一种解决问题的有力工具。8D法适用于：产品不合格、过程能力过低、顾客投诉、反复频发的情况等质量问题的解决。

8D的实施有9个步骤：D0 征兆紧急反应措施，D1 小组成立，D2 问题描述，D3 实施并验证临时对策，D4 原因分析并验证真因，D5 长期对策并确认其效果，D6 预防再发生对策，D7 效果确认及标准化，D8 结案及肯定小组的贡献（祝贺小组成员完成解决问题任务，并对小组的效益进行沟通和文件化）。

10.2.4 防错

> 组织应有一个形成文件的过程，用于确定适当的防错方法的使用。所采用方法的详细信息，应在过程风险分析中（如PFMEA）形成文件，试验频率应记录在控制计划中。过程应包括防错装置失效或模拟失效的试验，应保持记录。若使用挑战件，则应在可行时对挑战件进行标识、控制、验证和校准。防错装置失效应有一个反应计划。

在这里，挑战件译为对照件更为确切。它是指运用达到极限要求的基准，来检查防错装置是否符合要求，如检查尺寸的通止规，检查外观的样板件等。对于不同的零部件，其具体形式不同。用挑战件考验防错装置，是为了确保防错装置能在正常工况下，正确判断工件合格与否。

本条款（以前只在纠正措施的防错方法中使用）单独列出并增加了新要求，用以加强防错方法，并增加了顾客的特殊要求实现的手段。组织需要一个识别防错设备/方法的需求的过程，从而进一步设计和实施防错设备/方法。在控制计划中，需要包括防错设备的测试频次。同时，应保存这些测试的绩效记录。防错法的应用详细情况见17.4节。

10.2.5 保修管理系统

> 当要求组织提供产品保修时，组织应实施一个保修管理过程。组织应在该过程中包含一个保修件分析法，包括NTT（未发现故障）。当顾客指定时，组织应实施所要求的保修管理过程。在保修前，除确定是否属于保修范围外，还需要一个检查并正确判断零部件或系统失效原因的过程，才能保证保修的有效性。

这是一个基于保修管理的重要性越来越高的新要求，同时它也进一步满足了 IATF OEM 顾客特殊要求。保修管理过程应处理和整合所有适当的顾客特殊要求，以及适用时，未发现故障的保修件发现程序应获得顾客同意。如何完善保修管理请参见参考文献【11】。

10.2.6 顾客投诉和使用现场失效试验分析

> 组织应对顾客投诉和现场失效（包括退货零件），进行分析，并且应采取问题解决和纠正措施，以预防再次发生。
> 在顾客要求的情况下，还应对装入顾客最终产品系统内的组织产品中的嵌入式软件的相互作用进行分析。组织应向顾客并在组织内部传达试验/分析的结果。

这是一个新的要求，它与嵌入式软件和优先方法识别相关。组织的分析，扩展到除了顾客抱怨和现场失效本身的零件以外，并且结果应向顾客传达并且在组织内部沟通。

10.3 持续改进

> ISO 9001：2015 的要求：
> 组织应持续改进质量管理体系的适宜性、充分性和有效性。
> 组织应考虑分析和评价结果以及管理评审的输出，以确定是否存在需求或机遇，这些需求或机遇应作为持续改进的一部分加以应对。

10.3.1 持续改进——补充

> 组织应有一个形成文件的持续改进过程。组织在本过程中，包括以下内容：
> a) 对采用方法、测量、目标、有效性和成文信息的识别。
> b) 一个制造过程行动改进计划，重点放在减少变差和浪费。
> c) 风险分析（如 FMEA）。
> 注：持续改进是当过程有统计能力且稳定，或者产品特性为可预测且满足顾客要求时实施的。

本条款的变化，明确了持续改进最低的过程要求：方法、信息和数据的识别；减少变差和浪费的改进措施计划，以及风险分析（如 FMEA）。使用全面生产维护、精益生产、6 西格玛和其他更有效的手段或方法论，应遵循持续识别和处理改进机会的结构化方法。

第10章 改 进

总之，在 IATF 16949 标准中，汽车 QMS 要求有许多方面得到加强，这些进一步增加了认证的价值和可信性。许多常规顾客的特殊要求已整合到 IATF 16949 中。新标准还进一步加强了 OEM、供应商（所有等级）、认证机构和监督机构之间的绩效关联。在新标准编制时，从利益相关方获得了大量的输入。应该指出，最有力的改进是创新。

10.4 标准附录

10.4.1 附录 A：控制计划

A.1 控制计划的阶段

适当时，控制计划涵盖三个不同阶段：

a）原型样件（Prototype）：对将会出现在原型样件制造中的尺寸测量、材料和性能试验的描述。如果顾客要求，组织应有原型样件控制计划。

b）投产前（Pre—launch）：对将会出现在原型样件制造后和全面生产前的尺寸测量、材料和性能试验的描述。

投产前被定义为在原型样件制造后产品实现过程中可能要求的一个生产阶段。

c）生产（Production）：出现在大规模生产中的产品/过程特性、过程控制、试验和测量系统的文件。

每个零件编号有一个控制计划，但是在很多案例中，一个控制计划族可以涵盖采用了共同过程所生产的这类相似零件。控制计划是质量计划的输出。

注1：建议组织要求其供应商满足本附录的要求。
注2：对于某些散装材料，大部分生产信息不在控制计划中列出。可在相应的批次配方详情中获得此类信息。

A.2 控制计划的要素

控制计划至少包括以下内容：

综合资料

a）控制计划编号。

b）发布日期和修订日期（如有）。

c）顾客信息（见顾客要求）。

d）组织名称/现场的编号。

e）零件编号。

f）零件名称/描述。

g) 工程更改等级。
h) 涵盖的阶段（原型样件制造、投产前、生产）。
i) 关键联络人。
j) 零件/过程步骤编号。
k) 过程名称/作业描述。
l) 负责的功能组/区域。

产品控制

a) 与产品有关的特殊特性。
b) 其他要控制的特性（编号、产品或过程）。
c) 规范/公差。

过程控制

a) 过程参数。
b) 与过程有关的特殊特性。
c) 制造用机器、夹具、工装（适当时还包括标识符）。

方法

a) 评价测量技术。
b) 防错。
c) 样本容量和抽样频次。
d) 控制方法。

反应计划

反应计划（包括或引用）。

10.4.2 附录 B：参考书目——汽车行业补充

内部审核

AIAG

《CQI-8 分层过程审核》

《CQI-9 特殊过程：热处理系统评估》

《CQI-11 特殊过程：电镀系统评估》

《CQI-12 特殊过程：涂装系统评估》

《CQI-15 特殊过程：焊接系统评估》

《CQI-17 特殊过程：锡焊系统评估》

《CQI-23 特殊过程：模塑系统评估》

第10章 改　进

《CQI-27 特殊过程：铸造系统评估》
ANFIA
《AQ 008 t 过程审核》
FIEV
IATF
VDA
《生产过程审核手册》V2.0
《IATF 16949 审核员指南》
第6卷第3部分"过程审核"
第6卷第5部分"产品审核"

不符合和纠正措施
AIAG
《CQI-14 汽车保修管理指南》
《CQI-20 有效解决问题的从业者指南》
VDA
"审核标准使用现场失效分析"卷
"使用现场失效分析"卷

测量系统分析
AIAG
测量系统分析（MSA）
ANFIA
《AQ 024 测量系统分析（MSA）》
VDA
第5卷"测量系统能力"

产品批准
AIAG
生产件批准程序（PPAP）
VDA
第2卷"生产过程和产品批准（PPA）"
第19卷第1部分（"技术清洁度检验——汽车功能部件的颗粒污染"）
第19卷第2部分（"装配技术清洁度——环境、物流、人员和装配设备"）

产品设计
AIAG

APQP 和控制计划

《CQI-24 基于失效模式的设计审核》（DRBFM 参考指南）

潜在失效模式及后果分析（FMEA）

ANFIA

VDA

AQ 009 FMEA

《AQ 014 试验设计手册》

《可靠性指南》

第 4 卷"产品和过程 FMEA"章

VDA-RGA VDA-RGA 卷"新零件成熟度等级保证"

"稳健生产过程"卷

"特殊特性（SC）"卷

生产控制

AIAG

《材料管理操作指南》/《物流评价》（MMOG/LE）

《实施标准化作业》

SMMT

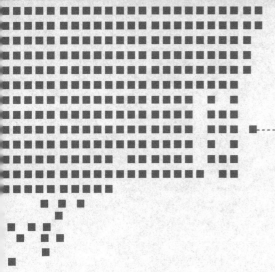

第 3 篇
汽车行业质量管理体系实施指南

第 11 章　产品质量先期策划（APQP）和控制计划
第 12 章　测量系统分析（MSA）
第 13 章　潜在失效模式及后果分析（FMEA）
第 14 章　统计过程控制（SPC）
第 15 章　生产件批准程序（PPAP）
第 16 章　项目管理
第 17 章　其他重要工具和技术
第 18 章　体系转换实施策划、要点及应对

　　本篇中主要阐述汽车行业质量管理体系实施的策划、五大核心工具以及常用的其他工具技术。

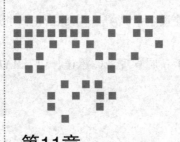

Chapter 11 第11章

产品质量先期策划(APQP)和控制计划

11.1 概述

11.1.1 APQP 的释义

产品质量先期策划的英文全称为 Advanced Product Quality Planning,缩写为APQP。这是 AIAG(美国汽车工业行动集团)为了使产品设计和开发的策划工作更加规范化和更具可操作性,特以参考手册《产品质量先期策划和控制计划(APQP)》的形式,对产品设计和开发的策划工作进行了规定。

(1) 策划

策划是一个过程,它致力于实现使顾客满意这一目标,并规定为实现目标所需的过程和相关资源,确保所要求的步骤按时完成。策划的结果应形成文件,如:产品质量目标、产品质量计划等。

(2) 先期

一个产品从开始构思到投放市场,最终到用户满意这一过程可分为两个时期:第一个时期是产品孕育、诞生到成熟;第二个时期是产品批量生产、交付并达到用户满意的效果。在这里先期的含义是指第一个时期。

(3) 产品质量先期策划

产品质量先期策划是指从产品构思开始到能够进行产品批量生产并达到预期过程能力和实物质量的这一时间段内,所有与产品质量有关的事项在策划时均应予以考虑并做出安排。批量生产成熟一般是指正式批量生产开始之后的三个月。

APQP 的实施效果，取决于高层管理者的承诺，以及 IATF 所强调的领导作用，同时也取决于团队的专业能力。

11.1.2　APQP 的性质

APQP 是一种结构化的工作方法，它是与 QS9000 标准配套使用的一种方法。通过这种过程方法，可以将复杂的产品质量策划过程进行规范化和标准化的处理，使其变成结构化的过程，大幅度降低复杂系数，同时可以使顾客和供应商以共同的语言探讨产品质量策划的事项。

11.1.3　推行 APQP 的目的和带来的好处

APQP 是由美国三大公司联合编制的，作为 QS9000 标准的配套手册，随标准一起公布，属指南性质的规范。其目的是要把复杂的产品质量策划结构化，为其供应商在制定质量计划时提供方便，确保策划规定的产品质量实施过程是满足顾客要求的。也就是说采用系统化的方法，确定和建立必要的步骤，明确相关的职责，以确保满足顾客对产品的要求。另一个目的是便于一级供应商向二级供应商传达产品质量策划的要求。

同时，推行 APQP 还有以下好处：
1）能合理使用资源和时间，并使顾客满意。
2）能及早发现必须更改的事项，避免晚期更改。
3）以最低成本按时提供优质的产品。

11.1.4　适用的范围

汽车供应商在进行产品质量策划时均可采用 APQP，对美国三大汽车公司的供应商和按 IATF 16949 建立质量管理体系的组织，在进行产品质量策划时，必须采用 APQP。

11.2　APQP 的过程

APQP 的最大特点是把复杂的产品质量策划变成了结构化的流程。它把从产品构思到产品批量成熟这一时间段内所有过程和事项均概括在一张产品质量策划进度图中，如图 11-1 所示。每一阶段要求按输入、输出形式予以阐明，既为使用者带来了方便，也达到了主机厂对策划应具有一致性的要求。

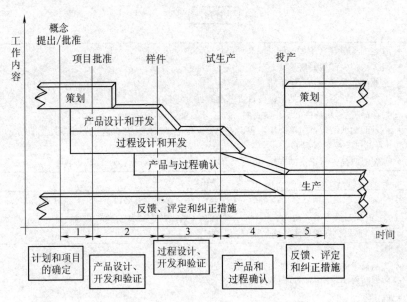

图 11-1 产品质量策划进度图

11.2.1 产品质量策划进度图

产品质量策划进度图是 APQP 的核心,它用直角坐标形式来表达。该图横坐标表示时间,把按时间顺序排列起来的工作阶段标在横坐标上,计有以下五个阶段:

- 计划和确定项目。
- 产品设计、开发和验证。
- 过程设计、开发和验证。
- 产品和过程确认。
- 反馈、评定和纠正措施。

各阶段开发的工作是按同步工程原则安排的。该图纵坐标表示工作内容,计有:策划,产品设计和开发,过程设计和开发,产品与过程确认,反馈、评定和纠正措施五项,并按工作进行的先后标在纵坐标上。其计划节点(里程碑)是以立项批准作为起点,依次有:项目批准、初始批准、试生产计划批准、生产件批准、试生产认可、节拍生产确认和量产批准等。

11.2.2 对各阶段的要求

APQP 把实施目标的过程划分为若干个阶段,并对每个阶段规定了具体的要求,现将各阶段的要求和各阶段间的关系以过程系统方式表达,如图 11-2 所示。

```
                          ┌──────┐
                          │ 开始 │
                          └──┬───┘
                             ▼
```

项目要求	• 顾客的呼声（含市场调研结果和同类产品的维修记录） • 有关法律、法规的要求 • 企业的业务计划和营销策略 • 竞争对手同类产品数据指标与过程基准数据（标杆） • 对产品/过程新特性和采用新材料、新工艺的设想 • 质量问题前馈包括但不限于：售后表现、保修记录、内外客户抱怨、过程失效模式、以前同类产品开发与试验验证数据等 • 顾客对产品进行识别的方法

```
                             ▼ 输入
```

第一阶段	名称：计划和确定项目（产品质量策划阶段）——从概念提出到新项目开发计划批准
	目的：确保对顾客的要求和期望有一个明确的了解，决定要开发的产品或项目，确定产品/项目开发计划，以期以更好的产品来满足用户的要求
	过程： • 产品质量先期策划 • 研究顾客的需求和项目的要求 • 确定产品/过程基准 • 确定产品的设计目标、指标和各项要求
	说明： • 具体的设计任务和目标，应从顾客的呼声中转化而来 • 可靠性指标是基于顾客要求、项目目标的，也可以是基于竞争对手产品的 • 可靠性，应该用概率和置信度来表示 • 质量指标基于持续改进的目标（ppm、缺陷水平等） • 初始材料清单和初始过程流程图是基于对产品/过程的设想 • 产品/过程特殊特性的明细表，是基于企业的经验和顾客的要求，以及类似的FMEA的分析 • 产品/过程设计基准的确定是基于对企业目前状况与基准目标差距的了解以及缩小差距的想法和计划 • 企业的业务计划和营销策略为产品质量计划设定了框架 • 产品设计目标实现计划是在把目标分解为许多要求的基础上制定的
	使用的工具： • 质量功能展开（QFD） • 标杆管理（Benchmarking）

```
                             ▼ 输出
```

• 产品的设计目标、任务及编制说明（又称为产品保证计划）
• 可靠性设计目标和质量目标
• 初始材料清单、初始过程流程图、初始产品/过程特殊性明细表
• 可供选择的潜在供应商范围
• 产品保证计划，包括但不限于：产品/项目要求；可靠性、耐久性目标和/或要求；风险评估，包括新技术、新材料、新功能、各类应用与环境及其变化、包装、服务于制造要求、资源限制、供应链可靠性等各种会给项目带来风险的因素
• 失效模式分析（FMEA）
• 初始产品/项目标准

说明：此输出需经过批准才能进入第二阶级。

图 11-2　各阶段要求的

第 11 章　产品质量先期策划（APQP）和控制计划

输入 ↓

<table>
<tr><td rowspan="8">第二阶段</td><td colspan="2">名称：产品设计和开发阶段——从项目的批准到初始样件的制作</td></tr>
<tr><td colspan="2">目的：确保开发的产品满足顾客的要求，又能在预定的时间内以顾客可接受的价格和要求的数量交付给顾客，同时还要顾及企业投资成本和利润</td></tr>
<tr><td colspan="2">过程：
• 产品的设计和开发
• 同步进行可制造性设计和可装配性设计
• 对产品设计可行性进行评估</td></tr>
<tr><td colspan="2">说明：
• 产品设计和开发过程中应包含：DFMEA 的采用、产品设计和开发的策划、按策划规定定期进行设计评审、初始样件的制作、设计确认等
• 设计评审是防止问题和误解的有效方法，是监测进度和管理者报告的途径。设计评审是指一系列的验证活动，这些验证活动至少应包括：
1）设计输入和输出
2）计算机模拟和台架试验的结果
3）DFMEA
4）可制造性设计和可装配性设计的评审
5）试验设计（DOE）和装配产生的变差造成的后果
6）破坏性试验
7）设计验证和设计验证的进展
8）采用综合试验计划和报告对部件和总成的产品和过程确认
• 设计验证是指产品设计是否满足输入的各项要求
• 可制造性和可装配性是指：
1）设计、概念和功能对制造变差的敏感性
2）制造和装配的难易程度
3）尺寸公差
4）可调整性
5）搬运方便性
6）维修接近性和直视性
7）产品性能要求
8）部件数
• 对产品设计可行性进行评估，旨在保证设计的产品既满足顾客要求，又可评估在制造过程可能出现的潜在问题</td></tr>
<tr><td colspan="2">使用的工具：
• DFMEA
• DOE
• DVP&R（用于设计验证跟踪，中文名译为设计验证计划和报告）</td></tr>
</table>

输出 ↓

（1）负有设计职能的部门或组
1）设计失效模式和后果分析 DFMEA
2）可制造性设计（DFM）和可装配性设计（DFA），需考虑：尺寸公差、几何公差和性能要求，制造和/或装配过程及其变差对产品的影响，设计对制造变差的敏感性，柔性与过程调整，材料的移动与运输

输入、输出流程图

3）工程图样（包括数学模型和数据）、材料标准、技术标准（工程规范），图样、规范与标准的更改
4）在初始识别特殊特性和过程的基础上，再次识别和标识
5）设计验证和评审，包括：设计满足设计输入要求的程度，设计与过程能力的匹配性，可制造性、可装配性、安全性、可靠性与可维修性，功能与操作要求，标准化程度，DFMEA 的正确性，试验与测量方法的可靠性、实际验证的结果，可行性（如顾客的接受度、技术与环境的影响等）
6）制造初始样件计划
(2) 负责制造过程的部门或组
1）进行 DFMEA、可制造性和/或可装配性设计涉及的对新装备、工装和设施的要求
2）量具及试验设备的要求
3）初始样件制造的控制计划
4）在初始识别特殊特性和过程的基础上，再次识别和标识，并体现在控制计划中
(3) 小组可行性承诺和管理者支持

说明：在这阶段结束时，要提供一份设计可行性报告，QS9000 要求以"小组可行性承诺"的形式提交给顾客或管理者，并输出"设计信息检查表"

输入

第三阶段	名称：过程设计和开发阶段——从初始样件到开始试生产
	目的：保证开发出有效的制造过程，它保证满足顾客需求和期望，又能减少投入和降低制造成本
	过程： ● 产品制造过程的开发和设计 ● PFMEA ● 产品包装（包含内部的分隔部分、外包装、单个包装）的设计和开发 ● 初始过程能力研究计划的制定 ● 对产品/过程的质量体系评审 ● 制定试生产控制计划和测量系统分析计划
	说明： ● 在产品制造过程的开发和设计进行时，还要同步编制场地及平面布置图、特性矩阵图，提出基础设施设计要求、测量系统分析计划和初始能力研究计划 产品包装设计应保证产品在使用时的完整性 ● 对产品/过程的质量管理体系的评审，要确保任何额外控制和程序上的更改都应在质量手册中予以反映，同时也应在控制计划中出现 ● 特性矩阵图是用来表示过程参数制造工位之间关系的图表 ● 测量系统分析计划应包括哪些量具要做线性、准确度、重复性和再现性，谁来做，哪个部门负责（备用量具） ● 初始能力研发计划应以控制计划中被标识的特性为基础予以展开 ● 场地平面布置图应包含检测点、中间维修站、有缺陷材料的储存区
	使用工具： 检查清单 PFMEA

输出

● 包装标准、规范
● 过程流程图

图 11-2　各阶段要求的

第 11 章 产品质量先期策划（APQP）和控制计划

	- PFMEA - 过程作业指导书 - 车间平面布置图 - 特性矩阵图 - 试生产控制计划 - 测量系统分析计划 - 初始过程能力研究计划
	说明：在制造过程设计和开发结束时要安排输出评审，并需经批准

↓ 输入

第四阶段	**名称**：产品与过程确认（试生产阶段）——从开始试生产准备到能进行批量生产
	目的： - 通过试生产验证制造过程的有效性 - 验证产品和过程能否满足顾客的要求 - 查找正式批量生产时可能出现的问题和解决办法 - 质量策划得到确认
	过程： - 试生产准备过程 1）完成正式生产用的工装、设备、环境和设施的采购、装调和验收（含机器能力的测量和符合要求） 2）有关各类人员的培训 3）对测量系统进行分析和评价 4）规定（一般由顾客确定）试生产最少数量 - 试生产的运行 1）生产节拍得到了验证或得到了试生产的生产能力 2）最终可行性得到了验证 3）初始过程能力得到研究 4）为生产确认试验、生产件批准和过程评审提供了条件 5）质量策划得到确认 - 包装评价 - 生产控制计划的制定
	说明： - 试生产是指采用正式生产工装、设备、环境（包括生产操作者）、设施和节拍时间，来进行正式生产前的生产 - 生产件——必须使用正式的工装、量具、原材料、操作者、场地、环境和正式生产工艺、生产参数的产品 - 生产件批准的目的是验证生产件和试生产是否满足预定要求，是否符合技术要求 - 生产确认试验是指在由正式生产工装和过程制造出来的产品能否满足按工程标准进行的工程试验 - 包装评价是指产品在正常运输中免受损伤和在不利环境中得到保护
	使用的工具： - MSA - PPAP - SPC

输入、输出流程图

输出 ↓

- 试生产，以验证制造过程的有效性，形成最终可行性评估
- 测量系统评价
- 初始过程能力研究
- 生产件批准
- 生产确认试验
- 包装评价
- 生产控制计划
- 质量策划认定和管理者支持

说明：在完成本阶段工作之后，由管理者组织对质量策划的要求完成情况进行评审。其评审文件和记录的形式可用质量策划总结和认定报告的表式

输入 ↓

第五阶段	名称：反馈、评定与纠正措施（量产成熟阶段）——开始正式量产到产品质量稳定（约三个月）
	目的： • 生产满足用户的产品，使产品质量趋向稳定 • 通过量产来评价质量策划有效性（此工作从试生产开始），改进产品和过程策划中的不足 • 可获得经验，为下一个产品的开发奠定基础
	过程： • 严加控制 • 纠正不合格 • 对不合格采取纠正措施
	说明： • 在这量产成熟阶段，将会显示出特殊（系统误差）、普通（随机误差）和不合格。这时应据生产用控制计划中的反应计划予以解决 • 交付和服务中的问题也应及时解决
	使用工具： • SPC • 控制计划

输出 ↓

- 减少变差的途径和消除缺陷的方法
- 交付和服务
- 客户满意度评价及顾客反馈意见记录

结束

图 11-2　各阶段要求的输入、输出流程图（续）

11.2.3 APQP 主要活动

1) 建立横向职能小组形式的项目组。
- 设项目负责人一名,由管理者任命和授权,负责监督策划过程。项目负责人的责权按授权规定。
- 由项目负责人组建项目组,组员来自各个职能部门,他们之间应有明确分工和责权。项目组下设的若干工作组是完成要求的实体。
- 根据项目组的大小和分工,要建立组内、组外的沟通渠道和方式。
- 适当的培训。

2) 明确内外部顾客,并确定顾客的要求。
- 项目小组共同分析并理解客户的期望,评估设计要求、性能要求及制造过程的可行性。
- 确定产品设计、过程设计、验证、制造等所需的成本、费用和预算,评估并确定项目进度,评估资源及限制条件。
- 评估各类风险,提出相应应对措施。
- 确定是否需要客户的帮助,以及哪方面的帮助和支持,争取顾客的参与。

3) 确定横向职能小组开展策划活动的文件化过程和方法。
4) 按照 APQP 方法,并运用同步工程对项目进行策划。
5) 对工作进展和质量实施监控,进行动态管理,协调解决各类问题。
- 采用评审、验证、确认和监视等方法,以及采用分析技术和各种检查清单来控制各个阶段的工作质量和进度。
- 根据监视策划结果的实施情况,及时调控,使顾客要求得到满足。

6) 制定并输出控制计划,包括以下三个阶段的控制计划:样件试制,小批量试生产,批量生产。
7) 各类检查清单(计八个方面),包括以下:
- 设计 FMEA 检查清单。
- 设计信息检查清单。
- 产品/过程质量检查清单。
- 新设备、工装和试验装备检查清单。
- 场地平面布置图检查清单。
- 过程流程图检查清单。
- 过程 FMEA 检查清单。
- 控制计划检查清单。

11.2.4 应用步骤

1）成立项目组。在项目建议书获批准后,成立项目组。其组织形式和人员视项目的大小和复杂程度而定。若项目组下设工作组,那么项目组负责项目管理,工作组负责各项任务。

2）研究项目组内、外的若干个沟通办法并文件化。

3）对项目进行策划。

a）对项目进行策划由项目组负责,对项目内的各项工作任务的策划由工作组负责。

b）进行项目策划可按 APQP 方法进行。若有工作组,各工作组也要制定完成任务的进度计划。

c）有的单位,按 APQP 所述步骤内容和流程,根据企业自身的业务,制定了项目管理程序和产品开发程序,则所有产品开发均按程序进行。

d）对策划的结果进行动态管理,最好目视化。

4）按策划的结果中所列,对质量进行监测和控制,直至结束。

11.2.5 【案例 11-1】 与汽车制造厂同步开发部件

某一制造厂从事汽车部件制造,是主机厂的一级供应商。现接到主机厂一个任务,要求参与主机上某一部件的设计,与主机设计同步进行,应在主机批量试生产检查之前完成。该部件一级供应商,把 APQP 的结构化流程和一些管理规定转化为标准化的产品开发程序和项目管理程序,它在为某主机厂配套时,产品前期策划就应按程序执行。

1）该厂在最高领导批准这一任务后,作为新品开发专项任命了项目经理,全面负责此项工作。

2）项目经理组建横向形式的项目组,经主管领导批准,其组员名单和分工,表式见表 11-1。

表 11-1 项目成员和分工

项目组成员和分工		编号 No.	
		共 1 页第 1 页	
项目名称 Project			
产品名称 Product		产品代号 Product No.	
职务 Position	姓名 Name	职责 Responsibility	

(续)

组长 Director	
联络人 Coordinator	
产品设计 Product Design	
工艺设计 Process Design	
质量保证 Quality Assurance	
生产质量控制 Production Quality Control	
零部件采购 Purchasing	
产品销售 Sale&Marketing	
物流 Logistic	
样品生产 Sample Manufactory	
管理者代表/MD 批准 Approved	
日期 Date	

3）项目组对承担的项目按 APQP 进行策划。

策划结果得到：

- ××项目设计目标和计划任务书及其编制说明。
- 在设计目标和计划任务书中含有项目总体计划和各项工作计划。
- 项目组内、外沟通的文件。

4）任务书报批。

5）任务书批准后，项目组可视任务成立若干工作组来承担各项工作计划中所提到的任务，然后工作组再按任务制定任务进度计划（从组织系统讲，它属于二层次计划）。

6）项目组按计划组织实施，并对计划进行动态和目标管理，通过监督、检查、修改、指挥、协调直至目标按期完成。

7）最后填写"产品质量策划总结和认定表"或编写总结报告。

11.3 控制计划

11.3.1 概述

控制计划（Control Plan，CP）是与 QS9000 标准配套使用的方法之一。千万不能望文生义，它既是一种方法，又是一种反映当前企业制造过程使用的控制方法和测量系统。它随着控制方法和测量系统变化而变化，是一个动态的文件。

CP 既是方法又是文件，为了方便使用已把 CP 结构化和格式化，具体体现就是命名为"控制计划"的表式，见表 11-2。

CP 是一种方法，即用来探求控制产生变异因素的方法，又是一种文件，用来指导工艺文件和检验文件的编写。

表 11-2 控制计划

第____页，共____页

① 样件☐ 试生产☐ 生产☐			主要联系人/电话 ⑦		日期（编制）⑩			日期（修订）⑪	
控制计划编号 ②									
零件号/最新更改水平 ③			核心小组 ⑧		顾客工程批准/日期（如需要）⑫				
零件名称/描述 ④			供方/工厂批准/日期 ⑨		顾客质量批准/日期（如需要）⑬				
供方/工厂 ⑤		供方代号 ⑥	其他批准/日期（如需要）⑭		其他批准/日期（如需要）⑭				
零件/过程编号 ⑮	过程名称/操作描述 ⑯	生产设备 ⑰	特　性			方　法			反应计划 ㉖
			编号 ⑱	产品 ⑲	过程 ⑳	特殊特性分类 ㉑	产品/过程规范/公差 ㉒	评价/测量技术 ㉓	㉔样本 容量 / 频率	控制方法 ㉕	

11.3.2 使用控制计划的目的

使用控制计划这种方法的目的是为了帮助企业在生产过程中生产出符合要求的产品，因此用它表示提供生产过程的每个阶段所需的过程监测和控制方法。

11.3.3 适用范围

在制造过程中，只要涉及需要对制造过程和过程的输出（过程产品）采用控制方法、进行监测记录时，均可采用控制计划方法。

原则上一个过程应有一份与其对应的控制计划，这时控制计划应冠以过程名称，如适用初始样件制作过程的控制计划称为初始制作过程计划。若生产过程相同，而原材料也一样时，可用一个控制计划来描述一组或一个系列的产品。

11.3.4 采用控制计划带来的好处

11.3.4.1 在质量方面

1）减少了设计、制造和装配过程中的不合格品，提高了产品和过程质量。

2）为产品/过程提供了一个完整的评价。

3）在应用控制计划时，必须对过程进行分析，查找各种因素对过程/产品的变异产生影响的大小。这就为防治过程/产品变异的产生打下基础，进而提高了过程/产品的质量。

11.3.4.2 在顾客满意度方面

通过运用控制计划，加强了对具有特殊特性过程的控制，减少了特殊特性造成的缺陷，这将使用户受益匪浅，有利于顾客满意度的提高。同时，从资料上看，由于相对集中，提高了资源的有效利用，从而带来了成本的下降。

11.3.4.3 在交流方面

控制计划是一份动态文件，它及时记录了控制方法和特性测量的变化，这将为交流、积累经验带来方便。

11.3.5 控制计划表和应用程序

（1）控制计划表式中各栏目填写须知

控制计划是一种方法，它所使用的工具是命名为"控制计划"的一种表式。当过程或产品中特殊性较多时，可先记录在控制计划特殊特性表（表11-3）中。为便于正确使用表11-3，现对表式中的各栏目做一说明，见表11-4。

表 11-3　控制计划特殊特性

第___页，共___页

□ 样件　□ 试生产　□ 生产		主要联系人/电话	日期（编制）	日期（修订）
控制计划编号				
零件号/最新更改程度		核心小组	顾客工程批准/日期（如需要）	
零件名称/描述		供方/工厂批准日期	顾客质量批准/日期（如需要）	
供方/工厂	供方代号	其他批准/日期（如需要）	其他批准/日期（如需要）	

编号	描述/说明	规范/公差	级别	图　示

表 11-4　控制计划各栏目填写说明

序号	栏目名称	说　明
①	样件、试生产、生产	表明产品所处的状态，一般分为三个阶段：样件、试生产、生产。若控制计划是按样件制定的，则在样件前面小方格中打"√"或涂黑即可
②	控制计划编号	● 按文件编号规定填入控制计划文件编号，以利检索 ● 若有多页，则应填共×页和第×页
③	零件号/最新更改水平	将图样编号和最新工程更改号填入
④	零件名称/描述	被控制文件名称/被控过程名称和功能的描述
⑤	供方/工厂	制定控制计划的公司/部门/工厂的名称
⑥	供方编码	此编码由采购方提供，以便于采购检索
⑦	主要联系人/电话	填入负责控制计划者的姓名/电话
⑧	核心小组	填入负责制订控制计划的小组负责人姓名和电话，建议在分配表中列入小组成员的姓名、电话和地址
⑨	供方/工厂批准/日期	如有必要，应填入批准此控制计划的公司/部门
⑩	日期（编制）	填入首次编制控制计划的日期
⑪	日期（修订）	填入最近修订控制计划的日期
⑫	顾客工程批准/日期	如有必要，需得到负责此项目的工程批准（顾客方）

（续）

序号	栏目名称	说　明
⑬	顾客质量批准/日期	如有必要，需得到负责此项目的质量批准（顾客方）
⑭	其他批准/日期	如有必要，获得其他需要的批准
⑮	零件/过程编号	一般参照过程流程图中的零件和过程编号
⑯	过程名称/操作描述	按过程流程图所述名称或操作描述
⑰	生产装备	• 在这里生产设备是指生产产品时所用机器装置、夹具、工装 • 按每一操作识别出加工（生产）装备
⑱	特性编号	当一个零件有多个特性时，一般列表传递，其流程可用特性编号表示，例如采用特殊特性中的相应编号
⑲	产品特性	• 产品特性是指在图样或主要工程信息中对零件特点和性能的描述 • 产品特性中特殊特性应填入表11-3中，同时必须列入控制计划范围
⑳	过程特性	是一个过程变量，在其发生时才能测量，此变量与产品特性具有因果关系
㉑	特殊特性分类	• 可按整车厂规定的分类来进行，一般产品特殊特性分类，由整车厂通过重要度分级表，在图样上用规定的标识或符号予以传递 • 过程特殊特性分类，可按组织自己的分类规定进行，并按自行规定的表式或符号予以传递 • 一般是指影响顾客安全、法规符合性、功能、配合或外观的重要特性，可分为安全、关键、重要等
㉒	产品/过程规范/公差	这可从各种工程文件，如图样、材料批准、设计数据、装配要求等处获得
㉓	评价/测量技术	• 是指使用的测量系统。它包括测量零件/过程/制造装置所需的量具、检具、工具和试验装置 • 测量系统在使用之前，应对其线性、再现性、重复性、稳定性和准确度进行分析，确保测量变异最小
㉔	样本容量/频率	当需要取样时，列出相应的样本容量和频率
㉕	控制方法	• 在这一栏中简述控制所用方法（即操作），如：SPC、防错、检验等 • 若所用方法为一程序、检查单等，可写明编号
㉖	反应计划	是指产生了不合格品或操作失效时，操作者、调整者或监督者按预先规定的方法采取的措施

（2）应用控制计划方法的程序

应用"控制计划"方法来查找控制造成变异因素的办法，实质上只需按控制计划表式中所列各栏目顺序即可，控制办法和测量手段也就找出来了。为此，必须解决"谁来填此表格，什么时间填"的问题，按填写须知要求来填写时，"这些内容从何处来，填写的内容正确吗"。这一系列的问题就要靠应用程序来解决了，应用"控制计划"方法的程序见表11-5。应按表11-6所示控制计划输入清单，检查输入的完整。过程控制中的问题,可用质量管理工具之一的因果图进行分析。

表 11-5 应用"控制计划"方法的程序

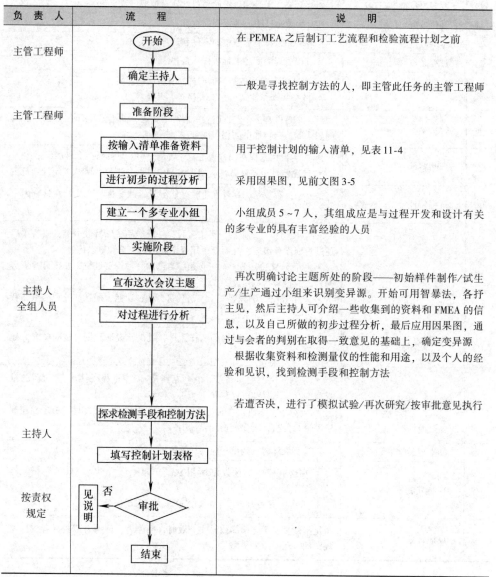

表 11-6 控制计划输入检查清单

序 号	名 称	有	无
1	过程流程图	□	□
2	DFMEA	□	□
3	PFMEA	□	□
4	特殊特性	□	□

第 11 章　产品质量先期策划（APQP）和控制计划

（续）

序　号	名　　称	有	无
5	有关相似零件的信息	□	□
6	设计评审	□	□
7	MSA	□	□
8	有关相似过程的 SPC 的信息	□	□
9	有关相似过程的试验设计（DOE）的信息	□	□
10	顾客的关注事项	□	□

$$资料占有率 = \frac{这次收集到的资料数}{要求输入的资料数（9 项，序号 9 不计入）}$$

（3）说明

1）在制造过程设计和开发结束时，一定要按表 11-7 所示的控制计划检查清单进行一次检查。

2）一般凡属特殊特性（产品/过程）和列入 FMEA 的，需用控制计划来阐明检测手段和控制方法。

3）原则上制造的全过程（进货、制造、装配、包装等）均要有控制计划，但是否要深入到每个工序要视具体情况而定。

表 11-7　控制计划检查清单

顾客或厂内零件号_____

	问　　题	是	否	所要求的意见/措施	负责人	完成日期
1	在制定控制计划时是否使用了前述的控制计划方法？					
2	为便于特殊产品/过程特性的选择，是否已识别所有已知的顾客关注的事项？					
3	控制计划中是否包括了所有的特殊产品/过程特性？					
4	在制定控制计划时是否使用了 SFMEA，DFMEA 和 PFMEA？					
5	是否明确需检验的材料规范？					
6	控制计划中是否明确从进货（材料/零件）到制造/装配（包括包装）的全过程？					
7	是否涉及工程性能试验要求？					
8	是否具备如控制计划所要求的量具和试验装置？					
9	如要求，顾客是否已批准控制计划？					
10	供方和顾客之间的测量方法是否一致？					

修订日期_____

第　页，共　页

制定人：_____

11.3.6 应用举例

有一汽车上的网格状的塑料零件,它由计算机控制的注塑机和安装在其上的模具注塑而成。对塑料零件的外观和尺寸要求如下:

外观:无伤痕、流痕和缩孔

尺寸:安装孔位置(25±1)mm

周边配合间隙(3±0.5)mm

尺寸间隙±0.5mm

通过按控制计划的输入法收集资料和进行过程分析显示,只需要材料和过程参数受控,产品质量就有保证。这些设备+模具的组合体具有极高的稳定性,所以,影响产品质量的主要因素是过程参数的设定和材料质量。

为了监控过程参数,除了定时检查设定的过程参数外,还将采用对过程的输出——产品(注塑零件)尺寸、外观进行检查。对外观将采取100%目测方法,而尺寸采用统计过程控制的办法。用 $\bar{X}\text{-}R$ 图来进行控制。只要产品受控,那么过程参数也处于受控状态。

最后,把上述监控的对象、测试的手段和控制方法填入控制计划(表11-2)的表格中即可。

Chapter 12 第12章

测量系统分析(MSA)

12.1 概述

12.1.1 标准对 MSA 的要求

美国三大汽车公司在公布 QS-9000 标准时，同时还公布了与其配套使用的五大核心方法，即 APQP、PPAP、SPC、FMEA 和 MSA。在 ISO/TS 16949 技术规范公布时声称：QS-9000 标准所采用的五大核心方法也可与本技术规范配套使用，是本技术规范的一部分，汽车供应商的质量管理体系中应包括这部分要求。相应地，五大工具也应与新标准 IATF 16949 配套使用。

测量系统分析（Measurement Systems Analysis，MSA）是五大核心方法之一。它详细地讲述了分析测量系统统计特性的方法和评价准则，是进行测量系统分析的指南。

12.1.2 进行 MSA 的目的

众所周知，目前不论是对制造过程的监控，或是要找出事物相互之间的因果关系，常要使用某特性的测量值。为了确保对制造过程的监控质量或正确建立某过程之间的因果关系，就需要对采用的测量值有一定的要求，评价其可用或不可用。测量值是通过测量系统来获得的，因此对测量系统的适用与否进行评价是理所当然的。MSA 的目的就是介绍各种方法来评定测量系统质量，以确保测量系统所提供的测量值能够正确反映制造过程的变差，从而为保证能以经济的测量成本获得适用的测量数据打下基础。

在汽车工业中，为了满足用户的要求和降低产品的不良率，常采用统计方法对过程进行控制。因此，用于测量生产过程的参数和生产过程产品的质量特性值的测量系统，应具有满足要求的统计特性，以确保统计过程控制能顺利实施。由此不难看出，进行测量系统分析的目的是为了判别其统计特性值是否满足要求，以便用于对过程和产品的控制和分析。

12.1.3 MSA 适用范围

MSA 所提供的方法仅适用于工业（即生产环境）使用的测量系统。为了上节所述目的而采用的测量系统，均可采用 MSA 提供的方法对其进行评价。

MSA 所分析的测量系统，其应用范围如下：

1）产品控制。即通过测量系统有效地区分产品的特性是否在公差范围内，以区分该零件是合格还是不合格。

2）过程控制。即用于评价过程是否稳定且可接受，能够有效地区分过程的波动，识别过程或系统变差。

任何测量系统都存在一定误差，当测量系统的误差和零件公差交叉时，对零件合格与否，就存在误判的可能。理想的测量系统是不存在的，无论采用何种测量系统，都存在判断错误的可能性。因此，需要通过 MSA 这一方法，来判断测量系统的误差是否足够小，从而能够满足实际使用的要求。

12.2 测量值和测量系统质量的概念

12.2.1 测量值的质量

测量值是指使用在稳定条件下运行的某一测量系统得到的某一特性的多次测量结果，如果这些测量值与这一特性的基准值都很接近，那么可以说这些测量数据的质量"高"，反之"低"。

表征测量值质量最常用的统计特性是指偏倚和方差。偏倚是指测量值的平均值相对标准值的位置，而方差表征测量值的分布，如图 12-1 所示。

在实际使用过程中，还要考虑测量成本。因此，并不是测量值质量越高越好。测量值质量越高，测量成本也随着增加。为此，应倡导的是测量值质量符合使用要求即可。

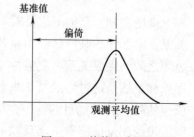

图 12-1 偏倚和方差

12.2.2 测量系统的质量

测量系统是用来对被测特性定量测量或定性评价的一套系统。它由仪器或量具、标准、操作方法、夹具、软件、人员、环境和假设等组成。

12.2.2.1 分辨力

分辨力是指仪器可以探测到并如实显示的参考值的变化量。这种能力的度量方式是看仪器或测量装置的最小刻度值。分辨力低下，就无法正确识别，从而导致不正确的测量结果。

12.2.2.2 位置变差

测量系统的质量经常用它输出的测量值的质量评价，它可由位置变量和宽度变差等统计特性来确定。测量系统的变差是指多次测量结果的变异程度（又称为波动）。它直接影响测量值的位置变差。位置变差的变量指标如下：

（1）偏倚

偏倚是指测量的观测平均值和精测基准值之间的差异，如图12-1所示。

（2）稳定性（又称为漂移）

稳定性是指偏倚随时间的变化（图12-2），或测量系统在某持续时间内，测量同一基准或零件的单一特性时得到的测量值的总变差。

（3）线性

线性是指在量具规定的量程范围内，各偏倚间相互关系应是线性关系。

（4）准确度

在有的其他文献和 MSA 第三版中，度量位置变差的指标还包含准确度。

准确度（Accuracy of Measurement）是指测量结果与被测量真值之间的一致程度。它只是一个定性的概念，因而绝不能用定量值来表明这种"一致程度"。如要定量，则应采用测量误差（测量结果与测量真值之差）或测量不确定度的概念。故 MSA 第一版认为用准确度来作为偏倚的同义词是不可取的。

特别注意：ISO 使用的"准确度"术语包含了偏倚和重复性的含义。

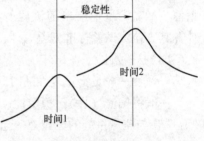

图 12-2 稳定性

12.2.2.3 宽度分布范围变差

（1）重复性

重复性是指由一位评价人，多次使用一种测量仪器，测量同一零件的同一特性时，获得的测量值变差（图12-3），或在固定和规定测量条件下连续（短期）试验变差。一般认为它由设备变差（即系统内变差）引起，常用 EV 来表示，它又称为仪器（量具）或测量系统的能力（能力是表示测量系统变差的特征，它是指短期获取读数的变异性)。

(2) 再现性

再现性是指几位评价人使用同一个量具,测量同一个零件的同一个特性时产生的测量平均值的变差,如图 12-4 所示。

图 12-3 重复性　　　　　　　　图 12-4 再现性

一般认为它由评价人的变差(即系统间变差)所致,常用 AV 来表示。

(3) 精密度

精密度是指重复读数之间的"接近度"或测量结果中随机误差大小的程度。它只是一个定性概念,用于区别测量结果随机误差大小而不能给出其大小程度的量值。如需定量地给出随机误差大小,则应采用重复条件下的测量所得的结果,计算其方差或试验标准偏差 S。

(4) 一致性

一致性一般是指重复性随时间的变化。

一般将偏倚(性)、稳定性、线性、重复性和再现性称为测量系统的"五性"。"五性"与测量系统的分辨力一起构成了测量系统总变异,如图 12-5 所示。

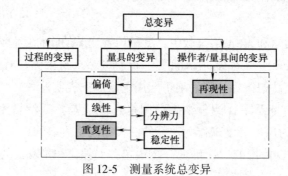

图 12-5 测量系统总变异

12.3　MSA 所采用的术语

(1) 测量

测量是指赋值给具体事物,以表示它们之间关于特定特性的关系。

第12章 测量系统分析（MSA）

（2）测量过程、测量值

赋值过程定义为测量过程。

赋予的值定义为测量值。

（3）量具

量具是指任何用来获得测量结果的装置，经常用来特指在车间的装置，包括通过/不通过装置。

（4）分辨力（分辨率）

指示装置对紧密相邻量值有效辨别能力称为分辨力。例如一般模拟式指示装置的分辨力为标尺最小分度值的一半，数字式指示装置为其末位数的一个步进值（这是量仪的固有特性，在设计时已确定），或测量系统检出并如实指示被测特性中极小变化的能力。

（5）基准值

基准值是人为规定的可接受值，作为真值的替代，但对规定要有一个可操作的定义，例如可溯源性。

（6）真值

真值即物品的实际值，是未知且不可知的，故在实际运用中，只能用基准值代替。

（7）GRR 或量具 R&R

GRR 和量具 R&R 是量具重复性和再现性的简写，它是对测量系统重复性和再现性合成的评估。在此评估中由于使用的方法不一，可能包括或不包括时间的影响。若不考虑时间的影响，有时又称为测量系统能力；若考虑时间的影响，有时又称为测量系统性能。

重复性是设备本身所固有的变异或性能。所以，重复性一般指测量仪器的变异。

（8）测量系统能力

测量系统能力是指测量系统变差的短期评估（例如：GRR 包括图形）。

（9）测量系统性能

测量系统性能是指测量系统变差的长期评估（例如：长期控制图法）。

（10）能力

能力是指短期获取读数的变异性。

（11）性能

性能是指长期获取读数的变异性，它以总变差为基础。

（12）灵敏度

灵敏度是指在测量特性变化时测量系统的响应或可探测出输入的最小变化

（此特性在设计时已确定）。

(13) 不确定度

不确定度是指关于测量值的数值估计范围，真值应包括在此范围内。

(14) 测量过程的统计控制状态

- 一般性定义。测量过程的统计控制状态是指在整个控制期间内，同一被测量的重复测量的观测值的分散性不随时间变化也无突然的数据变化。
- 统计学定义。测量过程的统计控制状态是指测量过程处于预定条件范围内某一固定试验条件下，所获得的观测值所呈现的分布形式和分布条件固定不变的随机图形，如图12-6所示。

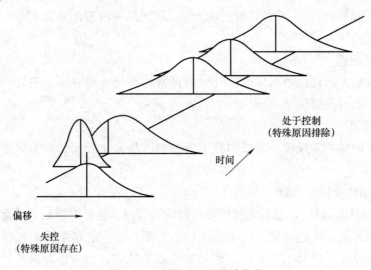

图12-6 测量过程的统计状态

12.4 测量系统分析方法

12.4.1 测量系统分析的时机

进行测量系统分析通常分为以下两个阶段：

- 第一阶段：在测量系统投入使用前或即将投入使用时进行分析，目的是判断测量系统是否具有可接受的统计特性，一般可能需要几个单独的试验来确定。
- 第二阶段：在测量系统使用中进行分析，目的是判断测量系统的统计特性是否持续满足要求。一般通过正常的校准程序、维护程序和计量程序的一部分日常工作来完成分析，如常用的GRR研究。

两个阶段要视量具固有特性及使用的频繁程度而定。

12.4.2 进行 MSA 时的前期准备

1）假设被测量零件或特性不因测量而改变或破坏，假设测量过程变差**符合正态分布**，否则如采用 MSA 方法，会过高估计测量系统误差。

2）根据测量的定义把测量过程看作是一个过程，其输入是样本（即一组从总体抽取的样品），其输出是测量数据。这样一来，在统计过程控制领域所用的所有概念、原理和工具均适用于测量过程。

3）测量数据是指测量系统处于稳定条件下，用随机抽样和盲测法（操作者事先不知道正在进行测量系统评定）以及在实际测量环境下获得的数据。

4）所取的样品必须从过程中选取并代表其整个工作范围（又称为测量范围），即有最大值、最小值和中间值的样品。所需数量和测量次数以能得出所需置信度和置信区间即可。

5）评价人应从日常操作该仪器的人员中挑选，一般为 2~3 人。

6）仪器的分辨力（最小分度值）初选时，可规定能识别出公差（或过程变差）值的十分之一，即 6σ 的十分之一。例如：统计特性变差为 0.01，即仪器应能读取 0.001 的变化。如果该测量仪器既用于过程控制也用于质量检验，则应取上述两个要求中更严格的要求。

7）读数时，应估计到可得到的最接近的数字。如果可能，读数应取至最小分度值的一半，例如：最小分度值为 0.001，则每个读数应圆整为 0.0005。

12.4.3 测量系统统计特性的分析和接受准则

12.4.3.1 计量型测量系统

（1）分辨力

测量系统的分辨力与测量仪器的分辨力是不同的。测量系统的分辨力一般用测量对象（过程或零件）在变差（$6\sigma_p$）范围内，被测量系统分成的数据组的组数 NDC（分级数）来表示。比如，5 个零件的长度分别是 8.012mm、8.015mm、8.026mm、8.025mm、8.022mm，当测量仪器的最小分度值为 0.02mm 时，其读数均为 8.02mm，此时只能得到一组数据，此时 NDC 为 1。当测量仪器的最小分度值为 0.01mm 时，就得到了 5 个数据组，此时 NDC 为 5。显然，得到的数据组越多，表明该测量系统的分辨力越大。

1）分析。在选择或分析测量系统时，首先关心的是测量系统的分辨力。如果测量系统没有足够的分辨力，它不可能识别出过程变差和特殊原因的变差，也不能定量表示某个零件特性值。因此，这种测量系统是不能接受的。

分辨力的分析方法是用测量值画出控制用 $\bar{X}$-R 图,在 R 图(极差图)上,若出现下列情况,均表示分辨力不足。

- 只有一个、两个或三个极差值在控制限值内。
- 四个极差值在控制限值内,并且还有超过 1/4 的极差为 0。

2) 接受准则。汽车行业常用测量值来控制产品和分析制造过程的质量。因此,测量系统若不能识别出过程变差而用于分析,是不能接受的;同样,若不能识别出特殊原因的变差而用于控制,也是不能接受的。具体如下:

- 准则一:测量系统的最小分度值用于识别产品质量特性的变异,应是产品规定公差的十分之一;若用于识别制造过程参数的变异应是该制造过程六倍标准差(6σ)的十分之一。
- 准则二:测量系统的有效分辨力直接影响测量系统的用途,如前所述,它可用数据的分级数 NDC 来衡量。实际上,测量过程可以被视作对被测对象进行分组的过程,数据组数的多少,代表了一个测量系统分辨力的大小。一般要求,分级数 NDC≥5。

数据分级数的计算公式为

$$\text{数据分级数 NDC} = 1.41(\sigma_p/\sigma_M) = 1.41(PV/R\&R)$$

其识别方法见表 12-1。

表 12-1 过程的数据分级对控制和分析活动的影响

分级方法	控 制	分 析
一个数据分级	只有下列条件下才可用于控制: • 与规范相比过程变差很小 • 预期过程变差上的损失函数平缓 • 过程变差的主要原因导致均值偏移	• 过程参数及指数下能用于估算 • 只能表明过程是否正产生合格零件
2~4 个数据分级	• 依据过程分布可用半计量控制技术 • 可产生不敏感的计量控制图	• 一般不用于估算过程参数可不可接受 • 只提供粗劣的估计
5 个或更多个数据分级	• 可用于计量控制图	• 推荐使用

对于测量系统分辨率的选择,从准则一可以知道,分辨率选择原则有两个分支,即

$$(USL-LSL)/10 \text{ 或者 } 6\sigma/10$$

将两者相除得到

$$[(USL-LSL)/10]/(6\sigma/10) = (USL-LSL)/(6\sigma)$$

而上式的右边即是过程能力指数 C_p 的表达式,由此上式即可演化成

$$6\sigma/10 = (USL-LSL)/(10C_p)$$

由此,可以得出测量系统分辨率选择原则:

$$\text{测量系统分辨率} < 6\sigma/10 = (USL-LSL)/(10C_p)$$

(2)稳定性

测量系统必须具备统计稳定性,即测量系统测量误差的分布规律不随时间而发生变化。只有当测量系统表现出足够的稳定性时,继续对测量系统进行偏倚、线性、重复性和再现性的分析才有意义。

1)分析方法。用 $\bar{X}\text{-}R$ 控制图不定期进行分析,如图 12-7 所示。

2)接受准则。

- 在控制图上所有测量值均在上、下控制内,并且不准有异样排列。
- 计算偏倚,其值是可以接受的。

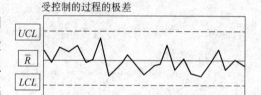
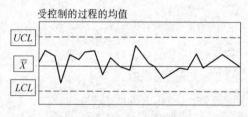

图 12-7 稳定性的 $\bar{X}\text{-}R$ 图

(3)偏倚

偏倚反映的是同一零件(或同一过程)同一特性测量值与精测基准值之间的差异。它直接影响了测量系统的准确度。

1)分析。根据偏倚的定义,其表达式为

$$\text{偏倚} = \text{观测平均值} - \text{基准值}$$

有时用百分数表示为

$$\text{偏倚}(\%) = |\text{偏倚}|/\text{过程变差}(\%)$$

式中 过程变差(过程能力,$6\hat{\sigma}_{\bar{R}/d_2}$)——可由前述控制图得出或同时进行的过程能力研究中得到。

2)接受准则。

- 准则一:一个测量系统的偏倚或线性的误差若超出量具校准程序确立的最大允许误差,是不可接受的。

- 准则二：用统计推断中的区间估计（用 t 分布）来作为接受准则，即偏倚的统计值（"偏倚"=0时）落在95%偏倚值的区间内，这样的偏倚是可以接受的，其表达式为

$$偏倚 - \left[\frac{d_2\sigma_b}{d_2^*}(t_{v,1-\alpha/2})\right] \leqslant 0 \leqslant 偏倚 + \left[\frac{d_2\sigma_b}{d_2^*}(t_{v,1-\alpha/2})\right]$$

式中 d_2，d_2^*，v——在 MSA 手册中附录 C 中查到；

$t_{v,1-\alpha/2}$——在标准 t 表中可查到；

σ_b——$\sigma_b = \sigma_r/\sqrt{n}$；

σ_r——标准差；

n——样本数；

α——置信度。

- 准则三：用百分数表示的偏倚（%）值小于10%是可接受的。

(4) 线性

1) 分析。根据线性定义，在规定的量程范围内，偏倚的不同被称为线性，线性即关于偏倚大小的变化。线性图描绘这些偏倚与基准值之间的线性关系，表达式为直线方程：

$$y = b + ax$$

式中 y——偏倚；

x——基准值；

b——在 y 上的截距；

a——斜率。

2) 分析方法。分析方法有两种：短期研究——小样法和长期研究——大样法。本节中介绍常用的小样法。

选20个零件（其中一些零件略低于技术规范，其余零件稍高于技术规范）。若是双侧规范，则会有两个量具（止规、通规）。这时要用每个量规测20个零件，由两个评价人分别对每个零件进行两次测量（用盲测法），记录在表12-2 的表格中。

表12-2 计数型量具研究（小样法）

	A 评价人		B 评价人	
1	G	G	G	G
2	G	G	G	G
3	NG	G	G	G
4	NG	NG	NG	NG
5	G	G	G	G
6	G	G	G	G
7	NG	NG	NG	NG

(续)

	A 评价人		B 评价人	
8	NG	NG	G	G
9	G	G	G	G
10	G	G	G	G
11	G	G	G	G
12	G	G	G	G
13	G	NG	G	G
14	G	G	G	G
15	G	G	G	G
16	G	G	G	G
17	G	G	G	G
18	G	G	G	G
19	G	G	G	G
20	G	G	G	G

注：G—Good；NG—Not Good。

3）接受准则。每个零件被测量四次，所得结果完全一致即可接受，否则不接受。

(5) 重复性和再现性

1）分析。计量型量具重复性和再现性分析可采用多种方法：极差法、均值极差法和方差分析法。而均值极差法可分为图解法和数值计算法。这里着重介绍数值计算的均值极差法。

均值极差法在此又称 GRR 或量具 R&R，有时也称为大样法。它是将测量系统分成两个独立的部分。重复性和再现性采用 12.4.4 节中表 12-11 数据表来进行记录和运算，从而得到重复性、再现性以及零件间变差的估计。其中 R&R 的百分值可作为量具接受与否的依据。

2）接受准则

- R&R 的值 <10%，测量系统可接受。
- R&R 的值在 10%～30% 之间，根据应用的重要性、量具成本以及维修费用等，可考虑接受。
- R&R 的值 >30%，则量具系统需要改进。

12.4.3.2 计数型测量系统

计数型量具是指将各个零件与指定限值相比较，若满足限值则接受，否则拒绝。常用的止通规即属此类。

(1) 分析

分析方法有两种：短期研究——小样法和长期研究——大样法。可以采用上节所介绍的小样法。

(2) 接受准则

每个零件被测量多次，其所得结果要完全一致才可接受，否则不接受。

12.4.4 操作流程和案例

12.4.4.1 计量型测量系统

（1）偏倚

1）确定偏倚的操作流程，见表12-3。

表12-3 确定偏倚的操作流程

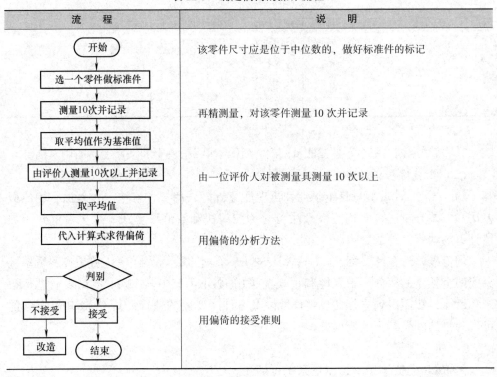

2）【案例12-1】偏倚。制造工程师评价一个用来监视生产过程的新的测量系统。测量装置分析表明没有线性问题，所以工程师只评价了测量系统偏倚。在已记录过程变差的基础上，从测量系统操作范围内选择一个零件。这个零件经全尺寸检验测量，以确定其基准值，基准值为6。然后这个零件由领班测量15次，记录于表12-4。

表12-4 偏倚测量值

序号	测量值	偏倚	序号	测量值	偏倚
1	5.8	-0.2	4	5.9	-0.1
2	5.7	-0.3	5	6.0	0.0
3	5.9	-0.1	6	6.1	0.1

(续)

序号	测量值	偏倚	序号	测量值	偏倚
7	6.0	0.0	12	6.1	0.1
8	6.1	0.1	13	6.2	0.2
9	6.4	0.4	14	5.6	−0.4
10	6.3	0.3	15	6.0	0.0
11	6.0	0.0			

按接受准则,"0"落在偏倚置信区间(−1.1185,0.1319)内,故测量系统的偏倚可以接受。

用分析法计算其结果,见表12-5。

表12-5 用分析法计算结果

	$n(m)$	均值$\overline{\overline{X}}$	标准偏差σ_r	均值的标准偏差σ_b
测量值	15	6.0067	2.2514	0.5813

基准值 = 6.00, $\alpha = 0.05$, $g = 1$, $d_2^* = 3.35$

	t统计量	d_f	显著t值	偏倚	95%偏倚置信区间	
					低值	高值
测量值	0.1153	10, 8	2.206	0.0067	−1.1185	0.1319

(2)稳定性

1)确定稳定性的操作流程见表12-6。

表12-6 确定稳定性的操作流程

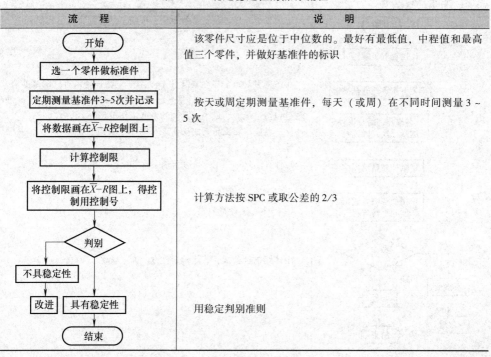

2)【案例12-2】稳定性。评价测量黏度的测量系统的稳定性。黏度的基准值未知,但倡导要有这个样本。以每三天为一测量周期,把样本分为三个子样,测量每部分的黏度,将测量结果记录于表,并画在 $\bar{X}$-R 图上,如图12-8 所示。

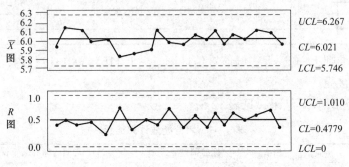

图 12-8 稳定性控制图

从均值图上可见,有一点超出极限,说明有异因存在。若 R 图上有超出界限的点,表明有不稳定的重复性。

(3) 线性

1) 决定线性的操作流程见表 12-7。

表 12-7 决定线性的操作流程

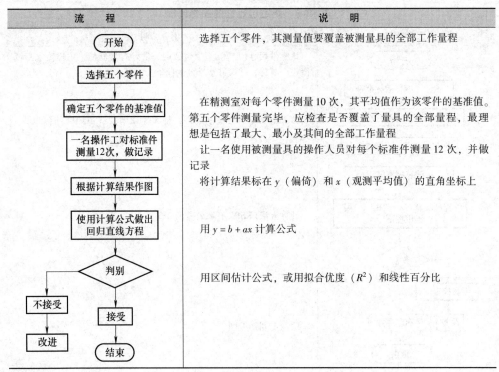

流 程	说 明
开始	选择五个零件,其测量值要覆盖被测量具的全部工作量程
选择五个零件	
确定五个零件的基准值	在精测室对每个零件测量 10 次,其平均值作为该零件的基准值。第五个零件测量完毕,应检查是否覆盖了量具的全部量程,最理想是包括了最大、最小及其间的全部工作量程
一名操作工对标准件测量12次,做记录	让一名使用被测量具的操作人员对每个标准件测量 12 次,并做记录
根据计算结果作图	将计算结果标在 y(偏倚)和 x(观测平均值)的直角坐标上
使用计算公式做出回归直线方程	用 $y = b + ax$ 计算公式
判别 不接受/接受 改进 结束	用区间估计公式,或用拟合优度(R^2)和线性百分比

第12章 测量系统分析（MSA）

2)【案例12-3】线性。一名工厂主管需对所用测量系统的线性进行评价。按上述流程，得到了表12-8所示测量值和标准件的基准值。经计算得偏倚值，列于表12-9。

表12-8 记录所得偏倚测量值

	零件	1	2	3	4	5
	基准值	2.00	4.00	6.00	8.00	10.00
试验	1	2.70	5.10	5.80	7.60	9.10
	2	2.50	3.90	5.70	7.70	9.30
	3	2.40	4.20	5.90	7.80	9.50
	4	2.50	5.00	5.90	7.70	9.30
	5	2.70	3.80	6.00	7.80	9.40
	6	2.30	3.90	6.10	7.80	9.50
	7	2.50	3.90	6.00	7.80	9.50
	8	2.50	3.90	6.10	7.70	9.50
	9	2.40	3.90	6.40	7.80	9.60
	10	2.40	4.00	6.30	7.50	9.20
	11	2.60	4.10	6.00	7.60	9.30
	12	2.40	3.80	6.10	7.70	9.40

表12-9 计算所得偏倚值

	零件	1	2	3	4	5
	基准值	2.00	4.00	6.00	8.00	10.00
偏倚	1	0.7	1.1	−0.2	−0.4	−0.9
	2	0.5	−0.1	−0.3	−0.3	−0.7
	3	0.4	0.2	−0.1	−0.2	−0.5
	4	0.5	1	−0.1	−0.3	−0.7
	5	0.7	−0.2	0.0	−0.2	−0.6
	6	0.3	−0.1	0.1	−0.2	−0.5
	7	0.5	−0.1	0.0	−0.2	−0.5
	8	0.5	−0.1	0.1	−0.3	−0.5
	9	0.4	−0.1	0.4	−0.2	−0.4
	10	0.4	0.0	0.3	−0.5	−0.8
	11	0.6	0.1	0.0	−0.4	−0.7
	12	0.4	−0.2	0.1	−0.3	−0.6
	偏倚均值	0.491667	0.125	0.025	−0.29167	−0.61667

将表12-8和表12-9所示的基准值与偏倚均值画在以偏倚和基准值为坐标的线性图中。经电算，其直线方程为

$$Y = 0.736667 - 0.131667X$$

$R^2 = 71.4\%$，线性 $= 0.79$，线性百分率 $= 13.17\%$，取置信区间为95%。
自动生成图形，如图12-9所示。

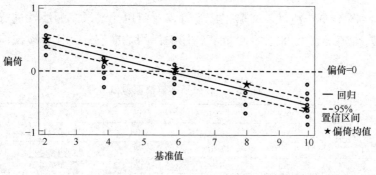

图 12-9　线性图解

按判别准则二，偏倚为"0"的直线在置信区间外，故表明此测量系统的线性不能接受，需改进再重新评定。

按判别准则一，由于线性百分率为 13.17%，大于 10% 的规定，故此测量系统的线性也是不能接受的。

(4) 量具的重复性和再现性（R&R）

1) 决定量具的重复性和再现性的操作流程（均值极差法），见表 12-10。

表 12-10　确定量具双 R 的流程

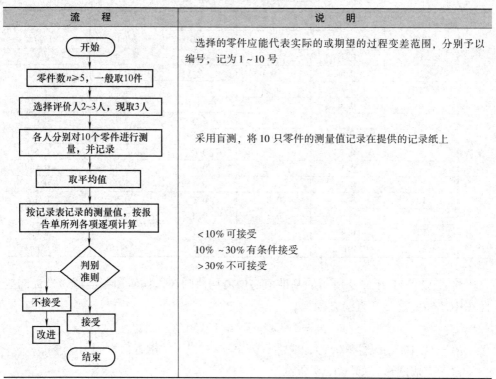

2)【案例12-4】双 R。某公司对垫片测厚仪做"双 R"检查。选择10个零件（能反映过程变差），三个操作者。每人对每个零件测量两次。测得值记录在标准的双 R 记录纸上，然后将表中各采用测得或计算的数据予以填满，见表12-11。按表12-12中所列各项，通过计算，可得现测量系统"双 R" = 25.2%，恰好是10%~30%范围内，按前述判别准则，可以有条件接受。这应视垫片的重要性，同时考虑量具成本和维修费用酌定。

表12-11 量具的重复性和再现性数据表

操作人员/ 试验序号		零件									均值
		1	2	3	4	5	6	7	8	9	10	
1	A1											
2	2											
3	3											
4	均值											$\overline{X}_a$
5	极差											$\overline{R}_a$
6	B1											
7	2											
8	3											
9	均值											$\overline{X}_b$
10	极差											$\overline{R}_b$
11	C1											
12	2											
13	3											
14	均值											$\overline{X}_c$
15	极差											$\overline{R}_c$
16	零件均值 ($\overline{X}_p$)											$R_p =$
17	[$\overline{R}_a =$ + $\overline{R}_b$ + $\overline{R}_c$] / [操作者号 =] =											$\overline{\overline{R}}$
18	[Max$\overline{\overline{X}}$ = − Min$\overline{\overline{X}}$] = $\overline{X}_{DIFF}$											
19	[$\overline{\overline{R}} =$ × $D_4^* =$] = UCL_R											
20	[$\overline{\overline{R}} =$ × $D_3^* =$] = UCL_R											

表 12-12　量具的重复性和再现性报告单

零件号和名称：＿＿＿＿＿　　量具名称：＿＿＿＿＿　　日期：＿＿＿＿＿

特性：＿＿＿＿＿　　量具号：＿＿＿＿＿　　试验人员：＿＿＿＿＿

规格：＿＿＿＿＿　　量具形式：＿＿＿＿＿　　＿＿＿＿＿

根据数据表：$\overline{R}=$　　$\overline{X}_{\text{DIFF}}=$　　$R_p=$

测量系统分析			过程变差%
重复性—设备变差(EV) $EV = \overline{\overline{R}} \times K_1$ ＝＿＿＿×＿＿＿ ＝＿＿＿	试验次数	K_1	%$EV = 100[EV/TV]$ $=100[\_\_\_/\_\_\_]$ $=\_\_\_$%
	2	4.45	
	3	3.05	
再现性—试验人员变差(AV) $AV = \sqrt{\left[(\overline{X}_{\text{DIFF}} \times K_2)^2 - (EV^2/nr)\right]}$ $=\sqrt{\left[(\_\_\_ \times \_\_\_)^2 - (\_\_\_^2/\_\_\_ \times \_\_\_)\right]}$ $=\_\_\_$	评价人	2　　3	%$AV = 100[AV/TV]$ $=100[\_\_\_/\_\_\_]$ $=\_\_\_$% $n=$零件数量 $r=$试验次数
	K_2	3.65　2.70	
重复性和再现性($R\&R$) $R\&R = \sqrt{(EV^2 + AV^2)}$ $=\sqrt{(\_\_\_^2 + \_\_\_^2)}$ $=\_\_\_$	试验次数	K_3	%$R\&R = 100[R\&R/TV]$ $=100[\_\_\_/\_\_\_]$ $=\_\_\_$%
	2	3.65	
	3	2.70	
零件变差(PV) $PV = R_p \times K_3$ ＝＿＿＿×＿＿＿ ＝＿＿＿	4	2.30	%$PV = 100[R\&R/TV]$ $=100[\_\_\_/\_\_\_]$ $=\_\_\_$%
	5	2.08	
	6	1.93	
	7	1.82	
	8	1.74	
	9	1.67	
	10	1.62	
总变差(TV) $TV = \sqrt{(R\&R^2 + RV^2)}$ $=\sqrt{(\_\_\_^2 + \_\_\_^2)}$ $=\_\_\_$			

12.4.4.2　计数型测量系统

1）确定小样法的操作流程，见表12-13。

表 12-13 小样法的操作流程

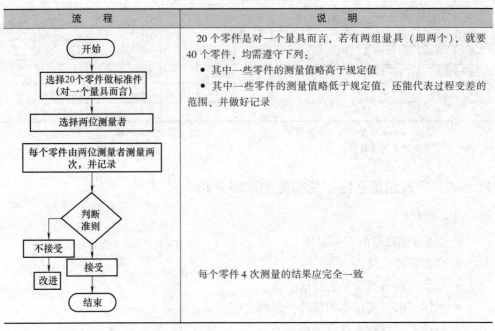

流　程	说　明
(流程图)	20 个零件是对一个量具而言，若有两组量具（即两个），就要 40 个零件，均需遵守下列： ● 其中一些零件的测量值略高于规定值 ● 其中一些零件的测量值低于规定值，还能代表过程变差的范围，并做好记录 每个零件 4 次测量的结果应完全一致

2）【案例 12-5】：确定某测量孔径的通规是否可接受，其测量结果见表 12-14，不同评价人的测量结果不一致，故不能接受，需改进。

表 12-14　计数型研究数据表

零件	A-1	A-2	A-3	B-1	B-2	B-3	C-1	C-2	C-3	基准	基准值	代码
1	1	1	1	1	1	1	1	1	1	1	0.476901	+
2	1	1	1	1	1	1	1	1	1	1	0.509015	+
3	0	0	0	0	0	0	0	0	0	0	0.576459	−
4	0	0	0	0	0	0	0	0	0	0	0.566152	−
5	0	0	0	0	0	0	0	0	0	0	0.570360	−
6	1	1	0	1	1	0	1	0	0	1	0.544950	×
7	1	1	1	1	1	1	1	1	0	1	0.465454	×
8	1	1	1	1	1	1	1	1	1	1	0.502295	+
9	0	0	0	0	0	0	0	0	0	0	0.437817	−
10	1	1	1	1	1	1	1	1	1	1	0.515573	+
11	1	1	1	1	1	1	1	1	1	1	0.488905	+
12	0	0	0	0	0	0	0	0	0	0	0.559918	×
13	1	1	1	1	1	1	1	1	1	1	0.542704	+
14	1	1	0	1	1	1	0	1	0	1	0.454518	×
15	1	1	1	1	1	1	1	1	1	1	0.517377	+

(续)

零件	A-1	A-2	A-3	B-1	B-2	B-3	C-1	C-2	C-3	基准	基准值	代码
16	1	1	1	1	1	1	1	1	1	1	0.531939	+
17	1	1	1	1	1	1	1	1	1	1	0.519694	+
18	1	1	1	1	1	1	1	1	1	1	0.484167	+
19	1	1	1	1	1	1	1	1	1	1	0.520496	+
20	1	1	1	1	1	1	1	1	1	1	0.477236	+

注：1—合格　0—不合格　+—测量结果一致合格　-—测量结果一致不合格　×—测量结果不一致，表明该测量系统不合格。

12.4.5　导致测量系统不能接受的原因分析

（1）偏倚

造成过分偏倚可能的原因如下：

- 仪器需要校准。
- 仪器、设备或夹紧装置的磨损。
- 采用了磨损或损坏的基准，基准出现误差。
- 校准不当或调整基准使用不当。
- 仪器质量差——设计或一致性不好。
- 线性误差。
- 应用错误的量具。
- 采用了不同的测量方法——设置、安装或夹紧、技术等方面。
- 测量错误的特性。
- （量具或零件）变形。
- 环境——温度、湿度、振动和清洁的影响。
- 违背假定，在应用常量上出错。
- 应用方面——零件尺寸、位置问题，操作者技能问题、疲劳，观察错误（易读性、视差）。

（2）稳定性

造成不稳定性可能的原因如下：

- 仪器需要校准，需要减少校准时间间隔。
- 仪器、设备或夹紧装置的磨损。
- 正常老化或退化。
- 缺乏维护——通风、动力、液压、过滤器腐蚀、锈蚀、清洁。
- 采用了磨损或损坏的基准，基准出现误差。
- 校准不当或调整基准的使用不当。

- 仪器质量差——设计或纠正不好。
- 仪器设计或方法缺乏稳健性。
- 采用了不同的测量方法——设置、安装、夹紧、技术等方面。
- （量具或零件）变形。
- 环境变化——温度、湿度、振动、清洁度。
- 违背假定，在应用常量上出错。
- 应用方面——零件尺寸、位置问题，操作者技能问题、疲劳，观察错误（易读性、视差）。

(3) 线性

产生线性误差可能的原因如下：

- 仪器需要校准，需要减少校准时间间隔。
- 仪器、设备或夹紧装置的磨损。
- 缺乏维护——通风、动力、液压、过滤器腐蚀、锈蚀、清洁。
- 采用了磨损或损坏的基准，基准出现误差——最小/最大。
- 校准（覆盖工作范围）不当或调整基准的使用不当。
- 仪器质量差——设计或一致性不好。
- 仪器设计或方法缺乏稳健性。
- 应用错误的量具。
- 采用了不同的测量方法——设置、安装、夹紧、技术等方面。
- （量具或零件）随零件尺寸变化的变形。
- 环境变化——温度、湿度、振动、清洁度。
- 违背假定，在应用常量上出错。
- 应用方面——零件尺寸、位置问题，操作者技能问题、疲劳，观察错误（易读性、视差）。

(4) 重复性

重复性不好可能的原因如下：

- 零件（样品）本身。形状、位置、表面加工、锥度、样品一致性。
- 仪器本身。修理、磨损、设备或夹紧装置故障，质量差或维护不当。
- 基准本身。质量、级别、磨损。
- 方法本身。在设置、技术、零位调整、夹持、夹紧、点密度的变差。
- 评价人本身。技术、职位、缺乏经验、缺乏操作技能或培训、感觉、疲劳。
- 环境内部。温度、湿度、振动、亮度、精洁度的短期起伏变化。
- 违背假定——稳定、正确操作。
- 仪器设计或方法缺乏稳健性，一致性不好。

- 应用错误的量具。
- （量具或零件）变形，硬度不足。
- 应用方面——零件尺寸、位置问题，操作者技能、疲劳，观察错误（易读性、视差）。

(5) 再现性

出现再现性错误的潜在原因如下：

- 零件（样品）之间。同样的操作者使用同样的仪器和方法时，由测量零件的类型不同，均值有差异。
- 仪器之间。在同样的零件、操作者和环境时，使用不同仪器的均值差。注意：在这种研究情况下，再现性错误常与方法和/或操作者错误混淆。
- 标准之间。测量过程不同的设定标准的平均影响。
- 方法之间。改变点密度，手动与自动系统相比，零点调整的误差；夹持或夹紧方法等导致的均值差。
- 评价人（操作者）之间。由于各评价人的训练、技术、技能和经验不同导致的均值差。对于产品及过程操作者资质不同以及采用手动测量仪器时，推荐对此进行研究。
- 环境之间。在等时间内测量，由环境循环引起的均值差，这是对较高自动化系统在产品和过程资格中最常见的研究。
- 仪器设计或方法缺乏稳健性。
- 违背研究中的假定。
- 操作者训练效果。
- 应用方面——零件尺寸、位置问题，观察误差（易读性、视差）。

Chapter 13 第13章

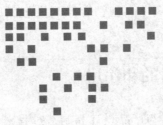

潜在失效模式及后果分析(FMEA)

13.1 概述

潜在失效模式及后果分析（Potential Failure Mode and Effect Analysis，FMEA）是"QS9000"标准体系使用的五大核心工具之一，也是ISO/TS 16949技术规范规定的使用工具之一，在新标准中也推荐了这一工具。

FMEA是先期质量策划APQP中非常重要的分析工具，也是APQP中的关键步骤之一，即通过评估潜在失效模式及其起因（原因和机理）和后果，来识别和消除产品/过程的潜在失效模式。它的价值包括如下方面：

- 依据、利用过去的经验以及智暴等各类方法，预先分析和找出设计/过程中的各类导致产品/过程失效的类型及其后果。
- 通过原因分析事先采取措施，消除或减轻潜在风险。
- 可以使组织在可接受的风险承担范围内，合理和充分地评估必要的成本及资源投入。
- 为产品设计、工艺选择及设备投资、项目决策等提供依据。
- 是确保顾客满意、承担企业社会责任的重要保障。
- 积累经验，形成公司Know-how的知识体系。

它使用的工具是故障树分析（FTA）、风险顺序数（RPN）和FMEA表格，以此来查找潜在失效、缺陷，分析其后果并输出改善措施。

它的起源是可靠性工程，出现在20世纪60~70年代，是可靠性分析技术之一，首先应用于军事和航天设备上，现已普及到大量民用产品，特别是汽车产品上。

13.2 使用 FMEA 的目的和作用

众所周知，产品质量的优劣与产品设计和制造过程密切相关，因此采用预防的方法来提高产品设计的可靠性和过程的可靠性，消除或者降低产品在顾客使用过程中各类潜在风险暴露程度，是产品质量先期策划和控制计划（APQP）中非常重要的一环。

FMEA 的目的就是在产品或过程的设计阶段发现产品设计或过程设计存在的不足，从而及时采取措施克服，避免导致产品失效或者过程失效。

1）确定产品（含系统、子系统、结构、部件等）或过程（含制造、装配、检测、包装、运输等）的潜在失效模式。

2）评价该失效模式对客户的潜在影响。

3）分析并确定引发该失效模式的原因。

4）分析并确定与该失效模式相关的风险暴露的程度。

5）从三个维度，即严重度、可探测度和频度三个方面，着手消除或者减轻危害度和风险暴露程度。

6）优化系统或产品设计方案、优化过程方案并输出有效控制措施。

13.3 FMEA 适用的范围

FMEA 是查找产品潜在缺陷影响的一种分析方法，它可用于：
- 产品设计开发，称为 DFMEA。
- 产品制造过程的设计和开发，称为 PFMEA。
- 软件系统的开发，称为 SFMEA。
- 其他需要进行类似风险控制的领域。

有时为了简便，将上述适用范围简写为"FMEA'S"。

13.4 FMEA 应用的时机

FMEA 应用时一定注意使用时机，它必须在产品/过程的设计和开发完成之前进行和完成，如图 13-1 所示。

另外，当产品需要进行工程变更，或者制造和装配等过程发生变更，以及产品的使用环境发生变化的时候，也应该预先进行潜在失效模式和后果分析。

第 13 章 潜在失效模式及后果分析（FMEA）

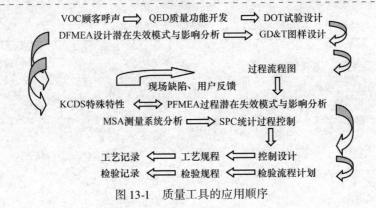

图 13-1　质量工具的应用顺序

13.5　FMEA 应用的步骤

13.5.1　准备阶段

- 选定进行 FMEA 工作的主持人。负责产品设计和过程设计的主管工程师。
- 成立跨功能小组。核心成员应由设计、试验、质保、制造、物流部门的工程师担任。售后服务、供应商质量管理等部门的工程师也是非常关键的参与分析的成员，而且贡献度极高。

由主管工程师直接和各部门联系，请他们派员参加。

- 小组成员资格。应是具有丰富知识和经验的工程师。
- 资料准备。主要输入检查清单见表 13-1 和辅助输入检查清单见表 13-2，此准备工作由主管工程师负责。
- 由主管工程师绘制讨论项目的系统框图和对应的功能框图，并列出输入资料矩阵表（表 13-3）。

例如自行车系统框图和功能如图 13-2 所示。

表 13-1　主要输入检查清单

（这些是应当做的事情）	日期：_____	
	是	否
1. 顾客技术要求	☐	☐
2. 工程图样	☐	☐
3. 保证期信息（Weibull 图）	☐	☐
4. 类似零件保证期信息	☐	☐
5. 先前或类似 FMEA 分析	☐	☐
6. 产品框图（设计 FMEA 分析）	☐	☐
7. 生产流程图（工艺 FMEA 分析）	☐	☐
8. 过程能力或统计过程控制（SPC）数据	☐	☐
9. 耐久性能与可靠性试验结果	☐	☐
10. 原型试验	☐	☐
所使用的主要文件百分比：	%	

表 13-2　辅助输入检查清单

（这些是最好要做的事情）	日期：	
	是	否
1. Biax 寿命试验（台架试验）	□	□
2. 破坏性试验结果（威布尔图）	□	□
3. 高速与低速寿命试验	□	□
4. 采购零件说明书	□	□
5. 其他试验分析	□	□
6. 图书馆信息	□	□
7. 模拟数据	□	□
8. 计算机模型化数据	□	□
9. 环境数据	□	□
10. 有限元数据	□	□
11. 试验设计（DOE）	□	□
12. 成本数据	□	□
13. 装配数据	□	□
14. 金相数据	□	□
15. 车身底部布局	□	□
16. 传动系统布局	□	□
17. 间隙数据	□	□
18. 其他	□	□

所使用的辅助文件百分比：　　　　　%

表 13-3　输入资料用途矩阵表

输入资料名称	进行FMEA时需确定的项目									
	确定失效模式	确定后果	确定原因	评价现行控制	确定严重度	确定探测度	确定频度	特性分类	建议进一步措施	实施的措施
顾客技术要求	■	■	■	■	□	□	□	■	□	□
工程图样	■	■	■	■	□	□	□	■	□	□
保用期信息	■	■	■	■	■	■	■	■	■	□
类似零件保用期信息	■	■	■	■	■	■	■	■	■	□
先前或类似FMEA分析	■	■	■	■	■	■	■	□	■	■
系统/框图	■	■	■	■	□	□	□	□	■	□
过程流程图	■	■	■	□	■	□	■	□	■	■
过程能力/统计过程控制	□	□	■	□	■	□	■	□	■	■
耐久性/可靠性试验	■	□	■	□	■	□	■	□	■	■
原型试验	■	□	■	□	■	□	■	□	■	■
原因及后果图	□	■	■	□	■	□	■	□	■	□
散布图	□	□	■	□	■	□	■	□	■	□
问题界定（是/不是）	□	■	■	□	■	□	■	□	■	□
故障树分析	□	□	■	□	□	□	□	□	□	□

第13章 潜在失效模式及后果分析（FMEA）

（续）

输入资料名称 \ 进行FMEA时需确定的项目	确定失效模式	确定后果	确定原因	评价现行控制	确定严重度	确定探测度	确定频度	特性分类	建议进一步措施	实施的措施
控制图	□	■	□	■	□	■	■	□	□	□
直方图	□	■	□	■	□	■	■	□	□	□
排列图	□	□	■	□	□	□	□	□	□	□
严重度、频度、探测度	□	□	□	□	■	■	■	□	■	□
试验设计	□	□	■	■	□	■	■	□	■	□
分析决策	□	□	□	□	□	□	□	□	■	■

注：■表示该资料用于此项。

系统等级

自行车

设计目标
1. 骑行至少3000小时无需保养，设计寿命为骑行10000小时
2. 适用于99.5%成年男子骑用，舒适方便等

功能：便于使用

潜在失效模式：
- 方向把不好用
- 脚踏板不好用

功能：提供可靠的城市交通工具

潜在失效模式：
- 链条经常断开
- 需要经常修理车胎

功能：提供舒适的交通运输

潜在失效模式：
- 车座位置不舒服

子系统等级

车架

功能：为座位支撑提供稳定的附属物

潜在失效模式：
- 座位支撑的结构性失效
- 座位支撑的过大变形

功能：提供好看的外观

潜在失效模式：
- 外观(光亮度)变坏
- 漆皮开裂

把手总成

前轮总成

后轮总成

链轮总成

车座总成

链条总成

部件等级

上部车架

功能：提供结构性支撑

潜在失效模式：
- 结构性失效
- 过大变形

功能：对正确的车架几何外形提供尺寸控制

潜在失效模式：
- 车架安装点的长度过长
- 车架安装点的长度过短

功能：为车架总成的生产方法(焊接)提供支持

潜在失效模式：
焊缝缺陷

下前车管

下后车管

链轮管

图13-2 自行车系统框图及其功能

13.5.2 实施阶段

(1) 实施步骤
- 确定主要和辅助输入数据。
- 完成适当的失效模式及后果分析,填写 FMEA 表格。
- 确定所有零件功能框图和系统框图。
- 确定潜在失效模式。
- 确定所有失效模式的不利后果。
- 确定这些失效模式后果的严重度。
- 根据这些后果表明控制与有意义的特征。
- 确定这些失效模式的潜在原因。
- 确定每一潜在原因的频度。
- 确定现行控制方法。
- 确定与每一潜在原因相关的探测度。
- 计算每一失效模式情况的风险顺序数(RPN)。
- 根据风险评估,确定为减少所有风险顺序数所建议的行动。
- 采取有效的跟踪程序,落实所有的建议。
- 重新计算相应的风险顺序数。

其步骤如图 13-3 所示。

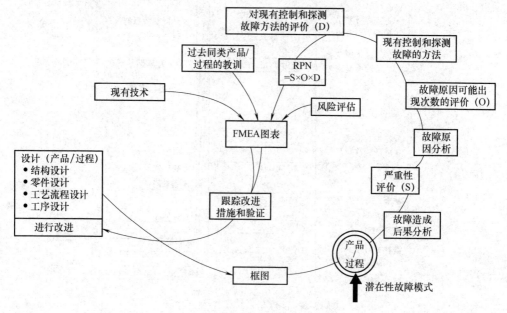

图 13-3 FMEA 实施步骤的示意图

第13章 潜在失效模式及后果分析（FMEA）

（2）实施方法

在 FMEA 表中所填写的内容应是 FMEA 小组全体成员的研究成果，应充分利用以往的经验教训，组织已经积累的数据和知识，如对于新产品、新工艺可采用智暴法，并运用故障树分析（FTA）这一工具，经充分讨论并取得一致意见。应当指出，只有全体人员一致同意的意见，才可能填入 FMEA 表中。

13.5.3 检查阶段

在完成 FMEA 表填写后，要按检查单对整个实施填表过程进行检查，保证实施了检查单中所列各项。检查单见表 13-4。

表 13-4　FMEA 实施情况检查单

序号	检查项目	要　　求	检查结果
1	FMEA 的使用	FMEA 的使用以适当推动设计和过程改进为主要目标，是预防性的	
2	高风险失效模式	高风险失效模式已经得到识别，并有实施措施的计划。同时，还要考虑所有其他失效模式	
3	FMEA 实施的路径	FMEA 实施路径是否按图示路径	
4	FMEA 的输入	FMEA 的输入是否符合输入清单的规定，使用文件百分比是多少？	
5	FMEA 的输出	DFMEA 的输出应是分析/开发/确认（A/D/V）或设计验证计划和报告（DVP&R）的输入之一 PFMEA 的输出应是试生产和生产控制计划的输入之一	
6	过去的教训	FMEA 是否将过去类似的教训（如高保修费用、召回、不合格品、顾客抱怨等）作为识别失效模式输入	
7	特殊/关键特性	FMEA 是否用于关键特性、特殊特性的风险分析	
8	时间性	FMEA 是否在设计结束之前完成，否则就不能对产品/过程设计施加影响	
9	小组	整个分析过程中，FMEA 小组是否有合适的直接受过 FMEA 方法的培训的人员参加	
10	文件	FMEA 文件是否已完全填好，包括采取措施，以及新的 RPN 值	
11	FMEA 使用的时间	FMEA 的使用时间"尽可能早"，包括建议措施实施的时间	

说明：检查结果栏中"V"表示符合"X"表示不符合。

对于风险顺序数（RPN）与风险评估，一般可将严重度、频度和探测度划分为 10 个等级，其值为 1~10 分，同时又可将级别划分为以下相应的危险区域：

低风险区——1~3 级

中等风险区——4~6级

高低风险区——7~10级

同样可将：RPN 按其位分成以下五个风险区域：

低风险区——1~27

二中等风险区——27~64

中等风险区——64~216

二高低风险区——216~343

高低风险区——343~1000

人们根据风险评估来决定是否采取改进措施。对一般汽车的安全件及关键件来说，前者一进入中等风险区（即 RPN≥64），后者位于中等风险区中间区域（即 RPN≥120）就要采取改进措施。当然行业不一，其起始值是不同的。但上述要求不是绝对的，还需注意以下事项：

1）不管 RPN 的值多大，当严重度（S）、频度（O）、探测度（D）任意一个值大于7时，必须要采取改进措施。

2）当危及顾客、制造和装配人员时，必须要采取改进措施。

3）若需要多个改进时，可按 RPN 值的大小来排列优先解决的顺序。

13.5.4　输出与再评审阶段

按 PDCA 的要求，形成闭环。以可验证的方式确认风险的降低甚至消除。

13.5.5　FMEA 的更新

FMEA 的生命力在于更新，在于常用常新。

潜在失效模式及其后果分析可能帮助组织找到了大部分的系统、产品或过程的潜在失效模式，但是在系统、产品的后续使用过程中，往往会发现在先期策划时没有注意到的或者分析不够充分的失效模式，或者会发现对形成失效的机理分析存在偏差。这时组织必须立即采取纠正措施，并及时更新 FMEA 表和控制计划（CP）。随着经验和教训的积累，组织的知识体系得到进一步完备和更新。这就为下一轮的潜在失效模式及其后果分析打下了更扎实的基础。

因此，组织必须为 FMEA 的更新落实机制上的保障。

13.6　FMEA 表式、方法和注意事项

13.6.1　FMEA 的表式

FMEA 的表式有两种，设计 FMEA 和过程 FMEA，见表13-5、表13-6。

第13章 潜在失效模式及后果分析（FMEA）

表 13-5　设计潜在失效模式与后果分析（设计 FMEA）

____系统

____子系统

零部件 _____ ②　　设计责任 _____ ③　　编制人 _____ ④

产品年度/类型 _____ ⑤　　关键日期 _____ ⑥　　FMEA 日期（编制）__（修订）___ ⑦

FMEA 编号 _____ ①　　共____页，第____页

核心小组 _____ ⑧

项目 ⑨ / 功能要求	潜在失效模式 ⑩	潜在失效后果 ⑪	严重度(S) ⑫	级别 ⑬	潜在失效起因/机理 ⑭	现行设计控制			RPN ⑱	建议措施 ⑲	责任人及目标完成日期 ⑳	措施结果 ㉒			
						预防 ⑮	发生频度(O) ⑯	探测 ⑮	探测度(D) ⑰			采取的措施 ㉑	S	O	D	RPN

说明：RPN（风险顺序数）= S × O × D。

表 13-6　潜在失效模式及后果分析（过程 FMEA）

FMEA 编号 _____ ①　　共____页，第____页

项目 _____ ②　　过程责任 _____ ③　　编制人 _____ ④

产品年度/类型 _____ ⑤　　关键日期 _____ ⑥　　FMEA 日期（编制）__（修订）___ ⑦

核心小组 _____ ⑧

过程 ⑨ / 功能要求	潜在失效模式 ⑩	潜在失效后果 ⑪	严重度(S) ⑫	级别 ⑬	潜在失效起因/机理 ⑭	现行过程控制			RPN ⑱	建议措施 ⑲	责任人及目标完成日期 ⑳	措施结果 ㉒			
						预防 ⑮	发生频度(O) ⑯	探测 ⑮	探测度(D) ⑰			采取的措施 ㉑	S	O	D	RPN

说明：RPN（风险顺序数）= S × O × D。

13.6.2 FMEA 表式的填写说明

表式中相应各栏填写要求见表 13-7。

表 13-7 FMEA 表格栏目说明

序号	栏目名称	填写要求说明
①	FMEA 编号	填写 FMEA 文件编号，以便查询
②	系统、子系统或零部件名称及编号	• 注明 FMEA 用于哪个级别、系统、子系统或零部件及其名称和编号 • 如何划分？若是汽车零部件，可见汽车部件爆炸图
	项目名称（P）	用来注明正在进行的过程分析的系统、子系统或部件的过程名称和编号
③	责任部门	填入整车厂、部门和小组，如已知还可包括供方名称
④	编制人	填入负责编制 FMEA 的工程师、电话和所在公司名称
⑤	产品年度/类型	填入所分析的设计过程所应用或影响的产品/项目（若已知）
⑥	关键日期	填入初次 FMEA 应完成的时间，该时间不超过计划的设计、生产、投入的日期
⑦	日期（编制/修订）	填入编制 FMEA 原始稿的日期及最新修订的日期
⑧	核心小组（主要参加人/部门）	• 填入核心小组成员姓名和所属部门 • 建议把所有参加人员的姓名、所属部门、电话、地址记录在一张分发表上
⑨	项目/功能要求	• 填入被分析项目的名称、编号、零部件级别，在初次发布前（如在概念阶段）应使用试验性编号 • 简要说明设计意图，如：产品功能、运行环境、性能指标、寿命等 • 该项目若有多种功能，具有不同失效模式，此时应把所有功能单列
	过程/功能要求（P）	• 简要说明过程的功能，例如车削、钻孔等，并说明该过程的要求，例如车削棒材到 $\phi10$ • 若过程包含许多工序（例如：装配过程），则应将这些工序作为独立过程列出 • 最好记录所述过程/工序的编号
⑩	潜在失效模式	• 运用智暴法和对过去运行出错（TGW）进行研究，将可能影响设计/过程意图实现的失效填入本栏 • 这里所列失效可能发生，但不一定发生
⑪	潜在失效后果	• 潜在失效后果是指失效模式对顾客的影响 • 可按顾客（最终使用者）对失效模式可能发现或经历情况，来描述失效的后果（人身事故、功能丧失、引起索赔、严重不满等） • 若顾客是下一道工序或后续工位等，失效后果应用过程/工序性能来描述（例如无法紧固，不能连接，无法加工表示等）
⑫	严重度（S）	• 严重度是衡量潜在失效模式造成危害程度的一种定量指标，用符号"S"表示 • 评分准则见表 13-8 和表 13-11

第13章 潜在失效模式及后果分析（FMEA）

（续）

序号	栏目名称	填写要求说明
⑬	级别	• 若讨论的零部件或系统具有特殊特性，就要将特殊特性的级别予以填入 • 为了突出多个失效模式中之一时，也可在此栏目中做出标识符或文字说明
⑭	潜在失效起因/机理	• 潜在失效起因是指失效是怎样发生的 • 尽可能列出失效的起因（单个或双个） • 按照可以纠正和可以控制的原则，简要地对失效原因进行描述，这样利于针对性地采取措施
⑮	现行设计控制、预防，现行过程控制、预防	• 该栏目是要填写者说明对失效出现和产生原因采取了哪些预防措施和探测手段 • FMEA 表格已将现行设计/过程控制、预防这一栏目再一分为二，即预防控制和探测控制
⑯	发生频度（O）	• 频度是指某一具体的起因/机理出现的可能性 • 是衡量造成失效起因/机理出现可能性的定量指标，用符号"D"表示 • 评分准则见表 13-9 和 13-12
⑰	探测度（D）	• 是衡量现行的控制方法在预防失效出现和探知失效即将出现可能程度的一个量化指标，用符号"D"表示 • 评分准则见表 13-6 和 13-9
⑱	风险顺序数（RPN） RPN = S × O × D	• RPN = S × O × D • 按此式把"S""O""D"三者的连乘积填入
⑲	建议措施	• 对高严重度、高 RPN 值要进行预防/纠正措施的工程评价 • 若评价结果认为无须采取建议措施，那么在本栏目中填"无"。若需要，就在本栏目中填入建议采取的措施
⑳	责任人和目标完成日期	填入每一项建议措施、实施责任者和预计完成的日期
㉑	采取的措施	在实施了措施后，填入实施措施的简述及生效日期
㉒	措施结果	在确定预防/纠正措施后，估算建议措施实施后严重度、频度和探测度的值，计算 RPN 值是否下降到期望的程度，否则要更换建议措施，还需评审

13.6.3 评分规则

从表 13-7 可知，潜在失效造成的后果大小与失效的严重性、失效的出现频度和失效出现的易发觉程度有关。为了量化，将严重度、频度和探测度各分成 10 个级别，其分级规定 DFMEA 见表 13-8 ~ 表 13-10，PFMEA 见表 13-11 ~ 表 13-13。

表 13-8 推荐的 DFMEA 严重度评价准则

后　　果	评定准则：后果的严重度	严重度
无警告的严重危害	这是一种非常严重的失效形式，它是在没有任何失效预兆的情况下影响到行车安全和（或）不符合有关的法规	10
有警告的严重危害	这是一种非常严重的失效形式，是在具有失效预兆前提下所发生的，影响到行车安全或不符合有关的法规	9
很高	车辆/项目不能运行（丧失基本功能）	8
高	车辆/项目可运行，但性能下降，顾客非常不满意	7
中等	车辆/项目可运行，但舒适性/方便性项目不能运行，顾客不满意	6
低	车辆/项目可运行，但舒适性/方便性项目性能下降，顾客有些不满意	5
很低	配合和外观/尖响和咔嗒响等项目不舒服。大多数顾客（75%以上）能感觉到有缺陷	4
轻微	配合和外观/尖响和咔嗒响等项目不舒服。50%的顾客能感觉到有缺陷	3
很轻微	配合和外观/尖响和咔嗒响等项目不舒服。有辨识能力的顾客（25%以下）能感觉到有缺陷	2
无	无可辨识的后果	1

表 13-9 推荐的 DFMEA 频度评价准则

失效发生的可能性	可能的失效率	频　　度
很高：持续性失效	≥100 个　每 1000 辆车/项目	10
	50 个　每 1000 辆车/项目	9
高：经常性失效	20 个　每 1000 辆车/项目	8
	10 个　每 1000 辆车/项目	7
中等：偶然性失效	5 个　每 1000 辆车/项目	6
	2 个　每 1000 辆车/项目	5
	1 个　每 1000 辆车/项目	4
低：相对很少发生的失效	0.5 个　每 1000 辆车/项目	3
	0.1 个　每 1000 辆车/项目	2
极低：失效不太可能发生	≤0.1 个　每 1000 辆车/项目	1

表 13-10 推荐的 DFMEA 探测度评价准则

探　测　性	准则：设计控制可能探测出来的可能性	探测度定级
绝对不肯定	设计控制将不能和/或不可能找出潜在的起因/机理及后续的失效模式，或根本没有设计控制	10
很极少	设计控制只有很极少的机会能找出潜在起因/机理及后续的失效模式	9
极少	设计控制只有极少的机会能找出潜在起因/机理及后续的失效模式	8
很少	设计控制有很少的机会能找出潜在起因/机理及后续的失效模式	7
少	设计控制有较少的机会能找出潜在起因/机理及后续的失效模式	6
中等	设计控制有中等机会能找出潜在起因/机理及后续的失效模式	5

第13章 潜在失效模式及后果分析（FMEA）

（续）

探 测 性	准则：设计控制可能探测出来的可能性	探测度定级
中上	设计控制有中上多的机会能找出潜在起因/机理及后续的失效模式	4
多	设计控制有较多的机会能找出潜在起因/机理及后续的失效模式	3
很多	设计控制有很多的机会能找出潜在起因/机理及后续的失效模式	2
几乎肯定	设计控制几乎肯定能够找出潜在起因/机理及后续的失效模式	1

表 13-11　推荐的 PFMEA 严重度评价准则

后　果	评定准则：后果的严重度	严重度
	说明：当潜在失效模式导致最终顾客和/或一个制造厂/装配厂产生缺陷时，最终顾客永远是要首先考虑的。如果两种可能（制造/装配后果）都存在，采用两种严重度值中较高者	
无警告的危害	可能在无警告的情况下对（机器或总成）操作者造成伤害	10
有警告的危害	可能在有警告的情况下对（机器或总成）操作者造成危害	9
很高	100% 的产品可能需要报废，或者车辆/项目需要返修部门返修 1 小时以上	8
高	产品需要进行分检、一部分（小于 100%）需报废，或车辆/项目在返修部门进行返修的时间在 0.5～1 小时之间	7
中等	一部分（小于 100%）产品可能需要报废，不需分检或者车辆/项目需在返修部门返修少于 0.5 小时	6
低	100% 的产品可能需要返工或者车辆/项目在生产线下返修，不需要送往返修部门处理	5
很低	产品可能需要分检，无须报废，但部分产品（小于 100%）返工	4
轻微	部分（小于 100%）产品可能需要返工，无须报废，在生产线上其他工位返工	3
很轻微	部分（小于 100%）产品可能需要返工，无须报废，在生产线上原工位返工	2
无	对操作或操作者而言，有轻微的不方便或无影响	1

表 13-12　推荐的带有 P_{PK} 值的 PFMEA 频度评价准则

可　能　性	可能的失效率	P_{PK}	频　度
很高：失效持续发生	≥100/1000 件	<0.55	10
	50/1000 件	≥0.55	9
高：失效经常发生	20/1000 件	≥0.78	8
	10/1000 件	≥0.86	7
	5/1000 件	≥0.94	6
中等：失效偶尔发生	2/1000 件	≥1.00	5
	1/1000 件	≥1.10	4

（续）

可能性	可能的失效率	P_{PK}	频度
低：失效较少发生	0.5/1000 件	≥1.20	3
	0.1/1000 件	≥1.30	2
极低：失效不太可能发生	≤0.01/1000 件	≥1.67	1

表 13-13　推荐的 PFMEA 探测度准则

探测性	准则	检查类别 防错	检查类别 量具	检查类别 人工检验	评价准则：在下一个或后续过程前，或零部件离开制造或装配工位之前，利用过程控制方法找出缺陷存在的可能性	探测度
几乎不可能	绝对不可能探测				不能探测或不能检查	10
很微小	控制方法可能探出不出来				只有通过间接或随机检查实现控制	9
微小	控制方法有很少的机会能探测出				只通过目测检查不能实现控制	8
很小	控制方法有很少的机会能探测出				只有通过双重目测检查来实现控制	7
小	控制方法可能能探测出				用控制图的方法，如 SPC（统计过程控制）来实现控制	6
中等	控制方法可能能探测出				控制基于零件离开工位后的计量测量，或者零件离开工位后 100% 的止/通测量	5
中上	控制方法有较多机会可探测出				在后续工位上的误差探测，或在作业准备时进行测量和首件检查	4
高	控制方法有较多机会可探测出				在工位上的误差探测，或利用多层验收在后续工序上进行误差探测；供应、选择、安装、确认，不能接收有差异的零件	3
很高	控制方法几乎肯定能探测出				在工位上的误差探测（自动测量并自动停机），不能接收有差异的零件	2
很高	肯定能探测出				由于有关项目已通过过程/产品设计采用了防错措施，有差异的零件不可能产出	1

注：检查类别为 A—防错，B—量具，C—人工检验。

13.6.4　注意事项

1）资源承诺。由于 FMEA 涉及对已有知识、经验的有效运用，也涉及对潜在的、未能完全经验的风险的充分辨识，因此，最高管理者对资源的承诺，以及 FMEA 小组的领导者和小组成员对此项工作投入的承诺，是确保 FMEA 输出结果的

第 13 章　潜在失效模式及后果分析（FMEA）

有效性和实用性极其重要的前提。

2）跨功能小组。应采用跨功能小组（CFT，Cross Functional Team）的方式来查找潜在故障、隐患并分析其后果，以凝结集体的智慧和经验。从本质上说，FMEA 是一种多方论证活动，因此，FMEA 小组成员职能跨度的合理性，设定活动规则的有效性，团队合作能力以及小组成员的知识、经验和时间上的付出决定了最终分析结果的优劣。

3）尽管有以上以及各类建议性的评价准则，FMEA 小组仍应根据行业规范、产品特性、客户特殊要求以及组织的实际情况，设定严重度、频度和探测度的评价准则，取得一致意见并在后续评价过程中保持一致。

4）FMEA 小组必须定义分析的范围，明确对象和主次，以及展开的层次。

5）覆盖全过程，即从产品设计、制造过程、检测过程、试验验证、包装与物流操作、运输直至交付给客户的整个过程分析。

6）对于潜在失效模式及其相关的三个维度的分析，不单单是基于人员经验的，更应该是基于知识化的数据库。因此，组织在日常运营过程中对各类经验知识化的积累是非常重要的。这在相对年轻的组织或者人员变动较大的组织环境下尤其重要。

7）使用工程语言描述该缺陷模式及其产生的机理。

8）采用 FMEA 方法所形成的文件是动态的。

9）对于新设计、新技术和新过程，FMEA 要关注新设计、新技术和新过程的进程对其影响，在此情况下，FMEA 应关联 DOE，并关注产品试验验证结果以及过程验证的结果。

10）对现有设计/过程进行修改时，FMEA 要关注设计和过程的修改，以及由于修改可能产生的相互影响和现场的历史情况。

11）当将现有的设计/过程用于新环境、新场所时，FMEA 要关注新环境和新场所对现有设计/过程的影响。

13.6.5　多角度审视风险的必要性及再论 RPN

显然，FMEA 的核心思想是预防风险，为此采用的核心方法是从严重度、探测度以及频度这三个维度来量化风险，即试图通过 RPN 值来确定风险管理的优先次序。有意思的是，这个 RPN 背后的逻辑真的那么可靠吗？还是需要运用者从多角度来进行细致的考虑呢？

从表 13-14 可以看出，以 RPN 值来量化风险，排序在前三位的缺陷模式分别是 H、E、C。但是如果考虑的维度从 RPN 转换成仅仅考虑严重度和频度，则前三位的缺陷模式是 B、D、E/G；而如果从严重度和探测度的角度来量化风险，则 A、

C、E 变成了前三位。

表 13-14 多视角量化风险程度

缺陷模式	S	O	D	RPN	SO	SD
A	10	1	9	90	10	90
B	10	9	1	90	90	10
C	8	2	8	128	16	64
D	7	6	2	84	42	14
E	6	5	5	150	30	30
F	4	2	6	48	8	24
G	3	10	1	30	30	3
H	3	8	10	240	24	30

缺陷模式 H，虽然是一个相对轻微的缺陷，但是由于探测度非常低，极易引发客户比较普遍的抱怨。而缺陷模式 A 是一个涉及安全性的重大缺陷，是一个致命的、潜在的重大风险源，这一缺陷导致的后果是顾客无法接受的，结合非常低的探测性，其风险程度显然超出了缺陷模式 H，因此必须进行重大改进或者重新设计，如果在找不到解决方案的情况下，决策者恐怕必须放弃该项目或者该产品或者该工艺方法。毕竟，虽然缺陷模式 A 发生的概率很低，但是只要发生，对于这位客户来说，承担的是 100% 的后果，对于组织来说，在道德层面上是不可接受的。

缺陷模式 B 同样会导致非常严重的后果，且发生的频度极高，但是由于极容易地且能肯定地探测到这个缺陷，因此风险可控。从过程设计的角度，必须确保检测过程的可靠，也因此必须在后续的控制计划中得到充分体现。

因此，建议多角度的审视和分析风险程度是非常重要的，这里既有对后果严重性的预估，也有风险暴露程度的分析，以及是什么样的情况导致这种风险暴露，以便针对不同的来源制订相应而有效地风险管控措施。正如 IATF 16949 所强调的，组织必须进行充分的风险分析，有效地策划预防措施并加以评审和验证。在这一过程中，组织必须利用取得的经验教训并逐步变成组织知识的一部分。

基于上述分析，可见 RPN 是非常有用的工具，但是在使用的时候必须充分认识其局限性。通过对 RPN 值的计算，可以"测量"风险，但是组织的目标是识别风险并决定可接受的程度，所以也有建议指出不应该设定一个要求强制采取措施进行改善的最低 RPN 值，而应该把关注的焦点放在严重度、频度和探测度的分析和改善上。从这个观点出发，RPN 值其实是指明了哪些方向是重要的改进机会，而哪些是无须再花费时间和成本做进一步的改进。

从多角度审视，不仅是看 RPN、S、O、D 数据，关键抓住什么是可能发生的、不易避免的，哪些失效一旦发生，是难以承受的。

Chapter 14 第14章

统计过程控制 (SPC)

14.1 概述

14.1.1 什么是SPC

SPC (Statistical Process Control) 是作为QS9000标准配套使用的方法之一，随标准一起公布。在ISO/TS 16949公布时，明确指出SPC同样适用于该技术规范。在实施IATF 16949时，也应当使用SPC。

(1) SPC的含义

SPC的名词清楚地显示了它的含义，是指用统计方法对过程进行控制。也就是说：SPC是一种方法，它把控制图作为一种工具，用它来分析过程和过程输出（产品或半成品），根据分析的结果来采取相应措施，使过程处于受控状态和具有满足要求的过程能力，从而使过程的输出是一致的和符合规定要求的（即合格）。

(2) 统计方法

统计方法又称为统计技术，它有初级与高级之别。在SPC中只涉及初级统计技术，即涉及的只是一个因素或相互独立的多个因素，如采用控制图、因果图等。

14.1.2 使用SPC的目的

使用SPC有以下三个目的：
1) 确保过程处于受控状态。
2) 确保过程输出是一致的和符合规定的。
3) 把事后检验变为事先预防，是预防措施之一。

14.1.3 适用范围

SPC 适用于以下两种情况：

1) 用于对制造过程/过程输出的控制。
2) 帮助查清过程波动的原因，以便对症下药。

14.2 预备知识

14.2.1 变差

14.2.1.1 变差的含义

在制造过程中，若对过程输出的产品逐个进行测量，就会发现测量值存在波动，这种单个产品质量特性值存在的波动（或差别）称为变差。

14.2.1.2 造成变差的原因

造成变差的原因可分为以下两类：

1) 第一类是**普通原因**（又称为偶然原因/随机原因）造成的变差称为固有变差。

普通原因有以下特点：

a) 存在于任何过程。

b) 难以利用现有技术加以控制，如在切削过程中由刀具磨损引起的尺寸改变，就需要专门的刀具磨损补偿技术。

c) 对过程的影响轻微且不确定。在实际过程控制中，约有 85% 属于这种情况。如其不满足要求，则需采取系统措施，要求管理措施，以便纠正，其责任在管理人员。

2) 第二类是**特殊原因**（又称为系统原因/非随机原因）造成的变差。两类原因造成的变差叠加称为总变差。

若将单个产品质量特性值之间存在波动的一批产品的质量特性值，按建立直方图原则堆放起来，若能形成钟形的图形，如图 14-1a 所示，此图形在数学上称为正态分布曲线，并且不随时间而变（图 14-1c），那么具有这种状态的单个产品之间存在的波动，认为是普通原因造成的。若不能形成钟状图形或虽有钟状图形但随时间而变（图 14-1d），那么认为这种波动是由于特殊原因造成的。

特殊原因有以下特点：

a) 有时出现，有时消失。

b) 不一定每个过程同时存在。

第14章 统计过程控制（SPC）

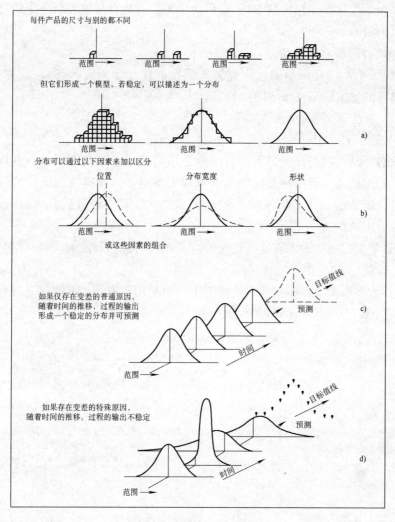

图 14-1 变差原因示意图

c) 对过程影响很大。

d) 可以利用现有技术进行控制。

在实际过程控制中，约有15%属于这种情况。对此，需采取局部措施，其责任通常在直接操作者，如由于操作工睡觉导致热处理时间失控而引起的质量波动。随着操作工素质的提高，这类变差的比例会减少，在有的企业，仅占7%。

14.2.2 统计过程状态

（1）统计过程受控状态

从图 14-1c 可知，若过程的输出波动形成钟状图形并且不随时间而变，那么这种状态称为受控状态（稳定状态），简称为受控，其特点是这种状态下的过程的输出是可以预测的。

（2）统计过程非受控状态

反之，图 14-1d 中所示的过程称为非受控过程（非固定状态），简称为失控。非受控过程的输出是不可预测的。

14.2.3 数据

目前对产品采用两种测量方法，一种是用直读式的量仪来测量，直接得到某质量特性的测量值。另一种是用判读式量仪来测量，只能得到某质量特性是否符合或不符合要求的结果。由于使用的量仪不一样，所得测量值的类型也不一样，可以分成以下两类：

1）计量型数据，即用直读式量仪所得，如利用游标卡尺或千分表测量，其数据可能是连续的，如图 14-2a 所示。

2）计数型数据，即用判读式量仪所得，如利用止通规，其数据是间断的，如图 14-2b 所示。

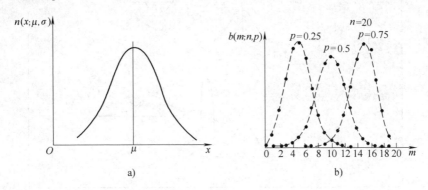

图 14-2　数据的分布

a）正态分布　b）二项分布（图中 p 为不合格品率）

14.3　控制图

14.3.1　控制图的含义

控制图是 SPC 最常用的工具之一，是对过程质量特性值进行测量、记录和评估，从而监测过程是否处于受控状态的一种用统计方法设计的图。该图形为直角坐标图式，其横坐标为时间序列或样本号序列，纵坐标为样本统计量数值。图上有根据某个质量特性收集到的一些统计数据,如一条中心线(标为 CL)、上控制限(标为 UCL)、下控制限(标为 LCL);并有按时间顺序抽取的样本统计量数值的描点序列,如图 14-3 所示。控制图是由休哈特提出的,又称为休哈特图。

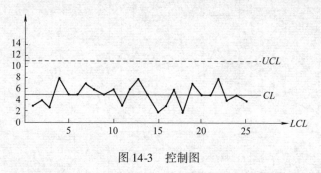

图 14-3　控制图

14.3.2　控制图的用途

控制图有以下作用:

1)用来帮助判别过程是否存在特殊原因。若存在,则通过过程分析找出原因来加以消除。再判别,再消除,通过多次重复,最后,可使过程处于受控状态。

2)当过程处于受控状态后,用控制图来对其进行维护,当出现特殊原因时,它能及时在图上显示。

3)能减少过度控制或不足控制。

所谓过度控制,实质是指过程中特殊原因没有发生,但操作者误认为发生了,于是采取了对待特殊原因的措施,结果反倒使过程失控。这类错误在统计分析中称"第Ⅰ类错误",其含义是拒绝了一个真实的假设。

所谓不足控制实质正好与上述相反,发生了特殊原因但不采取措施,此类错误称为"第Ⅱ类错误",其含义是没有拒绝一个错误的假设。

14.3.3　控制图的分类

(1)按控制图在控制过程中所起作用分

1)分析用控制图。用于分析过程是否处于统计控制状态,又称为初始控制图,如图 14-4 所示。

2)控制用控制图。当过程处于受控状态后,用它来保持过程所处的状态,如图 14-5 所示。

(2)按控制图所采用的数据分

1)计量型控制图——用于连续型的数据,其质量特性的统计量常用数据的位置(均值)和数据分布宽度(极值或标准差)来表示。这类常用控制图如下:

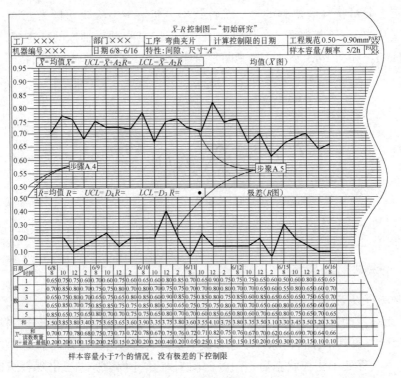

图 14-4　初始控制图

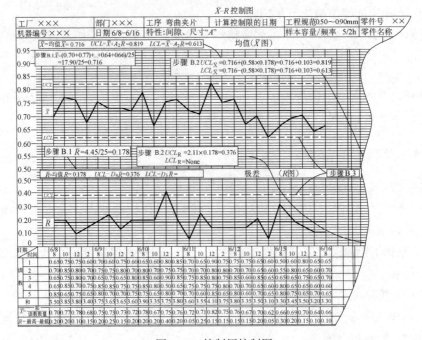

图 14-5　控制用控制图

$\overline{X}$（均值）-R（极值）图、$\overline{X}$（均值）-S（标准差）图（又称为替代图，即子组的样本容量大于9时，用 $\overline{X}$-S 图替代 $\overline{X}$-R 图），该类图的特点是 $\overline{X}$ 图与 R 图（S 图）具有相同的横坐标，如图 14-5 所示。故命名时可将这两个图一起称为 $\overline{X}$-R 图。

2）计数型控制图——用于间断型的数据，它的质量特性统计量常用不合格品率、不合格品数和不合格数（即一个检验批内不合格或缺陷的数量）来表示。这类常用控制图如下：

不合格品率 P 图如图 14-6 所示。

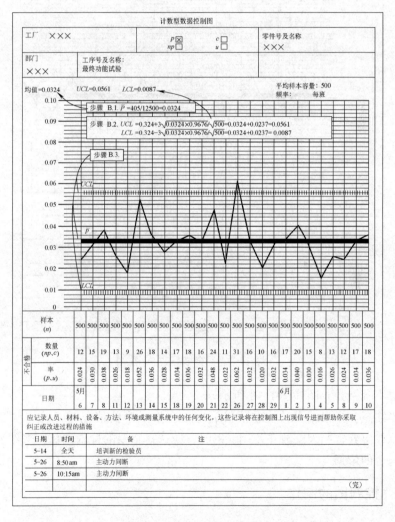

图 14-6　不合格品率 p 图

不合格品数 np 图如图 14-7 所示。

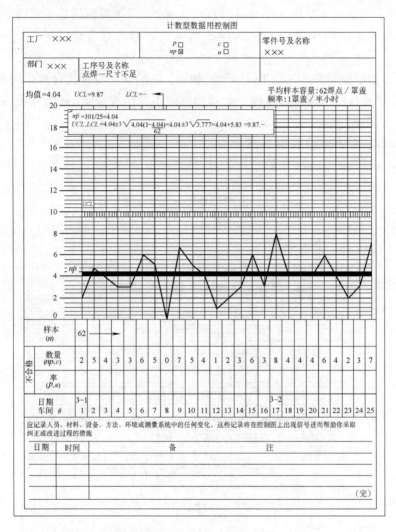

图 14-7　不合格品数 np 图

单位不合格数 u 图如图 14-8 所示。

应当注意：当根据多种检查项目确定不合格品率的情况时，若控制图出现异常，很难找出异常原因。故在使用 p 图时，应选择重要的检查项目，来作为判断产品合格与否的依据。

14.3.4　控制图的制作

以 $\bar{X}\text{-}R$ 图和 p 图为例说明，其步骤见表 14-1。

第14章 统计过程控制（SPC）

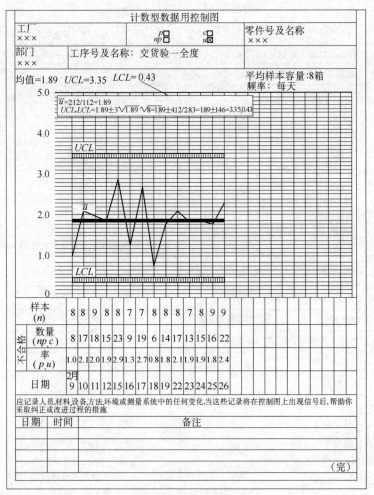

图 14-8 单位不合格数 u 图

表 14-1 控制图制作步骤

序号	$\bar{X}-R$ 图	p 图
	选择子组样本容量、频率和数量	
1	1) 子组容量 原则：子组内的样本之间出现变差的机会要尽量小。一般为 4~5 件（连续生产） 2) 分组的频率是指子组间的间隔时间 原则：要能反映出潜在的变化。 它与研究的目的有关，如想暴露短时间存在的问题，则组间的间隔要短。反之可以加长。可以每小时、每班、每周，视目的而异 3) 子组的数量 原则：收集数据的时间应足够长、确保变差原因有机会出现。一般 25 组或更多些，数量的增加可使置信度提高	原则：子组容量要大，以便检出性能的变化，找出不合格品，但子组内样件间隔时间要尽可能短。间隔过长，可能混合容量内的变差，不好。样本最好是连续的

(续)

序号	$\bar{X}-R$ 图	p 图
2	建立控制图及做好原始数据的记录（按所列序号进行），其格式见图 14-5 ~ 图 14-8	
	1）把原始数据记录在控制图原始数据记录栏内	
	2）计算 $\bar{X}$ 和 R 值 $\bar{X} = \dfrac{1}{n}\sum_{i=1}^{n} x_i$ 式中 x_i——子组容量中每个观测值 　　　n——子组容量个数 $R = X_{\max} - X_{\min}$	计算 p 值 $p = \dfrac{np}{n}$ 式中 n——被检项目数量； 　　　np——发现不合格项目的数量； 　　　p——子组内不合格品率。
	3）选择控制图的分度 $\bar{X}$ 图：分度值 max - 分度值 min ≥2（$\bar{X}_{子组\max} - \bar{X}_{子组\min}$） R 图：分度值≥2（X 图的分度值）	分度值从 0 到最大不合格品率的 1.5 ~ 2 倍
	4）将 $\bar{X}$ 和 R 值对应描点画在控制图上	
3	标明控制图用途——初始研究用或控制用	
4	计算控制限（按所列序号进行）	
	1）$\bar{R} = \dfrac{1}{k}\sum_{i=1}^{k} R_i$ 2）$\bar{\bar{X}} = \dfrac{1}{k}\sum_{i=1}^{k} \bar{X}_i$ 式中 k 是子组的数量 3）计算控制限 R 图控制限 $UCL_R = D_4 \bar{R}$ $LCL_R = D_3 \bar{R}$ $\bar{X}$ 图控制限 $UCL_{\bar{X}} = \bar{\bar{X}} + A_2 \bar{R}$ $UCL_{\bar{X}} = \bar{\bar{X}} - A_2 \bar{R}$ 式中：A、D 是系数见下表，其中 n 为子组内样件数	1）$\bar{P} = \sum_{i=1}^{k} \dfrac{1}{n_i}(n_i p_i)$ $= \dfrac{n_1 p_1 + n_2 p_2 + \cdots + n_k p_k}{n_1 + n_2 + \cdots + n_k}$ 式中 np——子组内不合格项目数量； 　　　n——检查项目； 　　　$\bar{P}$——平均不合格品率； 　　　k——子组数。 2）控制限 $UCL_P = \bar{P} + 3\sqrt{\bar{P}(1-\bar{P})}$ $UCL_P = \bar{P} - 3\sqrt{\bar{P}-(1-\bar{P})}$ 说明：此式使用时，各子组的样本容量是不变的

n	2	3	4	5	6	7	8	9	10
A_2	1.88	1.02	0.73	0.58	0.48	0.42	0.37	0.34	0.31
D_3	—	—	—	—	—	0.08	0.14	0.18	0.22
D_4	3.27	2.57	2.28	2.11	2.00	1.92	1.86	1.82	1.78

| 5 | 把控制限画在控制图上
注意：初始研究用的控制图上的控制限称为试验用控制限 | |
| 6 | 控制图（$\bar{X} - R$ 图）如图 14-5 所示 | 控制图（p 图）如图 14-6 所示 |

14.3.5　控制图上出现异常情况的判断准则

1）控制图上的描点超出控制限界限，但对 $\bar{X}$ 图而言，1/150 描点落在控制界限之外属于正常。

2）控制图上描点在控制限范围内，但连续 7 点全在中心线之上或之下，或连续 7 点具有连续上升或下降趋势。

3）控制图上描点与中心线距离没有满足 2/3 点应落在控制限区域 1/3 区间内，1/3 点应落在控制区域 2/3 区间内。

对 $\bar{X}$ 图和 p 图而言，除上述外，还增加了 1/20 的描点，应落在控制区域的 1/3 区间内。

14.3.6　控制图的理论基础

（1）数据分布假设

若是计量型的数据，其数据分布服从正态分布，如图 14-2a 所示。

若是计数型数据，其数据分布是间断的，服从二项分布，其图形可看作正态分布，如图 14-2b 所示。

（2）3σ 准则与 6σ 管理

3σ 准则是一个统计规则，只要质量特性的统计量数据符合正态分布，不论 μ 与 σ 取何值，产品质量特性值落在 $[\mu-3\sigma, \mu+3\sigma]$ 范围内的概率为 99.73%（这是数学计算的精确值），只有 0.27% 落在 $[\mu-3\sigma, \mu+3\sigma]$ 范围之外，这是一个很小的概率，如图 14-9 所示。

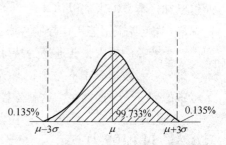

图 14-9　正态分布曲线下的面积

6σ 管理是当下比较流行的一种质量管理目标，当然也成了质量管理的一种手段。在 6σ 管理目标达成之下，考虑中心线偏移 1.5 倍标准差的情况下，此时控制界限仍在规格界限之内，而 ppm 只有 3.4。也就是说，这个质量水平意味的是所有的过程和结果中，99.99966% 是无缺陷的，也就是说，做 100 万件事情，其中只有 3.4 件是有缺陷的。

（3）小概率事件不发生原则

由于 0.27% 数值较小，认为是一个小概率，根据小概率不发生原则，可认为 0.27% 的概率不会出现。

（4）统计反证推论

由于认为 0.27% 的概率不会出现，若一旦出现，根据统计反证推断，此时一

定出现了特殊原因，过程失控，应予纠正。这就是设置上、下控制限的依据，即

$$UCL = \mu + 3\sigma$$
$$CL = \mu$$
$$LCL = \mu - 3\sigma$$

这就是休哈特控制图的总公式，其对应图形如图 14-10 所示。

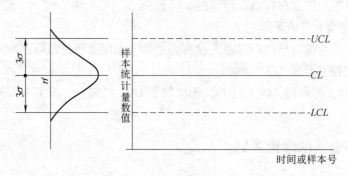

图 14-10　上、下控制限与 6σ 准则关系

应用上列算式应注意如下：

1) 总体参数与样本参数不能混为一谈。总体参数是不可能精确知道的，只能通过已知样本数据来加以估计。

2) 规范界限不能用作控制界限，规范界限用以区分合格与不合格，控制界限用以区分变差的原因，普通还是特殊原因。

另外，若数据分布不符合正态分布规律，根据统计反证推断，此时一定出现了特殊原因，应予以纠正。这就是控制限内判断图形或趋势出现异常的理论依据。

14.4　过程能力

14.4.1　过程能力的含义

按 SPC 手册中术语：

过程能力：一个稳定过程的固有变差（$6\sigma_{R/d_2}$）的总范围。

1) 对于计量型数据。过程固有能力定义为 $6\sigma_{R/d_2}$。符合规范的过程能力可通过假设、指数等来估算，也有更精确的算法。

2) 对于计数型数据。过程能力通常直接用不合格的平均比例或比率来表示。也就是说过程能力是指处于受控状态下的过程，其加工质量满足规范要求的能力，即具有过程能力或不具有过程能力（又称为过程能力不足），如图 14-11 所示。

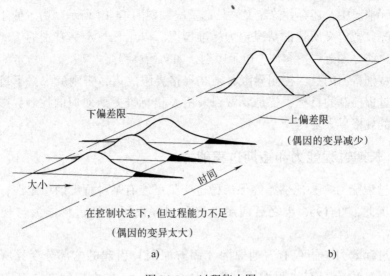

图 14-11　过程能力图
a) 过程能力不足　b) 具有过程能力

14.4.2　控制界限与规格要求的关系

过程控制可能出现以下四种情况，如图 14-12 所示。

(1) 第 1 种情况

这是一种较理想的，也是可接受的过程，因为未出现特殊原因引起的变异（处于受控状态）且满足顾客要求。

(2) 第 2 种情况

这时，虽然受控但由于普通原因导致的过程变异过大，以致不能满足要求。对此，应采用系统措施来降低普通原因引起的变异。

		要求	
		满足	不满足
控制	受控	①	②
	不受控	③	④

图 14-12　控制与要求的关系

(3) 第 3 种情况

这时，虽能满足顾客要求，但由于过程存在特殊原因的影响而具有潜在的风险。若特殊原因不予消除，随时可能导致过程不满足要求。因此，必须识别引起过程变异的特殊原因并予以消除。

(4) 第 4 种情况

这是一种最不好的情况。过程中存在明显的特殊原因，又可能存在普通原因的影响，使过程变异过大，以致既不受控，又不能满足顾客要求。

对此，应首先识别特殊原因和普通原因，首先要消除特殊原因使过程改善到第 2 种情况或第 1 种情况，再根据需要采取适当措施。

在实际情况中，还存在除定义之外的情况，如图 14-12 所示。为了便于说明其他几种情况，把定义所述的情况定为标准情况。以后凡与定义有别的情况，在其过程能力之前必须冠以形容词，以示区别，如初始过程能力等。

需要特别指出的是，控制界限必须在规格界限之内，否则就失去了过程控制的意义。过程控制的目标，就是要做到采用 K 倍标准差所对应的控制界限，仍在产品要求的规格界限之内。

14.4.3　长期过程能力和短期过程能力

由于过程能力未必能够始终保持稳定，只可能有某种程度的稳定性，但不是绝对的。因此，在 1956 年之后西屋电气公司提出了短期过程能力与长期过程能力。

短期过程能力是指仅有普通原因（固有原因）引起的这部分变异所形成的过程能力，又称为固有过程能力。其总体标准差 σ_{ST} 可由控制图中有关参数来估计：

$$\sigma_{ST} = \overline{R}/d_2 \text{ 或 } \sigma_{ST} = \overline{S}/C_4$$

式中　ST——表示短期；

d_2、C_4——系数，见表 14-2；

$\overline{R}$——子组极值的平均值。

表 14-2　系数 d_2、C_4 的值

n	2	3	4	5	6	7	8	9	10
d_2	1.13	1.69	2.06	2.33	2.53	2.70	2.85	2.97	3.08
C_4	0.798	0.886	0.921	0.940	0.952	0.959	0.965	0.969	0.973

所以，短期过程能力是在任一时刻过程处于稳定状态的过程能力。

长期过程能力是指普通原因和特殊原因共同引起的变差（即变差总量）所形成的过程能力。其总体标准差 σ_{LT}，可由控制图中所有测量值的标准差 S 来估计。

$$\hat{\sigma}_{LT} = S \sqrt{\frac{\sqrt{\sum (X_i - \overline{X})}}{n-1}} \tag{14-1}$$

式中　LT——表示长期；

S——所有样本的标准差；

n——所有样本个数。

QS9000 标准在 SPC 手册中也引入了此概念。可以说短期过程能力就是通常定义的过程能力，而长期过程能力就是控制与满足要求关系中的第三种情况，而初始过程能力也是长期过程能力的一种表现。

14.4.4 过程能力的度量

14.4.4.1 计量型数据

过程能力的度量有两种方法：一种是直接用超出规定界限百分比来度量，用符号 P_Z 表示；另一种是用过程能力指数来度量，用符号 C_P、C_{PK}、P_P、P_{PK} 表示。

（1）不合格品百分率（P_Z）

从标准正态分布图（图 14-13）可见，规定界限（SL）之外的正态分布曲线下面的面积的边缘线与规定界限和过程均值之间距离为 Z，只要知道了"Z"，即可查标准正态分布表得 P_Z，而"Z"的计算式为

$$Z_{USL} = \frac{USL - \mu}{\sigma} \text{ 和 } Z_{LSL} = \frac{\mu - LSL}{\sigma} \tag{14-2}$$

式中 Z_{USL}——总体均值与上偏差限的距离；

Z_{LSL}——总体均值与下偏差限的距离；

μ——总体的均值，其估计值为

$$\mu = \bar{X}$$

σ——总体的标准差，其估计值为

$$\sigma = \hat{\sigma}_R / d_2 = \bar{R} / d_2$$

$\bar{X}$、$\bar{R}$ 和 $\hat{\sigma}_R$——控制图上样本的均值、极值和标准差。

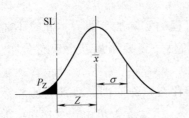
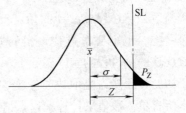

图 14-13　P_Z 与 Z 的关系

（2）过程能力指数（C_P 或 C_{PK}）

过程能力是过程在受控状态下的加工能力，即过程在控制状态下所表现出来的保证过程质量的能力，反映的是过程的固有属性。

过程能力指数一般用符号 C_P 表示，是表示过程能力满足容差（公差）范围要求程度的量值。

$$C_P = \frac{USL - LSL}{6\sigma} = \frac{|T|}{6\sigma} \tag{14-3}$$

式中　T——规格范围（公差）；

USL——规格上限（上极限偏差）；

LSL——规格下限（下极限偏差）；

σ——受控状态下的过程特性值的标准差，可通过子组内变差来进行估计，即

$$\sigma = \hat{\sigma}_{R/d_2} = \overline{R}/d_2$$

用 M 表示规格中心，即有 $M = (USL - LSL)/2$。

用 μ 表示分布中心，过程均值，$\mu = \overline{\overline{X}} = \sum_{i=1}^{K} \overline{X}_i$。

在存在偏移的情况下，即 $M \neq \mu$ 时，过程能力指数用 C_{PK} 来表示，它考虑了过程的位置。此时，有

$$C_{PK} = (1-k)C_P = (T - 2\varepsilon)/(6\sigma)$$

$$\varepsilon = |M - \mu|$$

$$k = \varepsilon/(T/2) = 2\varepsilon/T$$

式中 ε——均值与规格中心的绝对偏移量；

k——均值与规格中心的相对偏移量，也称为偏移度或偏移系数。

当用单侧偏差时

$$C_{PU} = \frac{USL - \mu}{3\sigma} \text{ 或 } C_{PL} = \frac{\mu - LSL}{3\sigma} \tag{14-4}$$

过程能力指数取两者中的最小值，即 $C_{PK} = \min(C_{PU}, C_{PL})$。

(3) 过程绩效指数（P_P 或 P_{PK}）

过程绩效是从过程总波动的角度反映过程的实际加工能力，此时不需要考虑过程是否受控，也不要求过程输出的质量特性一定要服从某个正态分布。因此，过程绩效反映的是过程的实际属性。

由于初始过程能力是取决于总变差，即存在特殊原因，故其均值和标准差均要按样本所有单值数值来计算，这点请读者务必注意。$\overline{X}$ 可由式（14-1）求出。

过程无偏且为双向公差的情形下，过程绩效指数 P_P 的计算式为

$$P_P = \frac{USL - LSL}{6\sigma} = \frac{|T|}{6\sigma} \tag{14-5}$$

过程有偏且为双向公差的情形下，过程绩效指数 P_{PK} 的计算式为

$$P_{PK} = \min(USL - \mu)/(3\sigma), (\mu - LSL)/(3\sigma)$$

当用单侧偏差时：

$$P_{PU} = \frac{USL - \mu}{3\sigma} = \frac{USL - \overline{X}}{3\sigma} \tag{14-6}$$

$$P_{PL} = \frac{\mu - USL}{3\sigma} = \frac{\overline{X} - LSL}{3\sigma} \tag{14-7}$$

当用式 (14-6)、式 (14-7) 计算时，σ 值可用估计的 $\hat{\sigma} = S$，应取 $P_{PK} = P_{PU}$ 或 P_{PL} 计算所得的最小值，即

$$P_{PK} = \min(P_{PU}, P_{PL})$$

14.4.4.2 计数型数据

过程能力通常直接用不合格的平均比例或比率来度量。

例如用控制图 p 图表示的过程。其过程能力就用平均不合格品率（$\bar{p}$）来表示：

$$\bar{p} = \sum_{i=1}^{K} \frac{1}{n_i}(n_i p_i) = \frac{n_1 p_1 + n_2 p_2 + \cdots + n_K p_K}{n_1 + n_2 + \cdots + n_K} \tag{14-8}$$

式中　K——子组数；

$n_1 p_1 \sim n_K p_K$——每个子组内不合格项目数量；

$n_1 \sim n_K$——检查项目。

14.4.5 过程能力量值的含义

已经得到过程能力度量的方法和量值，有的量值，如 P_Z、$\bar{P}$ 就直接显示了不合格品的情况；但有的不明显，如过程能力指数，但这些可通过转化就可明示了。

（1）过程能力指数与 Z 的关系

过程能力指数与 Z 存在下列关系 $C_{PK} = \dfrac{Z_{\min}}{3}$，如：$C_{PK} = 1$，那么 $Z_{\min} = 3$，查正态分布表即可得 P_Z。

（2）过程能力与不合格品率和标准差关系

它们三者关系见表 14-3。

表 14-3　K 西格玛水平的不合格品率 P

K	不合格品率 P	说　明	C_P 值
1	$0.31732 = 31.7 \times 10^{-2}$	1σ 水平的合格品率为 68×10^{-2}	$C_P = 0.33$
2	$0.045500 = 4.55 \times 10^{-2}$	2σ 水平的合格品率为 95.4×10^{-2}	$C_P = 0.67$
3	$0.0026996 \approx 0.0027 = 2.7 \times 10^{-3}$	3σ 水平的合格品率为 99.73×10^{-2}	$C_P = 1.0$
4	$0.0^4 63342 = 0.0^4 633 = 63.3 \text{ppm}$	4σ 水平的合格品率为 99.994%	$C_P = 1.33$
5	$0.57330 \times 10^{-6} \approx 0.573 \text{ ppm}$	5σ 水平的合格品率为 99.9999%	$C_P = 1.67$
6	$0.197316 \times 10^{-8} \approx \text{ppb}$	6σ 水平的合格品率为 100%	$C_P = 2$

（3）不同 σ 时和均值有偏移时不合格品率情况

L_σ 控制方式的不合格品率与均值偏移 1.5σ 情形的不合格品率见表 14-4。

表 14-4　$L\sigma$ 控制方式的不合格品率与均值偏移 1.5σ 情形的不合格品率

$L\sigma$ 控制方式	均值无偏移情形的不合格品率	均值偏移 1.5σ 情形的 不合格品率（$\times 10^{-6}$）
1σ 控制方式	31.7×10^{-2}	697670
2σ 控制方式	4.55×10^{-2}	308770
3σ 控制方式	2.70×10^{-3}	66807
4σ 控制方式	$63.3 \times 10^{-6} = 63.3 \mathrm{ppm}$	6210
5σ 控制方式	$0.573 \times 10^{-6} = 0.573 \mathrm{ppm}$	233
6σ 控制方式	$0.002 \times 10^{-6} = 2 \mathrm{ppb}$	3.4
7σ 控制方式	$0.25596 \times 10^{-11} \approx 0.003 \mathrm{ppb}$	0.019

14.4.6　过程能力的评价

通过计算得到了过程能力客观的度量，它反映了过程生产和可能预期生产的现阶段水平，只要保持受控状态，即过程会按此水平运行下去。但是否能满足要求，可根据顾客的要求来确定。

过程能力指数反映的过程能力水平见表 14-5。

表 14-5　过程能力指数反映的过程能力水平

C_P 值的范围	级别	过程能力的评价参考
$C_P \geq 1.67$	I	过程能力过高（应视具体情况而定）
$1.67 > C_P \geq 1.33$	II	过程能力充分，表示技术管理能力也很好，应继续维持
$1.33 > C_P \geq 1.0$	III	过程能力较差，表示技术管理能力较勉强，应设法提高为 II 级
$1.0 > C_P \geq 0.67$	IV	过程能力不足，表示技术管理能力已很差，应采取措施立即改善
$0.67 > C_P$	V	过程能力严重不足，表示应采取紧急措施全面检查，必要时可停工整顿

14.5　使用 SPC 的步骤

（1）确定控制的对象和过程能力

对过程进行控制，其目的是确保过程输出的变差在可接受的范围内。影响过程输出变差的因素若有多个，那么就要采用因果分析法和排列图法来决定哪些是起主要作用的。在决定了过程的主要过程特性（如温度、压力等）后，还要决定过程特性的目标值和允差（如温度 ±15℃），以保证控制在目标值范围内。

（2）确定测量系统

在过程或过程输出的质量特性及其值决定后，就要解决用什么测量工具对其过程特性实施监控，以便源源不断得到信息（数据），作为调控的依据。因此，测量系统提供的数据,其质量需得到保证。为此,需对测量系统进行 MSA 分析。

(3) 收集数据并做分析

取样本数 100~150 个,最好是 125 个数据,形成 25 个子组,用于计算 C_{PK},子组和子组之间保持一定的时间间隔。分析数据,确认是否呈正态分布,判断过程是否受控。如果发现过程达不到稳定状态,就必须找出原因并采取纠正措施,使之达到稳定状态。

在决定只计算过程绩效指数 P_{PK} 的情况下,则无须判断过程是否受控,因此也可以无须验证数据是否呈正态分布。

(4) 过程能力计算

大批量生产一般应计算过程能力指数 C_{PK};对于其他生产类型,可视需要是否计算 C_P 或 C_{PK};不稳定状态,可计算 P_P 或 P_{PK}。

(5) 评价过程能力是否可接受

根据表 14-4,评价过程能力。若过程能力不足,处于不可接受状态,就要采用措施提升过程能力。这时,可以通过分析 5M1E(人、机、料、法、测、环)找出提升过程能力的途径。若过程能力处于充分状态,则应予以保持;如研究结果显示过程能力过分充足,则可采取措施适当降低过程能力,以满足降低成本的需要。

(6) 保持受控状态,计算过程能力

利用控制用控制图使过程状态维持在受控状态。同时,计算过程能力。若数据是计量型的,计算过程能力指数 C_P(无偏移时)或 C_{PK}(有偏移时)值。

(7) 确认并保持效果

采取措施并达到理想的过程能力之后,应该予以保持。建议在总结经验教训的基础上,修正控制计划,并纳入标准化管理。

14.6 采用 SPC 带来的益处

采用 SPC 有以下优点:

1) 由于 SPC 采用了控制图,此图易操作,不需要复杂的数学运算,只用查表决定系数并辅以简单的代数运算即可,故可供操作者直接使用。

2) 在控制图上,能够非常容易地发现过程失控状态,因此,它是便于生产现场采用目视化管理的方法,使现场管理人员或者质量工程师能够及时发现问题,查找使得系统存在变差的原因,并采取纠正措施。

3) 由于具有预防性质,它使不合格减少,从而降低了成本。

4) 提升产品制造过程的经济性,使生产过程更加符合产品的质量控制要求,比如:在过程能力远超产品品质需求时,可考虑适当放松管制,以降低成本,或者可以减少抽检频次甚至免检。

14.7 SPC 与精确追溯管理

随着对产品品质要求的提升，以及制造过程信息化与制程能力的提升，对于关键特性及关键尺寸，必须确保100%检测并能够实现精确追溯，因此过程能力（C_{PK}）可以在线得到及时的动态监控。同时，在实际控制过程中，由于实现了关键参数、特性等的在线100%检测以及精确追溯，实际过程的控制界限也就可以以规格界限来替代，作为是否放行的标准。但是，与此同时，对于制造系统是否存在变差，也必须得到更加及时有效的监控，以便迅速发现系统性问题，及时采取纠正措施，确保过程能力达到目标要求。

14.8 控制图常用表格

1）计量型数据。$\overline{X}$-R 图用表格，见表 14-6。

表 14-6 计量型数据控制图

工厂		部门		工序		计算控制限的日期		工程规范		零件号	
机器编号		日期		特性		样本容量/频率				零件名称	
$\overline{X}$=均值 $\overline{\overline{X}}=$ $UCL=\overline{\overline{X}}+A_2\overline{R}=$ $LCL=\overline{\overline{X}}+A_2\overline{R}=$						均值（$\overline{X}$ 图）		对特殊原因采取措施的说明 • 任何超出控制限的点 • 连续 7 点全在中心线之上或之下 • 连续 7 点上升或下降 • 任何其他明显非随机的图形			
$\overline{R}$=均值 $\overline{R}=$ $UCL=D_4\overline{R}=$ $LCL=D_3\overline{R}=$ *						极差（R 图）		采取措施的说明 1. 2. 3. 4. 5.			
日期	时间							子组容量　A_2　D_3　D_4 2　1.88　*　3.27 3　1.02　*　2.57 4　0.73　*　2.28 5　0.58　*　2.11 6　0.48　*　2.00 7　0.42　0.08　1.92 8　0.37　0.14　1.86 9　0.34　0.18　1.82 10　0.31　0.22　1.78					
读数	1 2 3 4 5										
	和										
$\overline{X}=\dfrac{和}{读数数量}$								在确定过程能力之前，过程必须受控			
R=最高－最低											

* 样本容量小于 7 时，没有极差的下控制限。

2）与控制图相应的过程记录表格，见表14-7。

表14-7 过程记录表格

应记录人员、材料、环境、方法、机器或测量系统的任何变化，纠正措施控制图上出现信号时，这些记录都有助于采取纠正措施							
日期	时间	评 述		日期	时间	评 述	

3）计数型数据用控制图表格，见表14-8。

表 14-8　计数型数据用控制图

厂名：			p□　　c□ np□　　u□	零件号及名称：	
部门：		操作号及名称：			
Avg.=	UCL=	LCL=	计算控制 限的日期	平均样本容量 频率	

样本 (n)									
不符合	数量 (np, c)								
	比率 (p, u)								
日期 (班、时间等)									

应记录人员、材料、环境、方法、机器或测量系统的任何变化，当控制图上出现信号时，这些记录将有助于采取纠正措施

日期	时间	评述

(完)

Chapter 15 第15章

生产件批准程序（PPAP）

15.1 概述

15.1.1 什么是 PPAP

PPAP（Production Part Approval Process）是汽车及航空航天业用于批准件的流程。对于汽车行业而言，PPAP 要求由 AIAG 主导的《PPAP 手册》进行规范。

15.1.2 PPAP 的目的

PPAP 流程的目的是用于确认组织（主机厂及供应商）：
1) 是否正确理解顾客的设计要求和规范。
2) 是否能够持续生产满足顾客规范的产品。
3) 是否满足顾客的产能（节拍）要求。

15.2 PPAP 的要点

15.2.1 PPAP 过程要求

（1）试生产要求

对于生产件，用于 PPAP 的产品，必须取自有效的生产（Significant Production Run），如试生产，该生产过程必须是 1~8h 的量产，且规定的生产数量至少为 300 件连续生产的零件，除非有经授权的顾客代表的另行规定。

试生产必须在生产现场使用与量产环境同样的设备、工装、夹具、量具，采用同样的工艺过程、材料，配备同样的操作人员。来自每个生产过程的零件，如：可重复的装配线和/或工作站、一模多腔的模具、成型模、工具或模型的每一个位置，都必须进行测量，并对代表性的零件进行试验。

对于散装材料，没有具体的数量要求，但是提交的样品必须出自"稳定的"加工过程。

（2）PPAP提交的项目、记录及其要求

按AIAG PPAP手册要求，一个完整的PPAP需要包含18项，具体如下：

1. 设计记录
组织必须具备所有在售产品/零件的设计记录，包括：
零件级图样
总成图样
材料清单
参考规范
材料规范
性能或测试规范等

2. 授权的工程变更文件
对于任何尚未录入设计记录中，但已在产品、零件或工装上呈现出来的工程变更，组织必须有该工程变更的授权文件，包括供应商的变更要求记录

3. 顾客工程批准
顾客要求时，组织必须具有顾客工程批准的证据，如：由供应商完成设计时，需要得到顾客的批准

4. 设计FMEA（组织有产品设计职责）-DFMEA
有产品设计职责的组织，必须按照顾客的要求开发设计FMEA

第15章 生产件批准程序（PPAP）

5.过程流程图
组织必须使用组织规定的格式按步骤绘制过程流程图，流程图将提供FMEA与控制计划的联系

6.过程FMEA-PFMEA
组织必须按照顾客特殊要求，进行相应的过程FMEA开发。参考FMEA手册

7.控制计划
组织必须制定控制计划，定义用于过程控制的所有控制方法，并符合顾客规定的要求。参考《先期产品质量策划和控制计划》

8.测量系统分析MSA
组织必须对所有新的或改进后的量具，测量和试验设备进行测量系统分析研究，如：量具的重复性与再现性、偏移、线性和稳定性研究

9.全尺寸测量安排
组织必须按设计记录和控制计划的要求，提供尺寸验证已经完成的证据，且测量结果符合规定的要求

10.材料/性能试验
对于设计记录或控制计划中规定的材料和/或性能试验，组织必须有试验结果记录

11. 初始过程研究
在提交由顾客或组织指定的所有特殊特性之前，必须确定初始过程能力或性能指数的水准是可接受的，包括CPK、PPK

12. 合格实验室文件要求
PPAP要求的检验和试验必须在按顾客要求定义的合格实验室内进行（如：有资质认可的实验室）

13. 外观批准报告AAR
如果在设计记录上某一零件或零件系列有外观要求，则必须单独完成该产品/零件的外观批准报告

14. 生产件样品
组织必须按照顾客的规定提供产品样品

15. 标准样品
组织必须保存一件标准样品，与生件批准记录保存的时间相同，或直到生产出一个用于顾客批准，而且是相同顾客零件编号的新标准样品为止；或在设计记录、控制计划或检验准则要求的地方，存放标准样品，作为参考或标准

16. 检查辅具
如果顾客提出要求，组织必须在提交PPAP时同时提交任何零件的特殊装配辅具或部件检查辅具

第15章 生产件批准程序（PPAP）

17. 顾客的特殊要求
组织必须有与所有适用的顾客特殊要求相符合的记录，如Ford、GM、BMW对Tier1都有相应的特殊要求

18. 零件提交保证书PSW
对于每一个顾客零件编号都必须完成一份单独的PSW，除非经授权的顾客代表同意其他的形式

以上所列的项目或记录，不一定适用于每个供方的每个零件。组织应参考设计记录并通过咨询顾客代表，来确定具体应该包括哪些项目。在满足以上所列的PPAP提交要求的同时，还应满足顾客规定的其他PPAP要求。

生产件必须符合所有顾客工程设计记录和工程规范要求，包括安全性和法规的要求。如果没有达到规范要求，组织必须书面记录解决问题的方案，并联系经授权的顾客代表，以决定采取适当的纠正措施。

如是散装材料，还应提交散装材料要求检查表（按组织与顾客达成一致的要求填写）。

15.2.2 PPAP适用范围

PPAP适用于提供生产件、服务件、生产原料或散装材料的组织的内部和外部现场（一般而言，内部现场是指组织中生产零部件的车间，外部现场是指提供零部件的供应商）。

散装材料一般不要求PPAP，但如果顾客有特殊要求则应按具体要求执行。

15.2.3 PPAP提交的时机

PPAP提交可能发生在产品生命周期的任何时间点，包括：
1) 新的零件或产品和服务，即以前未曾提供给顾客的某种零件、材料或颜色。
2) 零件进行了更改（对于以前提供过的产品和服务）。
3) 工程更改导致产品和服务变化（比如对设计记录、技术规范或材料更改）。
4) 使用了其他可选择的结构和材料（非以前所用）。
5) 使用了新的或者变更了的工具（如工具、工装夹具、铸模和模具等）生产。
6) 对现有工装/设备进行重新整修或重新布置。

7）生产过程或方法变更。

8）当工装/设备转移到不同的生产场地时。

9）分包零件、材料、服务（如热处理、电镀）的来源发生了变化。

10）生产线在停止生产了 12 个月后，重新投入生产。

11）对以前所提供的不符合零件进行了纠正。

12）由于对质量的担心，顾客要求暂停供货之后。

15.2.4　通知顾客

任何设计、过程和现场的变更，组织都必须通知顾客，在得到顾客的批准后，组织应按要求提交 PPAP，除非另有规定。

以下变更发生时，组织必须在首批产品发运给顾客前通知顾客并提交 PPAP 批准，除非顾客放弃批准的要求。

1）和以前批准了的零件或产品相比，使用了不同的加工方法或材料。

2）使用新的或改进的工装、模具、成型模和模型等，包括补充的或替换用的工装。

3）对现有的工装或设备进行升级或重新布置之后进行生产。

4）工装和设备转移到不同的工厂。

5）分供方的零件、材料或服务（如热处理、电镀）变更，从而可能影响到顾客的装配、成型、功能、耐久性或性能的要求。

6）工装停止批量生产达到或超过 12 个月以后重新启用进行生产。

7）内部制造或由分供方制造的产品配套零部件的机器制造过程发生了变更。

8）试验/检验方法的更改——新技术的采用（不影响产品接收准则）。

针对散装材料：

9）新的或现有的分供方提供原材料的货源发生了变化。

10）产品外观属性的变更。

需要注意的是，在顾客放弃了 PPAP 批准要求的情况下，供方必须取得顾客放弃批准的书面授权，在该授权书上，应该有顾客代表的姓名、签署日期，此授权书是 PPAP 文件的一部分。

无论顾客是否要求正式提交 PPAP，组织都必须根据生产过程的实际情况，及时评审和更新 PPAP 文件，以反映生产过程的实际情况。

15.3　PPAP 提交等级

按 AIAG PPAP 手册要求，PPAP 一共有 5 个提交等级，但不管顾客要求提交哪一个等级，供应商在其现场均需完成 PPAP 18 项的所有内容。

1）等级 1。仅向顾客提交保证书（对指定的外观项目，提供一份外观批准报告）。
2）等级 2。向顾客提交保证书和产品样品及有限的相关支持资料。
3）等级 3。向顾客提交保证书和产品样品及完整的相关支持资料。
4）等级 4。提交保证书和顾客规定的其他要求。
5）等级 5。保证书、产品样品及全部的支持数据都保留在组织制造现场，供审查时使用。

如顾客无提交等级要求，则按等级 3 进行提交。

15.4 PPAP 提交项目的难点说明

15.4.1 初始过程能力研究

按 PPAP 提交项目（其中第 11 项）的要求，应进行初始过程能力研究。对顾客或组织定义为安全/关键/主要/重要的所有特性，应使用控制图进行评价，在控制图无异常波动的情况下，计算初始过程能力 P_{PK} 值，要求 $P_{PK}>1.67$。顾客要求时，可用 C_{PK} 代替 P_{PK}。

在进行初始过程能力研究之前，必须对测量系统进行 MSA 分析，确保测量系统是可靠的。

关于过程能力指数 C_P、C_{PK} 与过程绩效指数 P_P、P_{PK} 的计算和使用，详见第 14 章"统计过程控制"。

需要注意的是，由于过程能力指数 C_P、C_{PK} 的计算必须是在受控状态下进行的，而 PPAP 的过程能力研究以及第二方审核时的过程能力研究，往往存在过程不一定处于稳态且时间不够充分无法等过程调整到稳态等情况，因此只能采用过程绩效能力的指标，来对过程能力进行评价。

通过对比过程能力与过程绩效，可以从中发现影响过程稳定的特殊因素。如果两者存在较大差别，往往表明有特殊因素存在，必须采取纠正措施消除该特殊因素。显然，同时研究过程能力和绩效能力，有助于判定变差的来源。

15.4.2 准备 PPAP 所需提交的资料和实物时的注意事项

1）按顾客的《供应商管理手册》的要求，做好 PPAP 提交所需实物和资料的准备工作。

2）生产件采用多腔模具或工具加工的情况下，应对每一腔模具生产的零件进行全尺寸检查，必须在"零件提交保证书"或附件中的"成型模/多型腔/生产过程"一栏中，注明所提交的零件的型腔/生产线编号。

3）除非顾客有其他规定，否则应提交至少一件生产件样品给顾客，并在装运样品的包装箱外侧贴上"PPAP样品零件"标识（按顾客要求执行）。

4）生产件的生产应是有效地生产，必须使用用于批量生产的正式的设备、工装、夹具、量具、过程、材料、环境和过程参数，必须是1~8h的量产，生产数量至少为300件的连续生产的零件（顾客另有规定的按顾客规定执行）。

5）公司在规定的场所保留标准样品，保存时间与生产件批准文件的保存时间相同，或知道顾客批准而生产出一个相同零件编号的新标准样品为止。

15.5　PPAP生产件批准状态

1）顾客的批准。批准是指零部件满足顾客所有的规范和要求，并得到顾客的书面批准。此时，公司可按顾客要求的节拍批量生产并向顾客发货。

2）顾客的临时批准。临时批准是指在有限的时间或数量的前提下，发运顾客生产所需的零部件。如要获得"批准"，需要再次提交。在这种情况下，组织需要准备一份纠正措施计划交给顾客PPAP批准部门。

3）顾客的拒收。提交的样品、文件资料不符合顾客的要求，此时公司要采取改进措施并再次提交。

15.6　PPAP资料的归档

1）提交给顾客的每一份资料应由质量管理部门做好完整的备份。各相关部门应按《质量记录保存单位及其保存期》的规定保存好相应的PPAP资料备份。

2）质量管理部门应对每一生产件批准的全套资料进行整理归档并保存。归档时应进行明确的标识，标明其归档日期、顾客批准情况等，以保证文件的完整及保持最新的更改水平。

3）PPAP记录的保存期应为该零部件的在用期再加上一个日历年。

15.7　记录

- 顾客PPAP要求清单。
- 合格实验室证明文件。
- 零件提交保证书。
- 外观件批准报告。
- 生产件批准——尺寸检验结果。

- 生产件批准——材料试验结果。
- 生产件批准——性能试验结果。
- 潜在失效模式及后果分析报告。
- MSA 测量系统分析报告。
- 初始过程能力研究报告。
- 控制计划。

Chapter 16 第16章

项目管理

16.1 概述

长期以来,项目管理方法主要用于一些大型的工程和耗费巨大的产品开发活动上。近来,项目管理法也用来解决一些较小的问题,并且颇为有效。项目管理方法既适用于工程项目、产品(包括服务)开发,也适合于各类改进活动,只要针对具体任务加以适当调整即可作为一种管理工具。

项目概念的最具魅力之处,在于其对结果以及实现结果手段的关注。它是一种结构化的方式,对于创新和重复过程的管理都具有显著效果。新标准的发布,必将有力推动汽车行业普及项目管理。

16.1.1 术语

本节中的术语是以 ISO 2000:2015 和 ISO 10016:2003《质量管理 项目管理指南》标准为基础来定义的。

(1) 项目 (Project)

项目是由一组有起止时间的、相互关联而协调的受控活动所组成的独特过程,该过程要达到符合包括时间、预算和资源的约束条件在内的规定要求的目标。换句话说,项目是在一定条件下为创造独特的产品、服务或成果而进行的临时性的工作。

由上述定义可见:

- 项目是一个过程。一组相互关联而协调的受控活动,可视为该过程的一组子过程。

- 项目必须有明确的目标，随项目进展其目标需修订或重新界定。
- 项目的结果可以是单一或若干产品。
- 项目受一定条件制约，这些约束条件有：起止日期、目标成本（或预算）和可投入的资源。

（2）项目产品（Project Product）

项目产品是指项目产品范围中规定的交付给顾客的产品。项目范围及其产品特性可随项目进展而修订。

（3）项目计划（Project Plan）

项目计划是指为满足项目目标所需活动的文件。项目计划应包括引用项目的质量计划。

（4）相关方（Interested Party）

相关方是指与组织的业绩或成就有利益关系的个人或团体。

项目的相关方有：

- 顾客，如项目产品的接受者。
- 消费者，如项目产品的使用者。
- 所有者，如启动项目的组织。
- 合作伙伴，如在合资、合作项目中。
- 资金提供者，如金融机构。
- 供方，如为项目组织提供产品的组织。
- 社会，如法定机构和公众。
- 内部人员，如项目组织的成员。

（5）进展评价（Progress Evaluation）

进展评价是指根据规定的项目准则和产品准则，在项目寿命周期内的项目过程网络中适当的点，对项目活动输出所做的评定。

在这里，"适当的点"又称为项目过程节点或里程碑。

16.1.2 项目特征

（1）项目管理

项目管理包括对项目各方面的策划、组织、监测和控制等连续过程的活动，以达到项目目标。一般项目管理具体内容包括：设计管理，质量管理，健康、安全、环境三位一体的管理（HSE），验收管理，资源管理，采购管理，费用管理，知识管理，施工管理，进度管理，流程管理，综合管理，文档管理等。

由"连续过程的活动"可见，质量管理的七项基本原则中的过程方法特别适用于项目管理。

(2) 组织

在有关项目的组织中，应注意区别以下两者：

1) 项目组织是指实施项目的组织，如项目小组、项目团队。因此，项目组织是临时性组织，在项目生命周期中存在。

2) 启动项目组织是指决定承担项目并将项目安排给某一项目组织的组织。项目启动组织可以是集团公司或企业。

显然，项目组织可以是启动项目组织的一部分或由其委托的某个组织。

(3) 项目阶段和项目过程

1) 项目阶段。为了实现进展方面的承诺，通常将项目的子过程划分为若干项目阶段，以便监测目标的实现及适时评价相关风险。在整个项目周期内，各阶段之间可能会有明显的阶段重叠。

2) 项目过程。项目过程中的子过程可分为以下两类：

- 项目管理过程。
- 与项目有关的产品过程，如设计、生产和验证。第11章介绍的APQP方法是项目产品过程的指南。

本章将着重介绍与项目管理过程有关的内容。

16.2 项目管理过程

对于较大和较复杂的项目，宜按下列要求来进行管理，而对于一般较小和较简单的项目，则可视实际情况从中根据需要来选定管理的项目和内容。通常，项目管理内容包括以下：

16.2.1 战略策划

项目的战略策划过程是确定项目的方向和目标的过程，它统称项目的其他过程，对其实现进行组织和管理。

在进行项目战略策划时，应考虑到：

- 满足顾客和其他相关方明确的和隐含的需求是首要的，项目目标应据此而确定。
- 项目策划应着眼于在既定约束条件下寻求实现目标的途径，即在消耗资源最少的情况下达成目标。
- 充分考虑项目的风险和机遇及应对措施。
- 项目是通过一组从策划到相互配合的过程来实现的。
- 必须重视产品质量和过程质量，以达到项目目标。

- 管理者负责营造项目的质量环境。
- 管理者对持续改进负责。

16.2.1.1 满足顾客和相关方需求

关于如何满足顾客要求的有关问题，在第 2 篇中已做了详细介绍，在这里仅就与相关方有关的问题进行补充如下：

1）应清楚地理解相关方的需求，以确保所有过程均关注并能够满足这些需求。应注意妥善解决相关方需求之间的矛盾。若顾客和其他相关方需求之间发生矛盾时，应优先考虑顾客的需求。应始终注意相关方需求的变更。

2）在整个项目期间，应明确与所有相关方的接口，并在必要时得到信息反馈。

3）应规定相应的项目目标，以满足商定的要求，并在项目进展中适时修订。这些目标宜使用时间、成本和产品特性来描述。

16.2.1.2 项目过程

项目是通过一组经过策划和相互配合的过程来实现的，为此：

1）应规定项目过程、所有者及其职责和权限，并形成文件。

2）应为项目过程制定政策。

3）当过程识别时，应考虑最终产品及其组成部分的结构。

4）应规定、协调和综合过程的相互配合关系。

5）过程设计应考虑产品生命周期中后期发生的过程，如：与维护保养有关的过程。

6）战略策划过程还应考虑外来产品或服务的获取及其对项目组织的影响。

7）应规定项目启动组织和项目组织之间的关系、职责和权限。同时，还应明确他们与其他相关方之间的关系、职责和权限。

8）应对项目进展评价进行策划，以便对项目状态做出评价。

a）项目进展评价的主要内容如下：

- 评估各项目过程的同步性与衔接情况。
- 识别并评估那些对实现项目目标将产生不利影响的活动和结果。
- 获得项目后续工作的输入。
- 识别偏差和风险的变化，以推动过程改进。

b）在进行项目进展评价策划时应考虑：

- 评价的职责。
- 如何确保获得适宜的评价人员和信息。
- 确定每次进展评价的目的。
- 在项目计划中，应明确每次进展评价要评定的过程、评定准则，并安排足够的时间。

16.2.1.3 过程质量和产品质量

为了满足项目目标，应着重强调关注项目管理过程和项目产品的质量。在这方面，本书第2篇中所描述的与过程质量和产品质量有关的质量要求，其中只要适用，均可应用于项目过程，如设计控制、过程控制、产品和过程的监测、可追溯性、内审、风险分析及对策、纠正措施、预防措施、验证、确认、改进、文件和记录控制等。

16.2.1.4 项目质量环境的营造

项目启动组织和项目组织的管理者应共同营造质量环境，其途径和方法包括以下：

1) 适合于满足项目目标的组织结构和支持。
2) 根据数据分析和有关信息做出决策。
3) 为进展评价做好准备并认真实施评价。
4) 促使全体人员共同参与实现项目过程和产品的质量。
5) 与相关方建立共赢的关系。
6) 安排具有能力和实践经验的人员，并配备适用的工具、技术和方法去监控各过程。
7) 实施纠正和预防措施来改进过程。

16.2.1.5 持续改进

持续改进应体现在以下两个方面：

（1）项目启动组织

管理者通过总结经验不断寻求改进项目过程质量的机会。应将总结经验作为一个过程。应建立一个收集和分析在项目进行中获取信息的系统，以便持续改进过程，这就涉及知识管理。

（2）项目组织

应不断促使自身项目过程和活动质量的改进。在考虑时间和资源的情况下，制定自我评定、内部审核和可能的外部审核的规定。

16.2.2 过程配合管理

项目的各过程之间通常会产生相互关联和影响。项目过程之间配合的总体管理由项目经理负责。配合的管理过程如下：

- 立项和项目计划的制定：评估顾客和其他相关方的需求，编制项目计划。
- 协调管理：管理项目中相互关联和影响的过程。
- 更改和技术状态管理：预测并管理所有过程中的更改。

- 关闭：关闭过程并得到信息反馈。在 PDCA 循环中，开环就意味着管理中断。因此，过程的问题必须解决，才能得以关闭，或称为闭环。

16.2.2.1 立项和项目计划

在立项过程中，应识别项目启动组织以前承担过的最相似的项目，以便充分利用以往项目反馈的信息。应建立项目组织的质量管理体系，只要适用项目组织应选用项目启动组织的质量管理体系及其过程。为了监测进展，应规定项目的业绩指标。

编制项目计划（包括质量计划）的主要要求如下：

1）应根据顾客和其他相关方的形成文件的要求及项目目标来制定。

2）应确定项目过程及其目的，并形成文件。

3）应综合其他项目过程的策划结果所形成的计划，并评审这些计划的一致性，解决任何不一致的问题。

4）应对评审、验证、确认和审核等加以明确，并做出计划和进度安排。

5）应规定项目全过程所需依据的、和过程中形成的文件和保持的记录。

6）应明确项目的接口及其管理的责任人，特别是：与顾客和其他相关方的联络，项目组织与项目启动组织各职能之间的联系和报告的渠道，项目组织内各职能间的联络。

7）应安排进展评价，以便确定进展测量和控制的基线和策划后续工作。

16.2.2.2 协调管理

为按策划要求理顺过程之间的关系，需要对项目中相互影响的过程进行管理，包括：建立接口管理程序，召开相关的项目会议，解决职责交叉和矛盾以及更改带来的风险，实施进展评价。在项目管理中，要运用过程方法。

应当指出，接口处往往容易出差错，是风险大的部位，必须予以特别的关注并加以协调。项目沟通是项目协调中的关键因素，其控制见 16.2.8。

16.2.2.3 更改管理

更改管理包括以下：

1）识别更改的需求及其影响并形成文件，以进行评审和批准。

2）对项目范围和项目计划的更改。

3）对过程和产品的更改。

4）更改管理的程序包括文件控制。

有关更改，特别是技术状态的变更管理的详细介绍，请参阅本丛书中的《设计控制》[8]一书。

16.2.2.4 关闭

在项目期间，应确保所有项目过程按计划关闭，包括所有记录都按时保存。

若未能及时关闭,则应对项目业绩进行全面评审,评审报告应特别强调可供其他项目借鉴的经验。

应将项目关闭的信息正式通知相关方。

16.2.3 与范围有关的过程

范围包括项目产品的说明、特性及如何对其进行测量或评价。与范围有关的过程旨在:

- 将顾客及其他相关方的要求转化为实现项目目标所进行的活动,并对这些活动实施管理。
- 在实施各项活动时,确保人们在其范围内工作。
- 确保实施的项目活动满足在范围中所表述的要求。

与范围有关的过程如下:

- 概念(方案)确定:规定项目产品的大致轮廓。
- 范围的确定和控制:以可测量的、形成文件的方式,表述项目产品特性并对其进行控制。
- 活动的确定:识别实现项目目标所要求的各项活动和步骤并形成文件。
- 活动控制:控制项目中实际进行的工作。

16.2.3.1 概念(方案)确定

概念确定要点如下:

1)将顾客对产品和过程明确的和隐含的需求,转化为形成文件的要求,并得到顾客认可。

2)识别并确定相关方及其需求,将这些需求转化为形成文件的需求。

3)当这些要求与顾客有关时,要得到顾客的同意。

16.2.3.2 范围确定和控制

范围确定和控制要点如下:

1)应识别项目产品的特性,并尽可能以可测量的方式加以表述和形成文件,以作为设计和开发的基础。

2)应规定如何测量这些特性,或如何评价它们符合顾客和相关方的要求。

3)产品特性应可追溯到这些要求。

4)应考虑到备用方案和解决方法的支持证据,包括在范围确定中已实施的、考虑到的和已列入的分析结果。

16.2.3.3 活动确定

活动确定要点如下:

1)应将项目系统地分解为可管理的活动,以满足顾客对产品和过程的要求。

这种系统地分解的结果，通常称为工作分解结构（WBS）。而"活动""任务"和"工作包"作为这种结构的要素。

2）当确定活动时，项目管理应考虑完成这些活动的人员，以便于利用他们的经验并被理解和接受。

3）活动的输出应是可测量的。

4）应明确各活动间的影响和项目与相关方之间的接口，并形成文件。

16.2.3.4 活动控制

活动控制要点如下：

1）应根据项目计划，实施和控制由"活动确定过程"所规定的各项活动。活动控制包括协调控制，从而将矛盾或误解减至最少。

2）应特别注意采用新技术的活动。

3）应评审和评价各项活动，以便寻求改进机会。

4）项目进展评价应采用上述评审的结果。

16.2.4 与时间有关的过程

与时间有关的过程旨在确定活动的相关性和周期，并确保及时完成项目。这些过程如下：

1）活动相关性策划。识别项目各活动间的内部关系，逻辑上的相关影响和相关性。

2）周期估算。每项活动的周期估算与规定条件和资源有关。

3）进度确定。将项目的进度目标、活动相关性及其周期联系起来，作为确定项目总进度和详细进度的框架，其中应特别关注关键的时间节点，即里程碑。

4）进度控制。控制项目活动的实现，以确保进度或采取措施使已拖期的项目恢复正常。

16.2.4.1 活动相关性策划

活动相关性策划要点如下：

1）应明确项目中活动的内部关系，逻辑上的相互影响和配合关系，并评审其一致性。

2）应充分利用以往的经验，尽可能使用经证明有效的项目网络图。

16.2.4.2 周期估算

周期估算的要点如下：

1）应由对活动负责的人来估算活动周期。

2）周期估算的输入应形成文件并可溯源。

3）在汇集周期估算时，应注意相关的资源估算，为资源策划提供信息。

4）在估算时，应特别注意为各项主要过程和活动分配足够的时间。

5）若周期估算中存在重要的不确定因素，则应评估并减少风险，并在后续工作中给予补偿。

16.2.4.3 进度确定

进度确定的要点如下：

1）应识别和验证进度确定的输入是否符合规定的项目条件。

2）应特别注意识别投产准备时间长、周期长的活动和关键路径。

3）若发现与活动相关性不一致处，应在进度表最终发布前予以解决。在进度表中应识别关键重要活动和特定事件（又称为关键事件、里程碑）并对其输入和输出进行策划。

4）在确定进度时，应注意与顾客和相关方进行沟通。

16.2.4.4 进度控制

进度控制的要点如下：

1）应确定进度表修订的时间安排及数据收集的频次。

2）应识别、分析与进度表的差异，差异过大时应采取纠正措施。

3）项目管理应按项目计划安排，定期实施项目进度评审。特别是在关键节点、里程碑处，对前一阶段的评审，有利于后一阶段的改进或弥补。

4）应将项目进展趋势与后续工作一同分析，以更清晰地预测风险和机会。

5）应识别发生进度偏离的根本原因，无论是有益偏离和无益偏离，均应采取措施，确保项目目标的实现。同时，将其作为持续改进的依据。

6）应确定进度更改可能对项目预算和资源及产品质量的影响。

16.2.5 与成本有关的过程

与成本有关的过程的目的在于预测和管理项目成本，并确保在预算内完成项目。这些过程如下：

1）成本估算。确定项目成本估算。

2）预算。利用成本估算的结果做出项目预算。

3）成本控制。控制成本及与项目预算的偏离。

16.2.5.1 成本估算

成本估算的要点如下：

1）应在清楚地识别项目的所有成本（包括活动、产品和服务）的基础上，进行估算。为此，成本估算应与工作分解结构相联系。

2）应检查以往成本估算的经验，确保其符合当前项目条件才能使用。

3）应形成文件并溯源。

4）应特别注意为关键和重要过程分配足够的成本。

5）应考虑经济环境（如：通货膨胀、税率和汇率），进行动态估算。

6）若估算中有重要的不确定因素，则应评估并减小风险，并在后续工作中予以补偿。

7）宜表格化并符合已批准的会计程序，以便于建立项目预算。

16.2.5.2 预算

预算应按成本估算和进度表来编制。预算应与项目要求、公差相一致。同时，应识别偶然事件并形成文件。预算的各项成本宜列入便于控制的成本控制表格中。

16.2.5.3 成本控制

成本控制要点如下：

1）支出前应制定相应的成本控制程序。

2）应建立成本评审时间表并规定数据收集和预报频次，以确保对项目活动的支出进行有效控制。

3）应识别任何与预算的差异，对超预算的部分应分析原因并采取措施。

4）应对项目成本趋势进行分析，并检查、评审后续工作计划，以预测风险和机会。

5）当采取措施时，应考虑对其他项目过程和目标可能产生的影响。

6）预算的修订应与后续工作计划中的其他项目过程相一致。

7）应确保资金到位所需的信息，并将其作为资源控制过程的输入。

8）应按项目计划，定期进行项目成本评审。

16.2.6 与资源有关的过程

与资源有关的过程旨在策划和控制资源，识别资源可能产生的问题。这些过程如下：

1）资源策划。识别、估算和分配资源并安排资源使用进度。

2）资源控制。将资源实际使用情况与计划进行对比，需要时采取措施。

16.2.6.1 资源策划

资源策划的要点如下：

1）应确定项目所需资源，并评估组织提供资源的稳定性、能力和质量。

2）资源计划应说明根据进度表什么时候需要何种资源，并指明从何处得到和分配资源，以及过剩资源的处置方法。计划应便于资源控制。

3）应验证资源策划输入的有效性。

4）应注意资源的制约条件，包括可获得性、安全性、环境和文化背景、法规、资金等。

5）应将资源计划形成文件。

16.2.6.2 资源控制

资源控制的要点如下：

1）应制定资源评审时间表，并规定数据收集和预报的频次。

2）应识别、分析资源计划的偏离。当采取措施时，应考虑对项目其他过程和目标可能产生的影响。

3）资源计划和资源预报的更改或修订均应受到有效控制。

4）应识别资源短缺和资源过剩的根本原因，并将其用于持续改进。

16.2.7 与人员有关的过程

人决定项目的质量与成功。与人有关的过程旨在营造可使人们有效甚至高效地为项目做出贡献的环境。这些过程如下：

16.2.7.1 项目组织结构的确定

项目的组织结构应适应项目需求，包括确定项目中的岗位，并规定其职责和权限。

项目组织结构通常依据项目启动组织的方针和项目条件来建立，并尽可能参照以往项目管理的经验，使组织结构优化，其确定要点如下：

1）项目组织结构设计应便于所有项目参加者之间的沟通和协作。为此，项目团队应超越原组织的职能体系，建立便于多方论证的组织结构。

2）项目经理应确保项目组织结构适合项目范围、项目团队的发展、当地条件和项目启动组织的实际情况。

3）应规定参加人员的责任、权限和职责，并编制岗位说明书。

4）应特别注意实施和监控的职能与其他职能之间的接口。

5）应策划并定期实施对项目组织结构的评审，以确保其有效性和适宜性。

16.2.7.2 人员分配

选择并安排足够的、能胜任的人员，以适应项目需求。人员分配的要点如下：

1）应规定项目工作人员的学历、知识和经验、能力方面的资质。

2）应根据岗位说明书适当地选择人员。

3）当选择项目经理时，优先考虑工作能力。

4）当分配人员时，应考虑他们的个人兴趣、人际关系、强项和弱点。

5）应监控人员的工作效率和有效性。

16.2.7.3 团队发展

开发个人与团队的技艺和能力，以改善项目业绩。

个人发展对团队的发展非常重要。团队发展应包括管理者和个人为改进团队业绩所采取的措施。管理者应营造宽松的工作环境,鼓励先进员工;建立良好的工作关系,营造相互信任和尊重的氛围;通过坦诚的沟通协商一致,共同做出令顾客满意的承诺。良好的团队精神应得到承认和奖励。

16.2.8 与沟通有关的过程

与沟通有关的过程旨在促进项目交换信息,确保适时生成、收集、传递、存储必要的信息,并最终处理项目信息。这些过程如下:

16.2.8.1 沟通策划

沟通策划即项目信息和沟通体系的策划,其要点如下:

1)应考虑项目及参与人员的需求。

2)沟通计划应规定如下:

- 需要正式沟通的信息。
- 传递信息的媒介。
- 沟通频次。
- 会议的频次、时间安排和目的。
- 文件的格式、语言和结构。
- 信息管理体系,确定收发信息的人员和保密程度。
- 进展报告的格式,应突出偏离项目计划的情况。

16.2.8.2 信息管理

信息管理目的是使项目组织成员和其他相关方能得到所需信息,其要点如下:

1)当计划信息管理体系时,应同时考虑项目组织和项目启动组织的需求。

2)管理范围应包括:信息的准备、收集、标识、分类、分发、编目、更新、归档和检索等程序。

3)信息应包括事件发生的条件,以便在应用信息前核查其有效性和相关性。

4)信息表述应清楚、有效并符合接收者的需求。

5)应严格按时间进度表提供信息。

6)所有影响项目的协议(包括非正式的)都应形成文件。

7)应建立各种会议的规则和指南,会议纪要应包括会议所做决定和遗留问题,应将会议纪要及时送达相关方。

16.2.8.3 沟通控制

按策划好的沟通体系控制沟通,其要点如下:

1)应按计划实施沟通体系,并对其进行监控和评审。

2)应特别关注那些频繁出现误解和矛盾的职能和组织间的接口。

16.2.9 与风险有关的过程

项目风险管理涉及项目过程的不确定因素,为此要求运用系统方法来管理。控制与风险有关的过程旨在将可能的不利事件的影响降到最小,并针对风险较大的事件进行改进。风险是指包括项目产品和项目过程两方面的风险。与风险有关的过程如下:

16.2.9.1 风险识别

风险识别就是确定项目中可能存在的风险,其要点如下:

1) 识别项目产品和项目过程的风险并确定风险超出承受极限的方法。在这方面,应利用以前项目的经验和历史资料。

2) 在立项、进展评价及做出重大决定时,应进行风险识别。

3) 风险识别应考虑如下:

- 成本、时间、产品。
- 保密、可信性、信息技术、安全性。
- 职业责任、安全、健康、环境。
- 法律、法规要求。
- 不同风险之间的相互影响。
- 识别关键技术和新技术。

4) 安排一名具有相应职责、权限的人员,来管理某个已识别具有重大影响的风险,并为其配备所需的资源。

16.2.9.2 风险评估

风险评估就是要评估发生风险事件的可能性和风险事件对项目的影响,其要点如下:

1) 利用以前项目的经验和历史资料,来评估已识别出的风险发生的可能性及其影响。

2) 记录所使用的准则和技术。

3) 尽可能做出定量分析,至少应进行定性分析。

有关风险评估在产品设计和过程设计中的应用,可参见第13章中所述 DFMEA/PFMEA 方法。

16.2.9.3 风险响应的确定

编制风险响应计划,风险响应确定的要点如下:

1) 提出消除、缓和、转移风险的方法,做出承受风险的决定,制定利用有利机会加以改进的计划。

2) 对风险的应急计划进行检查,以确保实施该计划不会产生不利的影响。

3）若在进度表和预算中为解决风险做了规定，则应单独列出并保持，如产品责任保险。

4）识别已明确的可承受的风险，并将可承受的原因形成文件。

16.2.9.4 风险控制

实施并修订风险控制计划，风险控制的要点如下：

1）通过风险识别、风险评估和风险响应的反复过程，对风险进行控制。

2）鼓励项目人员预测和识别其他风险并加以报告。

3）使应急计划保持在可用状态，为此应组织演习及保持维护。

4）对项目的风险进行监控，其结果应反映在进展评价中。

16.2.10 与采购有关的过程

与采购有关的过程如下：

1）采购计划和控制。识别和控制采购什么，何时采购。

2）采购文件。商务条件和技术要求的汇编。

3）供方评价。选择评价供方，确定邀请投标单位。

4）签订分包合同。发布招标书、评定投标书、谈判、编制和发出分包合同。

5）合同控制。确保供方业绩满足合同要求。

16.2.10.1 采购策划和控制

识别和控制采购什么、何时采购，其要点如下：

1）策划是应识别需采购的产品及到货进度，特别是对影响项目产品质量、时间和成本的关键产品。

2）对项目组织和供方的接口做出安排。

3）为所有的采购过程安排充裕的时间。

4）对采购活动进行控制，比较采购进度与采购计划，若有问题适时采取措施。

16.2.10.2 采购文件

采购文件是商务条件和技术要求的汇编，其控制的要点如下：

1）采购文件范围、产品特性和质量管理要求及相关文件。

2）明确产品交货日和到分包方现场的权利要求。

3）确保采购文件考虑了顾客的要求。

4）编写方式应便于供方给出明确的、可比较的和完整的答复。

5）对采购文件进行评审。

16.2.10.3 供方评价

评价供方时，要选择评价供方，确定邀请投标的单位。应考虑到对项目可能产生影响的所有方面,如技术经验、工厂能力、交货时间、质量体系和财务状况的稳定性。

16.2.10.4 签订分包合同

需要发布招标书、评定评标书、谈判、编制和发出分包合同。签订合同要点如下：

1) 评标注意事项。

- 识别投标书与招标书之间的所有差异,并加以评估。接受差异时需履行审批手续。
- 评标时,不应只考虑供方价格,还应考虑质量、交货期及其他相关成本,如：操作、维修、许可证、运输、保险、关税、汇率、检验、质量审核和差异率等方面的成本。

2) 签订合同前,应权衡各项要求对质量的影响。

3) 对合同文件进行仔细检查。

16.2.10.5 合同控制

合同控制的目的是确保供方业绩满足合同要求,其要点如下：

1) 从合同签订或达成意向书开始,实施控制。

2) 建立合同关系,并将供方的输出纳入整个项目管理中。

3) 定期验证供方业绩,确保其符合合同要求,并将验证结果反馈给供方,促其解决问题。

4) 合同结束前,应全面验证合同所有条款均已得到满足。

16.3 项目总结

项目总结应注意如下：

1) 项目启动组织应从大项目中的子项目中总结经验,并利用该信息在其他项目中持续改进。

2) 项目启动组织应建立收集、存储、更新和检查项目信息的体系。

3) 设计项目信息管理体系之前,启动组织应规定总结项目经验所需的信息。

4) 项目即将结束时,项目启动组织应对项目业绩进行评审。

16.4 精益项目管理

在项目管理中引入精益生产思想,可以极大地提高项目管理的效率和效益。

16.4.1 精益原则

精益生产思想的五个原则是实施精益管理的基础,它提供了精益管理的价值观和致力于减少浪费的高水平的路线图。

原则1：必须精确界定每个项目的价值

价值是任何顾客乐于为之付费之物。

增值活动是指以顾客认可并愿意支付费用的方式转变项目的可支付物。

由此可见，检查项目输出物并不会增值，而仅是确保价值能被顾客所接受的保险活动。可依据价值的上述定义，将项目活动分为以下三类：

1）纯增值活动。直接创造价值。

2）第1类浪费（Type1 Waste）。至少有一部分没有增值，但暂时还需要它。这类活动增加了项目成本但未直接影响价格。

3）第2类浪费（Type2 Waste）。纯粹没有增值的活动。

改进的目标首先是立即消除第2类浪费，然后着手甄别第1类浪费中的一部分。

表16-1所列为项目活动中典型的两类浪费情况。对于第1类浪费，虽不创造价值，但必要，应花最小的代价来完成。

表16-1 典型的两类浪费

活动	价值	浪费	
		第1类	第2类
主持每周团队协调会	不增值，但有作用	√	
寻找所需信息	不增值，但有作用	√	
向管理层汇报项目情况	不增值		√
创建正式文件（顾客不为此付费）	不增值，可能有作用	√	
项目文件经过多重审批	不增值		√
在排队中等候所需资源	纯粹浪费		√
获取项目可交付物的强制认证	不增值，但必须	√	
花费额外的设计费用使原设计重新使用	视情况而定		

对于设计再利用而言除非将来被利用，否则付出的努力纯属浪费。例如，设计再利用资料库、经验总结和项目笔记等，只能根据是否有用而定属第1类或第2类浪费。

由此可见，精确地界定价值，对挖掘改进潜力、消减浪费来源，具有重要意义。

原则2：确定价值流

创造项目的可交付物的一系列活动的序列组成价值流。价值流是理想的情况，是一系列独有的增值任务。价值流可以作为检测和消除浪费的"直观助手"。项目的详细价值流示意图有助于突出不增值的活动，指导提高效率的改进。

应当指出，价值流示意图与流程图的概念，表面上看虽有相似之处，但其着眼点和运用方法均有很大不同，如图16-1所示。

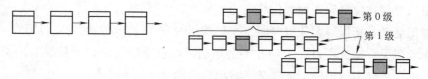

图16-1　流程图与价值流示意图的区别

原则3：使价值畅通地流通

项目实施中的浪费大部分来自价值流动中的障碍。因此，贯彻实施这一原则意味着要识别和消除价值流动中的障碍。在五项原则中，它可以发挥的作用最大。项目实施中的常见障碍如图16-2所示。

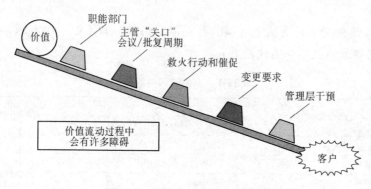

图16-2　项目实施中的常见障碍

原则4：让顾客拉动价值

顾客需要清楚了解投资回报情况，知道仅单纯地提高技术并不会增加价值。只有新方法或新思想解决顾客的某一特定问题时才产生价值。例如，某公司投入巨资研发了技术先进的个人数字处理（PDA）软件，在手写识别、任务进度安排等方面都取得突破。看似功能很强大，但顾客不了解如何从产品中获益，购置后能享受到哪些便利，因而使这种先进而价格高昂的产品在市场中夭折。这种产品是典型的技术推动型。项目的每个任务都必须有顾客来接受其交付物。通过顾客拉动的方式将项目的关键任务衔接起来，是一种非常简单的消除大量浪费的办法。这里的所谓顾客，包括外部顾客和项目团队的内部顾客。

原则5：消除浪费无止境

在管理中追求完美是无止境的。如果不保持勤奋的作风，浪费就会到处出现。物理学中的"熵定律"认为：世上万物在很长时间中总是倾向变得随机而混沌。例如，周一清理的办公桌到周五又会很"乱"。精益项目管理是高度秩序化的项目管理，它需经常注意维持并改进，需要团队纪律和持续地清除浪费。

16.4.2 信息畅通原则

信息是任何项目的命脉，信息推动价值创造。因此，在项目进行中，应持续考察信息流动状况或通过信息流动不畅，来搜寻项目中的浪费。

（1）干等时间

每当关键数据延迟送达所需之处时，就会出现"干等"，造成窝工。项目执行中常见的"干等"情况，如：分析不力、批复周期、正式文件发布、例会、计划周期、工作队列、阶段与关口和信息独占等。

上述每种情况都可能造成延误，因而降低效率，增加项目的风险。尽管对其中单独来看并无风险，但综合起来则会带来风险，它代表的是一种传统的管理思路，强调命令与控制，但排斥速度与效率，这也是一种工作文化。

在所列诸情况中，例会是比较隐秘的干等时间。各种定期会议是整块时间的无形杀手。事实上，召开会议的时机，紧急的则需随时；召开会议的频次，问题多时就需密一些，何必等到问题攒成堆再去协调、解决。

上述的工作队列是指待办事宜的队列。应排好优先顺序，防止相对次要的工作占用大量时间。同时，"待办事宜"也是一个"缓冲区"，保持适度的少数"待办事宜"可以保持紧张而有节奏的工作，有助于提高效率。

要消除"干等"，必须关注与早期信息发布相关的风险。

批复、例会、计划周期和先进先出的工作队列，都是传统的管理方法。在追求速度与效率的背景下对传统的方法，必须重新审视。

（2）信息畅通无阻

信息畅通无阻是理想的模式。在项目团队中，流动的信息被赋予最高的优先级。事先应明确信息需求，定义好"供求"信息。做到职责分明，无盲区。着手建立信息即时（Just In Time，JIT）流动的模型。

信息延迟是无法弥补的损失，是项目的大敌。

16.4.3 交流成本最低原则

信息的交流和资料的传递对任何项目都至关重要，它有助于实现增值，但其本身不会带来增价，是典型的第1类浪费。为此，应尽量减少交流成本。项目执行中导致交流成本过高的典型原因如：沟通媒介选择不当、缺少共同语言、手续过于烦琐、循环、信息过细/过粗、距离太远和交接不力等。在设计公理[9]中有一个信息最小化公理，即只有信息最小化才是最好的设计。这在各种信息管理中均可借鉴。

价值流中的循环往往由批复、错误和疏忽导致，造成交付物被打回来进行修订、重新评估。由于"干等"将生产可交付物的活动与验证交付物所需的反馈割裂开来，而形成循环。这可用验证和审批的提前介入来消除，图16-3所示为前馈式和协作式方法。

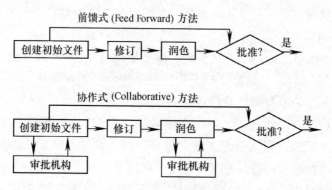

图16-3　前馈式和协作式方法

16.4.4　定义标准原则

每个项目虽都有其独特的目标，但项目工作中某些部分有其共性。可以将这些共性的内容加以定义和模块化，使一些重复性工作标准化，如发布图样、处理设计变更、编制材料清单和报告项目状况等，通过建立相关工作的通用方法来节约时间、少犯错误。

通常项目工作的标准化可以有四个级别，如图16-4所示。在图中，级别高的标准可覆盖所有项目，级别降低其覆盖范围可缩小为行业和大客户等。

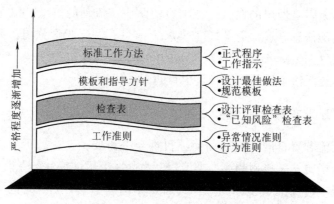

图16-4　标准工作的四个级别

这种方法带来的收益属于范围经济（Economy of Scope）效益。范围经济效益取决于不同活动之间的共同元素以及标准化成果被使用的频繁程度。

16.4.5 信息论原则

项目沟通（尤其是公司内部或项目团队内部的沟通）的目标是尽可能以最有效率和明确的方式传递所需基本信息。在信息中常会伴有无关或多余的信息，为此需要有些衡量信息价值的标准，以便进行高效的沟通。

原则1：信息的价值取决于其相异性而不是相似性

为此，在衡量信息价值时，应集中精力关注未来和意外事件。这就要求尽量传送新的、未知和异常的，过滤掉多余和无关的信息。

原则2："信号"最大化和"噪声"最小化

这就要求传送的信息简明、扼要。只传送基本内容可以明显减少传送错误和处理信息的时间，为此要权衡信息如何适度，如图16-5中所示最佳信息内容点。

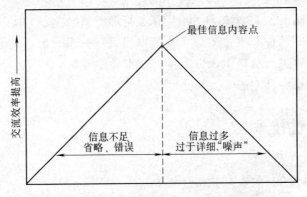

图16-5　信息"过多""过少"的概念示意图

Chapter 17   第17章

其他重要工具和技术

在本篇中,第 11~15 章较详细介绍了新标准所需的核心工具和技术,第 16 章介绍了汽车及其零部件开发中十分重要的项目管理技术。为了全面贯彻和实施新标准,还需要许多工具和技术予以支持。在本章中着重介绍了一些常用的重要工具和技术的基本思路和方法[6]。

17.1 可靠性技术

17.1.1 可靠性的概念

可靠性是指产品在规定的时间和规定的条件下,完成规定功能的能力。也可以这样来表述,即产品在规定的条件下保持完成规定功能的时间。它是一种表征产品的耐久性、无故障性和维修性等特征的质量指标。常用的可靠性指标有:可靠度、失效率、可靠寿命、首次故障平均时间(MTTF)、MTBF,以及平均寿命、维修度和有效度等。

可靠性是一种时间质量指标。一般产品的性能、功能参数只要产品完成就可以考核,即在出厂检验中可以进行评定,因而称为 $t=0$(使用前)的质量。而可靠性是指用时间来衡量的产品保持功能的能力,对其评定要等用户使用后,或者模拟使用后才能进行,故称其为 $t>0$ 的质量。

可靠性是一项包括技术和管理的综合技术,因而它涉及的范围相当广泛,但其主要内容是解决不可靠的问题。为了使产品不出故障或少出故障,就要研究如何预测故障、预防故障和消除故障。可靠性的技术基础相当广,大致可分为两大类:定性技术和定量技术。定性方法是以固有技术和故障经验为主,根据产品长期使用的效率和积累的许多失效、故障处理经验，指导新设计采取故障预防的对策，以提高产品的可靠性。这是从质的方面提高产品可靠性的根本途径。定量方法是在积累了大量可靠性数据的基础上，应用可靠性数学（含概率论、数理统计）方法，可以定量地确定产品的可靠性。

17.1.2 可靠性的指标

确定可靠性指标是可靠性工作的第一步，一般应在产品规划设计阶段就确定下来，以便研究相应的投资计划和配置生产资源。可靠性指标可以是定量或定性的。定量指标又可分为耐久性、无故障性、维修性和综合评定等几类。耐久性指标不是笼统地指寿命长，而是指在规定的使用时间内能否充分发挥其功能的可能性。

采用何种指标要根据具体产品的简、繁程度和使用目的而定。一般对于可修理的复杂系统、机器设备，常用可靠寿命、MTBF、MTTF、使用寿命、维修度、有效度和经济指标等来评价。而对于不能或不需要修理的产品，主要是耗损件、零件和材料等，常用失效率、可靠度、可靠寿命和失效时间分布特性等指标来评价。对于一次性使用的产品（如子弹等），常用成功率、失效率和可靠度等指标来评价。

可靠性指标还可分为顾客指标、技术指标和改良指标等。以上所述均为顾客指标。但在设计、制造中都分解为改良指标，即分解为允许某个零件发生故障的次数，或者允许某种故障模式发生故障的次数。

可靠性指标是产品竞争的重要手段，这也是我国产品与国外先进产品的重大差距之所在。

目前在我国，除少数行业（如军工、电子）外，大多数行业和企业都没有建立产品可靠性的数据库，也不肯在可靠性的基础工作上投入，因而在设计时尚提不出确切的可靠性指标，致使产品必然缺乏竞争力。在我国从制造大国迈向制造强国的过程中，如何补上这一课，扭转这种落后状况，已是一个十分迫切的任务。

17.1.3 可靠性的技术

可靠性的技术基础十分广泛。定量化的方法就是从失效概率分布出发，定量地设计、试验控制、管理产品的可靠性。定性方法则是以经验为主，把过去积累的处理失效的经验设计到产品中去，使其具有避免故障的能力。定性和定量的方法可以相辅相成。可靠性技术的重点是研究故障事前、事中和事后分析技术。事前分析是指可靠性设计和试验分析技术，其目的是在技术阶段预测和预防所有可能发生的故障和隐患，从而防患于未然，确保产品的可靠性。事中分析是指产品在运行中的故障诊断、检测和寿命预测技术,以保持运行的可靠性。事后分析是指产品发生故障或失效后的分析,找出故障模式和原因,研究故障的技术。显然,应把事前分析作为可靠性研究的重点,从而力争在设计上充分保证产品可靠性。在美国工业界,90%的可靠性成本都用于设计。

常用的提高产品可靠性的技术有以下几种:

(1) 冗余技术

冗余技术的基本思想是有备无患,用几个顶一个。为了保证系统运行的可靠性,可采用并联系统的方法。当主系统出现故障,备用系统立即启动,如许多重要设备装有备用发动机。

(2) 预应力筛选

在电子元器件,常在一个预应力(及施加一定负载)下,进行元器件筛选试验,淘汰那些可靠性经不起考验的元器件。

(3) 降负荷使用

对于电子元器件和机械零件中有瑕疵的产品,常用降低其额定负荷的方法,来提高其可靠性。

(4) 应力-强度设计

对于机械产品为了保证其机件结构的可靠性,防止脆性断裂和疲劳断裂,采用机械概率的设计方法,并保留适当的安全系数,对产品的组成进行边缘参数设计。

(5) 环境防护设计

环境防护设计包括:热设计防止局部温升过高,降低可靠性;电磁兼容设计尽量防止或减少电磁干扰,使产品有良好的屏蔽及接地系统;防潮湿、盐雾和霉菌的防护设计;防冲击与振动的设计等。

(6) 防错设计

为避免在装配、操作和维修中出现差错,可进行防错设计,详见17.4节。

(7) 潜在通路分析

对产品进行潜在通路分析,防止由于背离设计意图的旁通路(如电、液、气等),出现不需要的有害功能或使所需要的功能受到抑制,以保障产品的可靠性。

(8) 人-机工程设计

为了减少人为的操作差错,应按文献【9】所述进行宜人设计,如:保持适当的操作位置和空间,考虑人的体力限制,适当的工作环境等。

(9) 维修性设计

维修性是广义可靠性(即可信性)的重要组成部分。维修性设计是指在产品设计时,采用可快速拆装和更换的易于维修的结构。其目的在于通过缩短产品发生故障后的修复时间，以提高产品的 MTBF，并尽可能降低产品生命周期总费用。此外，对维修中可能因为维修不当而引起损坏的零部件、元器件，必须有特殊标志或专门规定，如，某些器件焊接时间不能太长，温度不能太高等。其目的在于通过缩短产品发生故障后的修复时间，并尽可能降低产品生命周期的总费用。

在应用可靠性技术的原理和方法时，应注意机械类和电子类产品可靠性问题的差异，见表17-1。

表 17-1 机械类和电子类产品可靠性特点的比较

	机 械 产 品	电 子 产 品
系统构成	机械结构 动力系统 电气系统 液压系统	电源系统 指示系统 发送信号系统 接收信号系统 放大系统
可靠性指标	耐用寿命（时间、次数）、MTBF、零件更换寿命、可靠寿命、整机可用性	MTBF 元件失效率 整机可用性
故障机制	在定期维修条件下，复杂的整机设备故障呈现随机性 零部件以耗损性故障为主	元件和整机故障多属随机性
故障关联性	与连接、使用和维修方式有关	元件故障基本独立无关
使用环境	使用环境条件复杂，需掌握环境变化和极值条件，应力分析十分重要	使用环境一般良好，有密闭和保护，应力因素可预测
维修方式	一般以预防性维修为主	预防性维修意义不大
可靠性预计	困难	可能
数据准备	公用数据收集不易，积累尚未正规化	数据已广泛发布，已形成数据积累制度

17.1.4 可靠性设计

17.1.4.1 综述

为了达到产品的可靠性指标而进行的设计，称为可靠性设计。其目的是：在达到产品可靠性指标的前提下，配合价值工程设计，尽可能降低产品生命周期总费用。可靠性设计实质上是指在设计开发阶段运用各种技术和方法，预测和预防产品在制造和使用中可能发生的各种偏差、隐患和故障，保证设计一次成功的过程。这就要求设计者除考虑一般的设计特性（如应力、质量和结构等）外，还需要正确评价在产品生命周期内，可能发生的环境条件和材料性能等变化，对产品可靠性的影响，事前采取预防措施，保证可靠性指标的实现。

为了实现产品可靠性设计，必须提高设计人员预测和预防故障的能力，熟悉产品可靠性分析、设计的方法和技术。

17.1.4.2 可靠性设计的主要内容

可靠性设计的主要内容包括如下：

1）可靠性分配。可靠性设计的首要任务，是把有限的可用于可靠性工作的资源（人力、物力、资金），安排在效益/成本比最有利的工作项目上。为此，需要研究建立产品的失效判据，按整机可靠性目标，对各组成部分的可靠性进行分配。

2）提高产品薄弱环节的可靠性。提高产品可靠性的关键在于提高其薄弱环节的可靠性。为此，需要进行 FMEA 和 FTA，从而找出薄弱环节，在设计上预先采取预防措施。

3）采用可靠性技术如 17.1.3 节所述。

4）可靠性设计管理。可靠性设计管理是可靠性设计的根本保证。为此，需要编制一个可靠性设计的管理规则，并严格予以执行；建立企业的可靠性设计法规，如标准、手册、规范；建立可靠性信息系统；建立可靠性队伍，根据需要可以设立可靠性工作部门或专职人员；控制可靠性设计评审等。

17.1.4.3 可靠性设计准则

在进行可靠性设计时，应遵循若干基本准则：

(1) 简化设计

设某产品有 k 个组成部分并构成可靠性串联系统，第 i 个产品组成部分的可靠性为 q_i、不可靠性为 p_i。这 k 个组成部分都可靠工作时，产品才能可靠工作。若产品可靠性为 q、不可靠性为 p，则：

$$q = q_1 q_2 \cdots q_k$$
$$p = 1 - q = 1 - (1-p_1)(1-p_2)\cdots(1-p_k)$$

当诸 p_i 都很小时，$p \approx p_1 + p_2 + \cdots + p_k$。

即产品的不可靠性近似地为诸组成部分不可靠性之和。因此，为了提高产品可靠性有三大途径：一是减少组成部分的数目（如对机械产品来说，主要是要减少运动部件），二是提高组成部分的可靠性，三是冗余设计。为了简化设计，要：

1）尽可能减少产品组成部分的数量。最理想的是利用数控加工中心和精密铸造工艺，把过去要用很多零组件装配成的复杂部件，通过整体加工或制造成为一个部件。

2）尽可能实现零、组、部件的标准化、系列化和通用化，控制非标零、组、部件的百分比。尽可能减少标准件的规格、品种数。争取用较少的零、组、部件实现多种功能。

3）尽可能采用经过考验的可靠性有保证的零组部件以及测试工具和设备。

4)尽可能多地采用模块化设计。

(2)尽早发现和确定可靠性关键项目

产品的可靠性薄弱环节就是可靠性工程要抓的关键工作项目。

1)进行产品的 FMEA,分析产品的可靠性及安全性方面的薄弱环节。

2)进行必要的摸底试验,发现产品的薄弱环节及其失效机理。

3)建立可靠性质量数据信息系统,收集、交换国内外有关产品可靠性质量数据,对产品的研制、使用过程中的工作数据,进行分析研究。提供产品及其组成部分的工作信息。在大数据技术日益普及的今天,可靠性数据的共享希望更大。

(3)留有余量

当选用元器件,零组部件时,对其工作能力要留有余地,也即保留适当的安全系数。安全系数较大的,可靠性也较高,包括如下:

1)产品的构件要根据对它的可靠性要求定出适当的安全系数,根据应力-强度可靠性模型进行设计。

2)一般情况下,零组部件、元器件在工作中所受的应力应比额定应力低,即所谓降负荷使用。

3)产品的使用寿命到产品的 5% 或 10%(有时为 1%)耗损寿命为止。

4)尽可能减少零组部件,元器件受交变应力及峰值应力的作用次数。

5)通过冗余技术,将若干可靠性不太高的零组部件造成一个可靠的部件。冗余本身为部件的可靠性提供了安全系数。

(4)降低故障率

产品设计要争取消除故障或把故障降低到最低程度,包括如下:

1)通过调研和分析,在满足顾客需要的前提下,提出尽可能少的配套生产厂家,品种,规格的材料,元器件,零组部件,整机(如电动机、鼓风机等)的优选目录。

2)对电气元器件进行筛选,淘汰可能出现早期故障的元器件。

3)定出对机械产品的适当磨合方案,让用户在经过正确磨合后,再正式投入使用。

4)产品的电子元器件应经过适当的老化(老炼)后,再交付使用。

(5)环境防护设计

如能把环境条件控制在较适当的范围内,机电零组部件的可靠性会有较大的提高。

1)温度防护设计。多数电子元器件的失效率随工作温度的增高而迅速下降。对于尺寸小、密集度高的电子产品,温度控制尤为必要。但温度过低会引起诸如触点黏结、接缝开裂、绝缘脆裂、润滑剂过于黏稠等故障。

温度防护设计要点：提高效率、降低发热器件的功耗；选用耐热材料和零部件；合理分配安装热源和热敏感组件，尽可能使元器件与热源隔离或远离，一般把热敏感组件配置在进风口处，把发热量大的组件配置在出风口处；充分利用金属机箱或底盘散热；对发热量较小的功率器件，安装简单的铝型材散热器（其表面应粗糙并涂黑），接触处除增大接触面积、压力和粗糙度外，还可充填导热硅脂；对发热量大的零组部件，需要时可采用强迫风冷、液冷、热管散热等措施；对发热量很大的大型机电产品，可应用空调，并应用空气分配器调节局部温度（进入的空气应予以过滤）；对与受阳光直晒的产品应加遮阳罩；对于低温时性能或可靠性会下降的元器件可加保温装置；尽量不用液体润滑剂，选用如硅二元脂制成的润滑剂；采用耐低温的材料和部件；采用硅橡胶一类耐低温的密封和填充化合物；采用防冻液和适当的耐低温液压油。

2）三防设计（防潮湿、盐雾和霉菌）。潮气、盐雾和霉菌能腐蚀和破坏材料，使材料性能蜕化，降低产品的机械强度，降低电气性能，甚至导致失效。三防设计的要点为：避免直接暴露的电子组件组合，应尽可能采用整体全密封措施，有可能时，定期充氮；最好将产品的环境温度控制在27℃以下；暴露在外的接插件应采用密封型，并灌注硅橡胶使其密封；紧固件尽量采用不锈钢制品；对于金属材料，应尽可能采用不锈钢、铝合金、或用工程塑料代替；非金属材料（包括密封材料）应选用耐蚀、不产生有害气体、不吸湿、不长霉的材料（如有机硅橡胶）；涂料（尤其是线绕组件浸漆用涂料）要添加杀菌剂；印制线路板焊接、调试后，应涂三防漆（如聚氨酯清漆），在涂漆前要进行清洗和烘干，以免残留污物和潮气；必要时在产品内部可放置干燥剂和防霉片剂；光学设备要特别重视防霉、防潮措施，可镀增透膜和防雾膜；为防锈，金属件可进行电镀、氧化镀及热处理。

3）防冲击与振动设计。设计要点：冲击与振动可能降低产品结构的机械强度，甚至损坏结构。特别是发生共振时，更易导致故障。因此，在设计结构、安装及包装时要采取以下措施：产品的固有频率应避开外界环境的激振频率；选用的元器件、结构件均能承受规定环境的冲击振动；电线电缆的走线应用固定装置（如卡环）定位；印制线路板安装要可靠，接插件要有适当的插拔力，在导轨上面再加压条，确保不发生位移，接触可靠；按标准尽量减短元器件引线，并采用贴底卧式安装；质量大于15g的组件除一般引线固定外，应另有机械方法或用硅橡胶固定不能悬空，二极管、晶体管应有塑料衬垫；尽可能采用灌封的模块化整体功能部件；接插件引线端头采用硅橡胶固化。

（6）系统的可靠性设计

1）电路。除了上述一般准则之外，电路可靠性设计还需注意以下要点：对于兼有硬件、软件的产品，应尽可能发挥软件的功能，以代替一部分硬件功能，从而减少元器件、零组部件,有利于提高可靠性;对产品的可靠性分配应结合实现功能所需的资源一起权衡;尽可能用集成电路代替分立的元器件,用大规模集成电路代替中小规模集成电路;尽可能用数字电路代替模拟电路;在电路中应考虑瞬态电压、电流保护,如采用滤波网路、钳位保护电路、稳压二极管保护电路;按田口方法进行电路的公差设计,使电路参数对元器件参数漂移不敏感;重视减少电路接点和接点焊接工艺的可靠性。

电磁兼容是电路设计的重要问题,其要点如下:电子组合尽可能采用金属外壳屏蔽;接插件是可能造成泄漏的部分,其外壳应有导电防护层;射频信号、视频信号和中频信号应采用同轴电缆;音频信号传输线的屏蔽层只允许在信号源端接地,不能把屏蔽层作为信号回线;高灵敏电路应置于单独的屏蔽盒内;用滤波器抑制干扰源电流的高频分量;电源线和信号线应分开,输出线和输入线应分开;敏感电缆的布线应远离电源、变压器和其他大功率装置;连接信号的电缆和插接器必须保证阻抗匹配;多层印刷版层间应滤波、去耦;在数字电路接口线上增加旁路电容,以抑制尖脉冲干扰;接地时,应注意将交流和直流分开,大电流与小电流分开,数字电路与模拟电路分开;尽可能控制视频信号的输出功率,以免增加其他电子设备的电磁兼容设计的难度。

2)电气系统。电气系统可靠性设计的要点如下:三相电应有防止一相断路或缺少一相的防护,以免烧毁电动机或其他大功率设备;外露的电插接器与电缆的连接部位应加以密封;当设备的输入和输出板上使用多个相近的插接器时,应采取防插错措施;外部电缆应力求轻便,尽量避免中间用插头连接;蓄电池盒及其安装部位应有防止电解液漏液腐蚀措施;电源的大功率管要单独安装,与散热板之间的机械配合应紧密;大电流、高电压或小信号的输出要用屏蔽线;地线、电源线要尽量短、粗;质量大的部件应尽量靠近支架,并尽可能安装在较低的位置;开关、按键应符合人-机工程的要求,以免产生误操作。

3)液压系统。液压系统设计要点:液压系统应尽量采用泵、阀、油箱集成化设计,以减少管路数;应尽量采用变量式液压系统,以提高效率、减少发热;油箱内宜设有油温控制装置;储液量应便于检查,有需要时,应能自动显示;要有防止油液污染措施;管接头和孔口应有封堵措施,以免杂质进入油路;除泵吸口处装有滤油器外,在精密组件的入口要装设在线滤油器。在油箱内安装适当的隔板,以及使回流处接近液面,以利于消除气泡。

(7)耐用性设计

根据使用寿命的要求,进行耐用性设计的要点如下:

1)定期加注润滑剂,当然,采用无须润滑的结构(如自润滑轴承等)更为可靠。

2）选用耐磨损的零件，如圆锥滚子轴承可以自动调整磨损的零件。

3）润滑剂应满足环境温度和工作温度的要求，且不易老化。

4）动力线的绝缘材料应不会开裂及不会老化，并具有一定的抗拉能力。

5）点接触器的触点（如电动机的电刷、继电器的触点等）易于损坏，应选用可靠性高的材料制作。

6）尽量减少零组部件因在储存中蜕化变质而出故障的概率（如进行气密封装）。

（8）维修性的简化

维修性的设计准则是：尽可能减少（最好是不要）维修工作量及维修费用，提高产品的可用性。简化维修的设计要点如下：

1）降低维修频率及维修的复杂性。

2）减少大、中、小修及预防性维修的次数及所需时间。长期以来，我国的设备维修受苏联的影响，盲目追求完好率，造成很大浪费。实际上，对于通用设备只用于生产少数种类的零件，其本身就是浪费。再为了追求完好率进行大、中修更没必要。根据作者的经验，这时只需进行二级保养加所需项目的项修便已足够。

3）降低对维修人员的技术水平、熟练程度及人员数量要求。

4）减少维修所需的测试仪器、设备及工具的品种、规格及数量，并尽可能使用通用标准件，减少非标准件的百分率。

5）尽可能减少维修的后勤供应，如减少备件的品种、规格及数量。

6）重点注意常用维修项目的简化设计，如，选用在产品生命周期内，只需要最低限度维护及更换的轴承和密封件，选用可快速装拆的紧固件，选用不用装拆就能调整的零组部件等。

7）尽可能采用单元化设计，即将若干零组部件或功能组件组成一个可拆装的单元。模块设计就是一种单元化设计。

8）做好维修仪器、设备、工具、材料的通用化、标准化和系列化工作。

9）需要更换的同种零部件应有良好的互换性。

（9）提高故障的可探测度

1）在设计过程中，不断完善FMEA工作，例如，做出故障树图，提供故障的逻辑判断系列表。根据此表针对出现的工作模式，通过一系列检测就能进行故障定位。

2）在产品中，根据故障的逻辑判断系列表的需要集中或分片集中设计好检测点。检测点和检测参数的选定原则是：让常发故障检测定位的时间尽可能短。

3）检测点尽可能设计成"不需要解体某些部分就能进行检测"。检测点应有明显的标志。对重要的参数最好能采用自动监控，当参数接近危险区边缘时能自动报警。

4）检测设备要尽可能体积小、重量轻、操作方便和维修简单。检测设备的可靠性不应低于产品的可靠性，监控设备的可靠性应高于产品的可靠性，否则会出现虚假的报警，增加不必要的麻烦。

5）注意检测点与检测设备的匹配性。

（10）可达性设计

对一个出故障的零组部件与元器件进行修理更新，或者对其需要维护的部分进行维护的容易程度，称为可达性。可达性设计的要点如下：

1）凡需要检查、维护、装拆、更新的部位及零组部件，都应具有良好的可达性。

2）需要检测及危险的部位附近，要有足够的检测空间及维修空间。

3）如果必须用目视进行维修，则维修通道口必须有适于目视的空隙。

4）争取不拆下设备的构件、部件就能进行故障检测及定位。

（11）维修安全性设计

维修安全性设计要点如下：

1）设计要保证操作安全及维修安全。

2）对可能严重危及安全的设备部位必须有安全防护措施，如，对运动的机械构件如果有可能伤人，则必须加保护罩、盖。

3）在可能出现不安全的部位，应加明显的警告标志（包括灯光、音响、色彩、文字的警告标志）。

4）设备的电气、电子系统，必须有防止工作人员被电击的设计，如，电气、电子设备的机壳及暴露的部分均需接地；高压电路与电容器在断电后2s内，电压不能降到30V以下的，应设有放电装置等。

5）如果设备的电磁辐射超过容许量，则必须提供电磁辐射的防护措施。

6）进行防火设计。可燃物质必须与高温源、火源隔离，一般不要让设备在工作时散发可燃性气体或液体，在设备可能着火的部位选用不燃或阻燃材料，如采用耐火电缆、阻燃电缆等。

7）进行防爆、防毒设计，如，对高压设备，在必要时应配置可以自动释放能量的自动阀门。

（12）提高维修效率的设计

维修性是广义可靠性（即可信性）的重要组成部分。提高维修效率的设计要点如下：

1）对常发、多发故障的维修项目进行时间研究，制定出标准维修程序及所需的工作时间，使维修人员在经过培训后能按标准程序操作。

2）尽量采用可快速拆装的零组部件。

3）进行恰当的结构设计，使维修某一部分的某一零组部件时，不需拆卸其他零组部件。

4）产品应设计得易于维护，如，易于清洗、擦拭，易于添加燃料、补充润滑剂等。

17.1.4.4 可靠性设计经验

除上述可靠性技术和可靠性设计准则外，还有以下经验可以借鉴：

1）当选择设计方案时，应尽量不采用尚未成熟的新系统和零组部件，尽可能采用已有经验并已标准化的零部件和成熟技术。

2）设置功能监测和诊断装置。

3）考核零组部件的互换性。

4）失效安全设计。系统某一部分即使发生故障，但使其限制在预先规定的一定范围内，采用失效易损件（如压力锅的易熔限压阀），从而不致影响整个系统的功能。

5）安全寿命设计。保证使用中不发生破坏而充分安全的设计，如，对一些重要的安全零件（如汽车制动、转向机构等）要使其在极限条件下，也不发生变形、损坏。

6）加强连接部分的设计分析，如，选择合理的连接、止推方式，考核防振、防冲击，对连接条件的确认。

7）可靠性确认试验。在没有现成数据和可用的经验时，这是唯一的手段，尤其是对机械零部件的可靠性预测精度还很低时，主要靠通过使用来确认。

为了使设计时能充分预测和预防故障，把更多的防失效经验设计到产品上去，必须帮助设计人员掌握与故障有关的信息和设计依据。为此，可采取以下措施：

1）编制可靠性检查表。从可靠性的观点和经验出发，列出设计中应考核的重点，设计时逐项检查，考虑预防的对策。

2）推行 FMEA、FTA 方法。它们是可靠性分析中的重要手段，应被看作与设计图样一样重要。

3）编制故障事例集。将过去技术上的失败和改进的事例编成手册，供设计人员随时参考。通常用简图表示，将故障和改进加以对比，对故障原因、情况附有简单说明。

4）建立和利用可靠性数据库。广泛有效地收集设计、制造中的失败和改进经验、试验和实际应用的数据，形成数据库和检索系统，使设计人员能超越本单位，充分利用别人实践过的经验，如电子产品已形成世界性的可靠性信息网。

5）不断充实、完善设计、试验规范，从使用实际得来的故障教训要反馈到设计部门，体现在设计、试验方法规范的改进中，并将改进效果作为设计规范、试验标准的改进依据，使其成为设计技术的一部分。随着可靠性工作的开展，必须加强设计、试验规范的研究,不断改进使用方法和标准,如日本小松制作所10年中可靠性试验标准增加了3倍,丰田公司的可靠性使用标准有1500项之多。

6) 建立可靠性工作部门。在美国,较复杂产品的生产企业,普遍建立可靠性工作部门,有具有丰富的可靠性工作经验和掌握可靠性技术的专家归口管理可靠性工作。在产品开发项目中配备专业的可靠性工程师。

17.1.5 故障树分析(FTA)

17.1.5.1 概述

故障树分析是在系统设计过程中,通过对可能造成系统失效的各种因素(包括硬件、软件、环境和人为因素等)进行分析,绘出逻辑框图(即故障树),从而确定系统失效原因的各种可能的组合方式及其发生概率,并以此为基础来计算系统的失效概率,以便采取纠正措施,提高系统可靠性的一种设计分析方法。

故障树分析是以故障树作为模型,对系统进行可靠性分析的一种方法。它把系统最不希望发生的故障状态,作为逻辑分析的目标,在故障树中称为顶事件。继而找出导致这一故障发生的所有可能的直接原因,在故障树中称为中间事件。再跟踪引起这些中间故障事件发生的所有可能的直接原因,直至追寻到引起中间故障事件发生的全部零部件状态,在故障树中称为底事件。用相应的代表符号和逻辑门把顶事件、中间事件、底事件连接成树形逻辑图,此图即为故障树(FT)。再以故障树为基础对系统进行定性分析和定量计算,从而可对系统的可靠性进行预测和评估。

FTA 的具体步骤通常因评价对象、分析目的和精细程度等而不同,但一般可按如下步骤进行:

- 故障树的建造。
- 故障树的数学表达。
- 定性分析。
- 定量分析。

17.1.5.2 【案例17-1】对电动机过热故障进行故障树分析

图 17-1 所示为一个电动机的电源回路,其中:M—电动机,E—电源,S_1 和 S_2—开关,FU——熔断器,R—限流电阻。电动机是主要部件,因此选择它的以下两个故障模式作为顶事件:电动机过热,电动机不能起动。其所造成的故障树如图 17-2 和图 17-3 所示。电动机过热的建树边界条件是:导线正

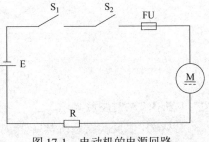

图 17-1 电动机的电源回路

常,无外力作用。

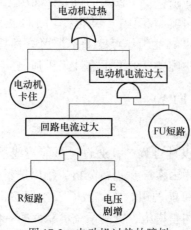

图 17-2　电动机过热故障树

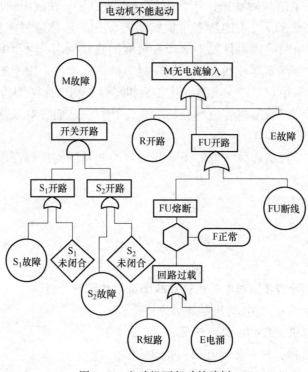

图 17-3　电动机不起动故障树

17.1.5.3　建树注意事项

故障树要反映出系统故障的内在联系,同时能使人清楚形象地掌握这种联系并进行确切的分析。为此,建树时应注意以下问题:

(1) 要选好建树流

要选好建树流就是要选好某种贯穿在建树过程中的功能流，以它为主线来分析所有故障事件，跟踪建树流逐级建树，如机械力、电流、电压、物质流和信息流等，均可作为建树流。

(2) 合理处理好系统及部件的边界条件

边界条件就是建树前对系统某些部件的状态或环境条件做出合理的规定，如：水源为无限大，导线和连接部分不发生失效，电源可靠等。不同系统、不同部件由于功能不同，与其主系统、部件关系不同，边界条件也不同。但边界条件不确定，故障树的范围也无法确定，尤其对于大型复杂系统更难处理。这就要求建树者广泛分析资料，做出合理且尽可能切合实际的决定。

(3) 故障事件定义要精确

如果故障事件定义不精确，树中可能出现逻辑混乱乃至矛盾及错误。

(4) 采用FTA通用术语和符号

为了便于交流，在建立故障树时，应采用表17-2所示的术语及符号。

表17-2　常用故障树术语及符号

分类		符号		名词术语
事件	底事件	○	基本事件	基本事件是在特定的故障树分析中无须探明其发生原因的底事件
		◇	未探明事件	未探明事件是原则上应进一步探明其原因，但暂时不必或暂时不能探明原因的底事件
	结果事件	▭	结果事件	结果事件是故障树分析中由事件或事件组合所导致的事件，分为顶事件（故障树分析中所关心的结果）和中间事件（底事件和顶事件之间的结果事件）
	特殊事件	⌂	开关事件	开关事件是在正常工作条件下必然发生或必然不发生的特殊事件
		⬭	条件事件	条件事件是描述逻辑门起作用的具体限制的特殊事件
逻辑门	与门	∩	与门	与门表示仅当所有输入事件发生时，输出事件才发生
	或门	∪	或门	或门表示至少有一个输入事件发生时，输出事件就发生
	非门	○	非门	非门表示输出事件是输入事件的对立事件

(续)

分 类		符 号		名词术语
转移符号	相同转移符号	⟨A⟩ 转入	⟨A⟩ 转出	相同转移符号是用以指明子树位置
	相似转移符号	⟨A⟩ 转入	⟨A⟩ 转出	相似转移符号指明相似子树位置

17.2 质量功能展开（QFD）

17.2.1 QFD 的概念

质量功能展开（QFD）是一种将顾客或市场要求转化为设计要求的整机特性、零部件特性、工艺要求、生产要求等多层次技术要求的演绎方法，是使新产品具有质量保证的重要方法之一。QFD 是分析展开顾客需求的科学方法，是将市场目标与工程要求联系起来的最佳纽带。它具有广泛的适用性，它适用于产品开发的全过程。既适用于新产品开发，也适用于老产品的改进；既适用于一般产品，也适用于大型复杂的高科技产品；既适用于硬件产品，也适用于软件产品及服务、管理领域。

QFD 包括两个部分：狭义的质量功能展开和质量展开。前者就是把形成质量的功能和业务，以不同的层次，按目的手段系列中的步骤，进行详细的展开到具体部分。后者是将顾客需求转换为产品质量特性（即产品的设计质量要求），并将其系统地（关联地）展开到功能部件、零件的质量要求、工艺要求乃至工序要求，如图 17-4 所示。

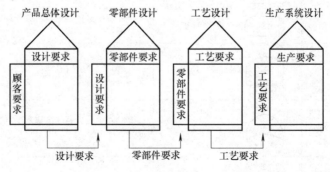

图 17-4 质量功能展开示意图

第17章 其他重要工具和技术

QFD 其实质是从需求质量和质量特性两个不同侧面对产品进行描述。然后，用二维表的形式展开它们之间的相互关系，并且从质量保证的角度分析设计质量，同时平衡它与技术、成本和可靠性的关系。

由狭义质量功能展开和质量展开两个部分形成完整的产品开发、市场控制的逻辑关系，如图 17-5 所示。

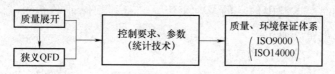

图 17-5　产品开发、生产、控制框图

17.2.2　QFD 的作用

QFD 已在全世界得到广泛应用并取得了显著的成效。归纳起来它有以下作用：

（1）有效地提高公司的经济效益

采用 QFD 方法可缩短研发周期，减少设计更改，减少投产中的问题，从而节省开支并提高产品质量。有的公司采用 QFD 方法后，使产品研发周期缩短 $1/3 \sim 1/2$，大约可节约一半经费，且产品质量得到较大改进。采用 QFD 可以优化设计和工艺，有效地减少后期工程更改和投产中的问题。应用 QFD 首先考虑了顾客的需求，包括性能、质量、外观和价格等，并同时考虑了这些因素对产品质量的影响，将其转化为各种适宜的技术规范，从而确保产品为广大顾客所接受，产品一旦进入市场，就适销对路，使研发和投资能产生更大的经济效益。

（2）有利于实现预防为主和早期的质量控制

采用 QFD 方法可使产品质量控制的重点，由制造阶段转向设计阶段。QFD 能及时帮助发现研发过程中的各种问题，使设计人员清楚地意识到潜在的质量问题及其影响因素，并在设计中加以预防，从而可避免因设计考虑不周而引发的问题。QFD 可以同其他各种质量控制方法，如，FMEA、FTA、SPC 和田口方法等结合起来应用，并形成一种前馈式质量控制（图 17-6）。根据顾客明确和隐含的需求，通过 QFD 转化为企业内部的各种技术规范。在转化过程中结合应用各种优化和质量改进的方法，使所制定的规范更为合理，并通过 SPC 来达到和保持规定的质量要求。QFD 还是六西格玛设计流程中不可或缺的重要工具。

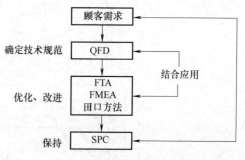

图 17-6　采用 QFD 的前馈式质量控制

(3) 有助于技术和工艺的结合

QFD 将顾客需求逐步展开为设计、工艺、制造和检验等各项技术要求。这可使工艺、制造部门早期介入设计开发，使设计开发同工艺密切结合，并可及早明确工艺和制造中的关键和重要质量特性，以便尽早对此采取相应的控制措施。采用 QFD 可使产品设计开发和工艺设计准备同步进行，因而使工艺准备目标明确、时间充裕。同时，试制中信息的及时交流，既有利于保证产品的设计质量，也有利于提高工艺准备的质量。

(4) 有利于实现持续的质量改进

QFD 是由顾客需求驱动的，将顾客需求放在首位，容易做到集中企业的智慧，以顾客为中心开展各方面的工作，不断改进产品质量。重点放在关键和重要的质量特性上，使产品功能和质量在竞争中保持优势。

(5) 有助于建立工程知识库

采用 QFD 方法，可使设计过程的知识和思考以简明的形式储存，从而防止设计过程中的信息流失，并使各有关部门对技术规范有正确而扼要的理解。成功的 QFD 案例可储存在工程知识库中，这就会极大地方便今后类似课题的设计和开发工作，并使其工作效率大为提高。

知识库还有利于培养人才，通过 QFD 案例可使有关人员迅速掌握相关知识和经验，少走弯路。

17.2.3 质量屋

质量屋是 QFD 的核心结构，根据不同的应用目的，质量屋的构成也有所不同，但其基本思想和方法是一致的。一般完整的质量屋由六部分组成，如图 17-7 所示。

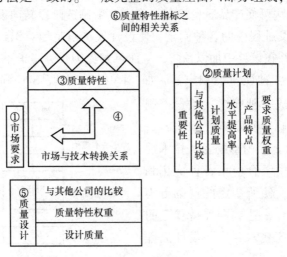

图 17-7 质量屋

第17章 其他重要工具和技术

(1) 市场要求

市场要求通常指顾客要求和社会要求，包括：Q—产品质量，C—产品成本，T—上市时间，S—服务，E—环境五个方面。有些市场要求是明确的，可以通过市场调查来确定；有些市场的要求则是潜在的（隐需求），需要通过对市场资料的分析和研究加以识别。

(2) 质量计划

这里的质量计划是指市场要求的优先顺序及与竞争公司在各有关项目上的比较。可通过调查表来确定优先顺序，让顾客根据直觉打分确定权重，同时，让顾客对本公司和竞争公司的产品满足这些项目要求的情况，进行打分评价。通过比较，确定本公司创新产品的质量特性或实现现有产品质量水平的提高。

(3) 质量特性

对产品、过程和服务等方面的要求，通常可通过智暴法列出满足市场要求（含顾客特殊要求）的技术要求，让与会者评价。这样所确定的质量特性指标容易量化，可为下一步确定零部件的设计参数提供依据。

(4) 中心矩阵（市场要求与技术转换）

质量特性与市场要求的相互关系确定后，还必须确定这种关系的密切程度并用打分法加以定量处理，以确定质量特性的权重，从而明确技术要求。通过矩阵表可明确一一对应的关系。因此，将这一步所形成的这种对应关系称为中心矩阵（或关系矩阵）。

(5) 质量设计

应确定产品、过程和服务的具体质量，既要考虑竞争公司的技术状况，又要判断本公司的技术实力，从而确定采取开发、引进或人员培训、技术攻关等措施。

(6) 质量特性指标之间的关系

由于系统内部各要素之间、各质量特性指标之间会出现矛盾或具有相同功能，不加以处理后续工作便无所适从，所以分析指标之间的关系相当重要。

17.2.4 质量屋的构建程序

质量屋的构建应由一个有专业人员组成的 QFD 小组来完成，如图 17-8 所示。QFD 是增强企业竞争力的有效技术，其优点在于不以企业的高投资、高自动化技术为必要条件，因而符合我国企业的现状。

KJ 法是全面质量管理中新七件工具之一。

17.2.5 QFD 案例分析

【案例 17-2】 以汽车车门为例，说明 QFD 如何进行实际运作。

(1) 分析顾客需求及重要度

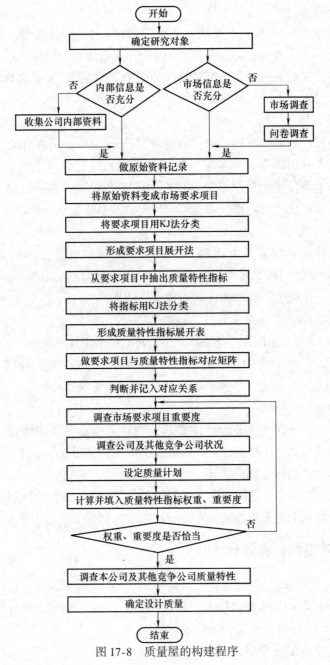

图 17-8　质量屋的构建程序

注：KJ法是全面质量管理中新七件工具之一。

通过市场调研和深入访问，可以掌握顾客对汽车质量特性的多方面的需求。其中，操作性能良好是一个比较概括的性能要求，对此可以进行分解，通过一次、两次分解，可以形成若干个等级（图17-9）。对每个特性的重要度，可按表17-3来分析、确定。

第17章 其他重要工具和技术

一	二	三	重要度	开关力					密封—隔音			
				关门动力	平面上的阻力	斜坡上的阻力	开门动力	最大关门力	车门密封阻力	车窗隔音性	减小公路噪声	防水性
操作性能良好	易于开关	易于从外部关闭	5	O				O	#			
		在斜坡上可保持开门状态	3		O	O						
		易于从外部开启	4			O						
		不反弹	3				O		×			
		易于从内部关闭	4	O								
		易于从内部开启	3		O							
	密封性	不漏雨	5						O			O
		低噪声	3						O	O	O	
		洗车时不渗水	4						O			O
		无风声	3							O		
		无门时不滴水、雪	4									O
		无"咯咯"声	2						O	O		

图17-9 汽车车门的关系矩阵

表17-3 顾客要求的重要度

顾客需求的性质	顾客需求的重要度
不影响功能实现的需求	1
不影响主要功能实现的需求	2
比较重要的影响功能实现的需求	3
重要的影响功能实现的需求	4
基本的、涉及安全的、特别重要的需求	5

将顾客需求及重要度填写在汽车车门的质量屋中。各个功能（或性能）之间的相关性质和程度的标记见表17-4。

表17-4 相关性质及相关程度

相关特性	符号	相关性质及关系程度
正相关	O	相互叠加的作用，呈正相关的关系
强正相关	◎	很强的相互叠加的作用，呈正相关的关系
无关	空白	没有关系
负相关	×	相互削弱的作用，呈负相关的关系
强负相关	#	很强相互削弱的作用，呈负相关的关系

（2）工程特性分析

根据顾客需求的有关内容，确定工程特性。当确定工程特性时，应充分考虑用专业术语来描述各专业的有关知识和问题。本案例中，与"易于关"顾客需求对应的工程特性，应是与开关所用的力有关的特性，包括：开门动力、关门动力、在斜坡上的开门力、最大关门力等。与密封有关的顾客需求，应是与密封和隔音有关的工程特性，包括：车门上的密封阻力、车窗隔音性、减小公路行驶噪声和防水性等。将这些细分后的特性记入质量屋相应的栏目中（图17-9）。

（3）关系矩阵（中心矩阵）

分析顾客需求与工程特性之间的关系和相关程度，将其相关程度用相应符号记入质量屋的相应栏目中（图17-9）。

（4）工程特性指标及重要度

各种工程特性所能达到的指标，其中应包括本产品、A产品、B产品的指标。这些指标反映产品的技术竞争力。将其记入质量屋的相应栏目中（图17-10）。

一			开 关 力				密封-隔音			市场竞争能力			
二			开门动力	平面上的阻力	斜坡上的阻力	开门动力	最大关门动力	车门封闭阻力	车窗隔音噪声	减小公路噪声	防水性	本公司车	A公司车	B公司车	…
二	三	重要度												
操作性能良好	易于开关	易于从外部关闭	5	O			O	#				1	3	3
		在斜坡上可保持开门状态	3		O	O						2	1	3
		易于从外部开启	4		O	O						4	3	3
		不反弹	3				×					3	1	2
		易于从内部关闭	4	O			×					2	4	1
		易于从内部开启	3		O	O						3	2	1
	密封性	不漏雨	5					O		O		4	3	2
		低噪声	3					O	O			3	2	1
		洗车时不渗水	4					O		O		2	3	4
		无风声	3					O				4	3	2
		开门时不滴水、雪	4							O		3	1	2
		无"咯咯"声	2									1	4	3
工程特性指标			10N·m	40N	27N	10N·m	54N	45N·m		9dB	5bar			
重要度			4	3	2	5	1	3		1	5			
技术竞争力	本公司的车		15	54	27	4	80	45		1	9	5		
	A公司的车		3	54	27	3	58	30		1	5	4		
	B公司的车		13	49	31	15	62	30		1	6	4		
	…													

图17-10 汽车车门质量屋

17.3 试验设计（DOE）和稳健设计

17.3.1 概述

17.3.1.1 什么是试验设计

（1）试验设计（实验设计）

试验设计是一种用于经济地、科学地安排试验，已取得优化设计参数的技术。它从 20 世纪 20 年代问世以来，经过了三个发展阶段：即单因素和多因素方差分析、正交试验法、调优设计法。

（2）传统的试验方法

长期以来在试验领域中，特别是对于多因素试验，对不同的影响因素（因子）。不同的参数水平（位级），按照排列组合的方法，逐一进行试验，以寻求最佳方案（配伍）。这种方法带有很大盲目性，试验工作量巨大，试验耗费多，历时长，造成人力、物力、时间大量的浪费（许多是无效方案），如农药 666 的研制试验了 666 次。

因此，如何来寻求优化的试验方案，以达到少、快、好、省的目的，便成为数学家和试验工作者十分关注并致力于使其发展的问题。

（3）试验优化的概念

试验全过程优化包括：方案优化（试验的优化设计）、控制优化（有效地排除试验干扰）和结果处理（即数据处理）优化。在处理试验结果时，通过简便的计算和分析，可以直接获取更多的优化成果，为决策提供更有用的信息。

试验设计是指试验方案优化设计及其试验结果处理。它是统计数学一个重要的分支。

17.3.1.2 试验设计的发展

试验设计发展的三个里程碑如下所述：

（1）Fisher 创立传统试验设计

18 世纪欧洲普鲁士的腓特烈大王要举行六列方队的阅兵式，他要求每个方队行、列中都由六种部队、军官组成，不得重复。群臣无一人能排出，请教当时著名数学家欧拉，提出了拉丁方，如，可组成三因素、三水平的拉丁方（表 17-5），可以解决一般三种洗涤剂（A、B、C）在三种不同的洗衣机、三种不同温度下怎样洗衣效果最佳的问题。

20 世纪 20 年代英国生物学家、统计学家 Fisher，运用这种均衡排列的拉丁方，解决了农业试验时的不均匀试验条件（土壤、种子、肥料、日照）问题，提出了方差分析法，创立了试验设计。

表 17-5　三因素、三水平的拉丁方

洗衣机 水温	I	II	III
1	C	A	B
2	B	C	A
3	A	B	C

（2）正交试验设计

相关内容及正交表的构造和开发参见 17.3.2 节。

（3）田口方法

20世纪50年代着手研究（至1976年发表《试验计量法》达到完善）建议用贡献率（$S_A/S_总$）的大小，评定各因素对波动的影响程度，提出了三段设计（系统、参数、容差）的方法，特别是所开发的 S/N 信噪比试验设计，是现代试验设计的发展。

17.3.1.3　试验设计的应用

1）产品设计。确定最佳结构参数配伍，如喷油器喷孔孔径大小和间距的优化。

2）工艺设计。寻求最佳工艺参数，如热处理的温度、时间对产品硬度、韧性、组织结构的影响。

3）农业作业设计。如大豆施氮肥、磷肥，大豆品种，土壤状况对产量的影响。

4）在化工中用来确定最佳配方（构成元素及浓度）、最佳反应参数，如：塑胶粒的配方和工艺也可用于机械制造等行业的工艺参数优选。

5）在可靠性试验中应用。

汽车可靠性试验是一项周期长、费用高且影响试验结果因素众多，运用正交试验可大大节省人力、物力和时间，且可获得科学的结论。

17.3.2　正交试验设计

17.3.2.1　正交试验设计的基本概念

（1）试验指标

衡量试验效果的指标，在质量管理中即为所寻求的质量特性。其定量参数为：速度、温度、压力、硬度、强度、成本和寿命等，定性特征为：外观、色泽、气味。

在数学中，可表达为：因变量、目标函数。

(2) 试验因素（因子）

试验因素（因子）即试验条件，影响试验结果的诸因素，通常用大写的 A、B、C……来表示，如化工中的浓度、成分配比、温度、压力、催化剂……在数学中可表示为自变量。

(3) 因素水平（位级）

试验因素的数值水平（即取值），如二水平、三水平……当无法定量时，只能取大致范围，如：软、硬、大、小、好、较好……

(4) 处理组合（组合处理）

在所有试验因素基础上，在不同水平下形成试验点。例如：二因素 A、B，二水平 1、2 有 A_1B_1、A_2B_2、A_1B_2、A_2B_1，四种组合处理，即四个试验点。可以用排列组合方法求出全部组合。

(5) 部分试验

在上述可能的全部组合进行全面试验是最原始的"笨"办法。选择一部分试验实施，部分试验与全面试验之比称为几分之几部分试验。试验设计就是要用尽量少的部分试验来实现全面试验所要达到的目标。

矛盾在于：试验数少怎样获取全面的试验信息。

17.3.2.2 正交表

(1) $L_4(2^3)$ 是具有三因素二水平的最简单的正交表

其中，L（Latin）——正交，2——两个水平（位级），3——3 个影响因素，4——试验次数。$2^3=8$ 一般需 8 次，运用正交试验只需 4 次，可节省 50%，其试验方案见表 17-6。

表 17-6　2^3 的正交试验方案

列号 试验号	1	2	3
1	1	1	1
2	1	2	2
3	2	1	2
4	2	2	1

(2) 一般表达式

正交表的一般表达式为 $L_n(j^i)$，其中，L——正交；n——试验次数；i——影响因素数，即正交表中列数；j——因素水平数。

在正交表中每列可以安排一个因素，因此，安排的因素可以小于 i。

$N=j^i$ 为各因素不同水平的完全组合数。

$L_8(2^7)$ 表示 7 因素二水平需 8 次试验，而 $N=2^7=128$。由此可见，若采用正交试验,工作量仅为1/16。若每个因素(单因素)按两个水平试验尚需 $2 \times 7 = 14$ 次,且不能找出最好的搭配。

$L_9(3^4)$ 表示四因素三水平9次试验,而采用传统组合 $N = 3^4 = 81$,这时采用正交试验只有1/9工作量。

(3)标准表

按表列试验次数决定因素及其相应水平来安排试验即可,应用十分简便。

常用标准表: 二水平:(3~15)因素

         三水平:(4~40)因素

         四水平:(5~85)因素

         五水平:(6~156)因素

凡是标准表,其水平数都相等。

(4)正交表的特性

1)正交性:即均衡分布思想在正交表的体现。

a)任一列中,各水平都出现,且出现次数相同。

b)整齐可比性:每一因素水平、试验次数完全相同。任意两列之间各种不同水平的所有组合都出现,且出现次数相等。

正是由于各因素、各水平的组合机会均等重复出现,增强了试验结果的可比性。

c)可以等效变换:这种特性使正交表可成为原正交表的等价表。

- 行间置换——各行之间可以相互置换。
- 水平置换——同一列中的水平数多可置换。
- 列间置换——每一列是平等的,其间可以置换。

2)代表性。

- 任一列各水平都出现,使部分试验中包括所有因素的所有水平。
- 任意两列间所有组合都出现,使得任意两列间都反映了全面试验。
- 正交性保证了部分试验点必然均衡地分布在全面试验点中,使其优化结果与全面试验一致。

3)综合可比性。正交性保证了每一列各水平出现次数相等,以及任两列间所有可能的组合出现次数相同。因此,使每一因素各水平的试验条件相同,这就能最大限度地排除其他因素的干扰,从而使得综合比较每个因素不同水平对试验指标的影响是有意义的,因而得以实现高效率。

在上述三个特点(或性质)中正交性是核心,是基础。

(5)正交表的应用

1)标准正交表适用于各因素的水平数都相等、因素间的交互作用可以忽略的试验问题。交互作用是指因素间的组合搭配对试验指标的影响作用。

2) 选用原则。

- 既能容下所有的试验因素（为列数），又使试验次数最少。
- 各因素间应是相互独立的，即某一因素不能与其他因素存在明显的相关关系或函数关系。
- 尽量选用小号正交表，以减少试验次数。
- 可考虑分批试验，按每个试验批来选正交表。

17.3.2.3 试验方案设计

(1) 确定试验指标

首先应明确试验目的。一项试验常有多重目的，相应有多个试验指标。这需要运用专业知识加以分析，才能合理确定所追求的基本质量特性。

确定试验指标后，就可以确定衡量和评定试验指标的原则、标准，并需要确定相应的测量方法和仪器设备（准确度、分辨力、量程）。

(2) 确定试验因素并选取适当水平

当选试验因素时，首先要根据专业知识及以往研究的结论和试验的经验，尽可能全面地考虑影响试验指标的诸因素，特别是对试验指标影响较大的因素、尚未完全掌握其规律的因素和未曾研究过的因素。

应遵循尽量少选因素的一般原则，根据试验要求，确定试验因素。对试验指标影响较少的因素应尽量少选或不选，但要作为试验条件因素加以控制。

因素水平一般以 2~4 为宜。特别是在分批试验的情况下，更宜少选。"分批走着瞧，在有苗头处重点加密，在过稀处适当增加"是节约试验次数的基本原则。

在多批试验时，可以多选因素，少选水平，这就意味着每批都用小号正交表，减少试验次数，但同样可以找到现有条件下的最佳组合。

(3) 选用合适的正交表

只要正交表安排得下，尽量选用小号正交表。如 $L_4(2^3)$ 能安排下尽量不用 $L_8(2^7)$。

在选正交表之前宜列出因素水平表，如：汽车 60CrMnB 钢板弹簧不同温度和时间下的回火工艺试验见表 17-7。

(4) 表头设计

正交表的每一列可以安排一个因素。所谓表头设计，就是将试验因素分别安排到所选正交表的各列中的过程。若因素间无交互作用，各因素可以任意安排到各列中去。

当考虑交互作用时，必须进行表头设计。此时，应该采用相应的非标准表。

表 17-7　回火试验的因素、水平

水平 \ 因素	(A) 加热温度	(B) 保温时间	(C) 出炉温度
1	A_1 800℃	B_1 6h	C_1 400℃
2	A_2 820℃	B_2 8h	C_2 500℃

(5) 编制试验方案

在表头设计的基础上，将所选正交表各列的不同数字换成对应因素的相应水平，便形成了试验方案。

在试验方案中的试验号并不表示试验顺序。为了加快试验，最好进行同时试验，同期取得全部成果。若条件只允许逐个试验，为了排除干扰，应使试验号随机化（可用抽签、掷骰子或按随机数表）的方法来确定试验顺序。同时，试验因素的水平应严格控制，试验条件应尽可能一致。

一般应进行重复试验，以减少随机误差对试验指标的影响。

17.3.2.4　试验结果处理——极差分析法（直观分析法）

处理试验结果的目的在于确定试验因素的主次，各试验因素水平的优选以及寻求最优组合。

对试验结果不处理而"直接看"，虽然可以求得较优组合，但却不能全面而圆满地达到上述目的。这是因为所观察到的部分试验不能完全保证最优组合就在其中。

根据正交表的综合可比性，利用极差分析法，可以非常直观而简便地分析试验结果，从而确定因素主次和最优组合。

极差 $R = Y_{max} - Y_{min}$，R_j 为第 j 因素的极差。Y_{jk} 为 j 因素 k 水平对应的试验结果。Y_{jk} 为 Y_{jk} 的均值，若某一水平进行了三次试验，则为三次试验结果的平均值。Y_{jk} 的大小可以判断 j 因素的优水平（它对试验指标的影响），从指标的物理概念可得出 Y_j 大小是有利或不利的结论。

下面就上例中不同温度和时间的四次回火试验结果进行分析（表 17-8）：

表 17-8　试验结果分析表

试验号 \ 因素	加热温度 A/℃	保温时间 B/h	出炉温度 C/℃	试验指示 硬度合格率 Y_i（%）
1	(1) 800	(1) 6	(1) 400	93
2	(1) 800	(2) 8	(2) 500	83
3	(2) 820	(1) 6	(2) 500	44
4	(2) 820	(2) 8	(1) 400	68

(续)

因素 试验号	加热温度 A/℃	保温时间 B/h	出炉温度 C/℃	试验指示 硬度合格率 Y_i（%）
$\overline{Y}_{j1}$	176（93+83）	137（93+44）	161（93+68）	
$\overline{Y}_{j2}$	112（44+68）	151（83+68）	127（83+44）	
$\overline{Y}_{j1}$	176÷2=88.0	68.5	80.5	
$\overline{Y}_{j2}$	112÷2=56.0	75.5	63.5	
R_j	32.0	7.0	17.0	
优水平	A_1	B_2	C_1	
主次因素		ACB		
最优组合		$A_1B_2C_1$		

由表17-8可见，硬度合格率越高，即 Y_j 越大越好，"直接看"最优组合为 $A_1B_1C_1$。因为这一方案合格率最高极差 R_j 大，表明：$Y_{A1} > Y_{A2}$，$Y_{B2} > Y_{B1}$，$Y_{C1} > Y_{C2}$。极差大表明影响大，故最优组合为 $A_1B_2C_1$，与"直接看"的结果有差异，换句话说，如用 $A_1B_2C_1$ 试验，则合格率必然高于93%。因此，在"直接看"之后，宜用极差法"算一算"。

上述结果表明：

1）$A_1B_2C_1$ 为优化结果，但并未进行这种组合试验。因此，优化结果并不仅反映已做过的试验，而能反映全面试验的信息。

若条件允许应对 $A_1B_2C_1$ 组再进行验证性试验。

2）在实际生产中，最优组合有一定灵活性，即对于主要因素A，一定要选最优水平，若考虑其他因素，如节能、提高生产率……则 $A_1B_2C_1$ 仍是可取的。

3）运用试验结果分析法进行极差计算分析就可一目了然，十分简便。

17.3.2.5　正交设计技术

参数设计是通过试验优化方法来确定产品各参数的最优组合。以某系统为例，包含7个因素，每个因素可分为两个水平，则可能的参数组合形式有 $2^7=128$ 种。若要全部进行试验，时间和费用都是难以接受的。应用单一因素，则试验次数将大大减少为 $2\times7=14$，但是最终结果往往距离优化点很远。田口应用正交试验技术，只用最少的试验就可以找到参数设计的近似最优点。他根据 R. A. Fisher 统计学理论："一个缩减的因素集具有与全集相同的统计意义"，构造了一些正交向量，利用少量试验来研究整个参数空间的性质。以7个因素2个水平为例，它的正交向量见表17-9。

表 17-9　正交向量表 L_8 (2^7)

试 验 号 \ 因 素	1	2	3	4	5	6	7
1	1	1	1	1	1	1	1
2	1	1	1	2	2	2	2
3	1	2	2	1	1	2	2
4	1	2	2	2	2	1	1
5	2	1	2	1	2	1	2
6	2	1	2	2	1	2	1
7	2	2	1	1	2	2	1
8	2	2	1	2	1	1	2

由表 17-9 可见，利用正交向量使得试验次数大幅度减少，从 128 次减少到 8 次，无论从时间上还是费用上来讲，这种节约都是相当惊人的。

17.3.3　稳健设计（田口方法）

稳健设计是一种降低生产成本、提高产品质量的统计分析设计方法。日本著名质量管理专家田口玄一于 20 世纪 70 年代提出的"三次设计法"，确立了稳健设计的基本原理，奠定了稳健设计的基础。将此方法广泛应用于解决各种设计问题，成为日本工业迅速发展的重要原因之一。目前，田口方法已在全世界得到有效的推广应用。国内外大量的应用实践证明，在产品开发和工艺设计等技术部门应用田口方法，必将促进产品和工艺设计质量水平的提高和成本的降低。

17.3.3.1　稳健设计的方法

与通常的质量概念不同，其主要观点是产品质量可用对顾客造成的损失来衡量，这种损失正比于产品的功能特性与其目标值之间的差距。因此，田口将质量理解为：为避免产品出厂后对社会造成损失的特性，可用"质量损失"来对产品质量进行定量描述。质量损失包括：直接损失，如空气污染、噪声污染和有害化学物品和核泄漏等；间接损失，如顾客对产品的不满意以及由此而导致的市场损失、销售损失和附加的诉讼、保险费用等。田口以货币为单位对质量进行度量，偏差越大给社会带来的损失越大，说明产品的质量越差；反之，产品质量就越好。对待偏差问题，传统的方法是通过产品检测剔除超差部分或严格控制材料、工艺，以缩小偏差。但这种做法不仅很不经济，而且有时在技术上也难以实现。田口方法是靠调整设计参数，使产品的功能、性能对偏差的起因不敏感，以提高产品自身的抗干扰能力。为了定量描述产品的质量损失，他提出了"损失函数"的概念，如图 17-11 所示。

以图 17-11a 为例，产品不符合性能要求会造成损失。在性能要求的范围

第17章 其他重要工具和技术

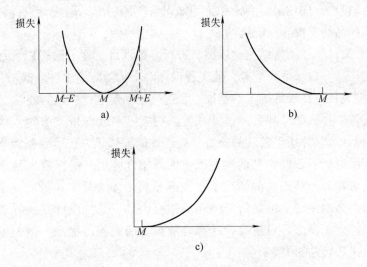

图17-11 三种常用的质量损失函数
a) 确定目标值 b) 目标值越大越好 c) 目标值越小越好

$(M-E, M+E)$ 内，也会造成损失，只有严格控制在目标值 M 上的产品，其质量损失才会为零。随着产品性能偏离目标值的程度加大，质量损失按抛物线增加。

损失函数使对产品质量描述得更为精确，因而它使工程技术人员可以从技术和经济两个方面，同时分析产品的设计和制造过程。质量不再只是质量部门、制造部门的话题，质量已渗透到产品生命周期的各个阶段和各个领域。

根据质量损失和损失函数定义，质量损失是由于产品功能特性偏离目标值引起的，偏离越大造成的质量损失越大。减少偏差（对单个产品而言）和变差（对一批产品而言）是田口方法的根本宗旨。图17-12所示为产品质量损失因素图。引起产品质量偏差的因素可分为可控因素和噪声因素。可控因素是指易于控制的因素，如材料选用、结构形式和结构参数等。噪声因素是指难于控制、不可能控制或控制代价很高而对产品质量又有干扰的因素，如环境因素中的温度、湿度以及情绪等人为因素。

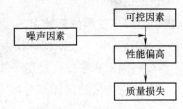

图17-12 产品质量损失因素图

噪声因素通常是造成产品功能特性偏离的主导因素。它是产品生命周期中不可避免的因素。它与可控因素相互作用，使产品特性偏离目标值并造成损失。

田口方法的基本原理是通过控制可控因素的水平和配合，使产品和工艺对噪声因素的敏感度降低，从而使噪声因素对产品质量的影响减少或消除，以达到提高和稳定产品质量的目的。田口提出的"三次设计法"即分三个阶段对产品质量进行优化：

1）系统设计。应用科学理论和工程知识对产品功能原型进行设计开发，在这阶段完成了产品的配置和功能属性。

2）参数设计。在系统结构确定后，进行参数设计。这一阶段以产品性能优化为目标确定产品参数水平和配置，使工程设计对干扰源的敏感性最低。

3）公差设计。在参数确定的基础上，进一步确定这些参数的公差。

系统设计、参数设计和公差设计三方面内容，构成田口方法的"线外质量管理"。参数设计是线外质量管理的核心，它通过试验优化方法确定系统参数的最优组合，使产品对环境条件和其他噪声因素的敏感性降低。最终效果是在不提高产品成本，甚至降低产品成本的情况下，使产品质量损失最小。可见，参数设计是获得高质量产品的关键，也是田口方法的中心内容，系统设计是线外质量设计的基础和前提。公差设计是对系统设计和参数设计的完善与提高。损失函数和安全系数是决定设计公差的要素。

17.3.3.2 线外质量管理的步骤与程序

线外质量管理的一般步骤和程序如下：

1）根据市场需要提出产品的质量目标值及成本要求。
2）产品设计部门根据上述要求基础产品的线外质量控制设计。
3）工艺部门根据产品的加工工艺特点进行工艺方案的线外质量控制设计。
4）产品制造过程中的线内质量控制。
5）产品销售。
6）产品售后服务。

在以上六个步骤之间不断进行反馈控制，确保了全过程，以实现质量目标值为目的的质量改进。

17.3.3.3 主要分析技术

参数设计、公差设计技术与方法的主要内容如下：

- 因素水平的选择与分类。
- 特性值的选择与分类。
- 表头的设计与数据分析。
- 正交设计技术。
- 信噪比 S/N 的应用。

由于前四项比较简易，下面仅就信噪比 S/N 做简单介绍，详细情况可参阅有关文献[9]。

（1）信噪比 S/N 分析

根据损失函数的概念，只有当产品性能指标严格为标准值时，损失才为零，偏差越大损失越大。因此，产品质量的控制既要考虑平均值又要考虑其变化。为此，田口提出了评价指标——信噪比 S/N。同时对产品质量的平均值和偏差进行衡量。信噪比 S/N 的表达式随损失函数的不同而变化。图 17-11 所示三种损失函数下的信噪比 S/N 的表达式列于表 17-10。

表 17-10　三种常用信噪比表达式

类　型	S/N 表达式	说　　明
a	$10\lg(S_m = Y_e)/(ny_i)$	用于确定目标值优化
b	$-10\lg(\sum y_i^{-2})/n$	越大越好
c	$-10\lg(\sum y_i^2)/n$	越小越好

其中，平均值 $S_m = (\sum y_i)^2/n$；偏差 $V_e = (\sum y_i^2 - (\sum y_i)^2/n)/(n+1)$，$y_i$ 表示试验观测值，$i = 1, 2, 3, \cdots, n$。

为了得到质量稳定性好的产品设计，应尽可能增大 S/N 值。

(2)【**案例 17-3**】减少气模火焰筒的噪声

图 17-13 所示为气模火焰筒的结构示意图，由于火焰筒中的热气流始终存在一种频率较低的脉动现象，使得试验时产生一种啸声。为了减小这种啸声，应用正交试验法对其结构参数进行对比，得到了较好的设计结果。

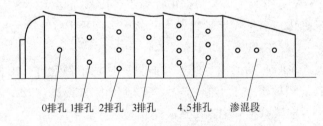

图 17-13　气模火焰筒的结构示意图

应用田口方法对其进行分析优化，将会看到田口方法比一般单纯的正交试验法具有更为理想的优化效果。其主要步骤如下：

1) 确定产品质量性能及目标值。产品质量性能的研究对象为气模火焰筒的啸声，目标值为越小越好。可以用声级计，对啸声声压的大小进行测量。

2) 通过经验分析认为影响啸声的主要因素有五个，每个因素分为两种孔径水平进行试验，见表 17-11。其中每个因素都是可控因素，噪声的其他影响因素，如温度、气体涡动等不可控因素的影响，可以通过多次采样计入。

3) 正交试验设计。根据试验原则，可选用表 17-11 的前五列安排试验。

表 17-11 主要影响因素及其水平值

水平＼因素	A 0 排孔	B 1 排孔	C 2 排孔	D 3 排孔	E 4、5 排孔
1	φ4	φ16	φ24	12 × φ30	φ16
2	φ5	φ20	φ26	6 × φ30	φ20

4）试验。试验数据及其二次计算分析数据（噪声合计、信噪比）列于表 17-12。

表 17-12 试验及分析数据

试验	1 A	2 B	3 C	4 D	5 E	试验数据/dB					噪声合计/dB	信噪比
						1	2	3	4	5		
1	1	2	3	4	5	0.8	0.5	0.4	0.3	0.6	2.6	5.229
2	1	1	1	2	2	1.0	1.5	1.8	1.8	2.2	8.3	−4.645
3	1	2	2	1	1	0.2	0.5	0.5	0.4	0.2	1.8	8.297
4	1	2	2	2	2	2.1	2.4	2.2	1.9	2.5	11.1	−6.967
5	2	1	2	1	2	0.6	0.4	0.4	0.2	0.4	2.0	7.545
6	2	1	2	2	1	1.7	1.8	2.0	1.8	1.7	9.0	−5.122
7	2	2	1	1	1	0.3	0.3	0.2	0.3	0.2	1.3	11.549
8	2	2	1	2	2	2.5	2.3	2.5	2.1	2.2	11.6	−9.930

5）信噪比 S/N 分析。由试验数据可计算出各因素对信噪比 S/N 的影响作用，发现因素 D（三排孔）对信噪比影响最大，其次为因素 E（5 排孔），后面依次为因素 A、C、B。

信噪比越大，说明产品的质量越好，而且质量稳定性越好。由信噪比 S/N 分析可知，因素 D 应当取水平 1（D_1），因素 E 应当取水平 2（E_2），其余因素对信噪比影响不大，可按试验结果中噪声最小先暂时取 A_2、B_2、C_1。

6）平均值分析。各因素对产品啸声声压平均值的影响不同。计算表明，因素 D 对平均值的影响最大，其余因素对平均值的影响较小。根据质量优化目标为产品啸声越小越好，结合信噪比分析结果，可确定因素 D 取值为 D_1，因素 E 取值为 E_2。

7）相关性分析。为了确定 A、B、C 三个因素的水平值，还需要对各因素之间的相互影响作用详细分析。此处 5 个因素之间都有相互影响的可能，因此，需要计算 $C_5^2=10$ 种组合情况。分析表明，E 与 A 之间的相互作用最大，其次为 D 与 B 和 C 与 E 以及 D 与 A 之间也有较弱的相互作用。根据质量优化设计目标和前面分析所得结果（D_1、E_2），参照因素相互影响作用，可确定其他因素取值为 A_2、B_2、C_1，与初选完全一致。

由以上分析确定各因素的最优值为：A_2、B_2、C_1、D_1、E_2。此时，产品 5 次试验的噪声值分别为 0.3dB、0.3dB、0.2dB、0.3dB、0.2dB，噪声总计为 1.3dB，信噪比为 11.549，在全部 8 组试验中最优。由此可见，在正交试验优化的基础上，应用信噪比 S/N 分析、平均值分析和相关性分析等技术后，使得田口方法具有更为有效的优化效果。

近年来，随着计算机技术、优化设计和 CAD 技术的发展，在以三次设计法为代表的传统的稳健设计方法中，注入了许多新的内容，逐渐形成了现代的稳健设计方法。

17.4 防错法（Poka-yoke）

17.4.1 概述

美国汽车行业的一个市场调研小组，在其调查报告中，建立了著名的"质量杠杆"模型（图 17-14）。由图可见，对产品质量而言，在其形成之前越早采取措施效果越明显。

预防是质量管理的精髓，预防也是最节省的。在设计和制造过程中采取预防措施则可避免 80% 以上的质量问题。

在汽车行业用的 QS9000 标准和 IATF 16949 标准中，都强调了必须采用防错方法，即在设计和制造中采用防错的技术措施。

图 17-14 质量杠杆
1—设计 2—制造 3—检验
4—顾客抱怨 5—维修

美国质量管理大师克劳斯比提出的"零缺陷"理论是推动防错法不断发展的动力。为实现"零缺陷"，必须明确：

1) 质量就是符合要求。从这个意义上说，对质量精益求精，追求好上加好是不适当的，因为会增加许多成本。

2) 产生质量的系统应立足于预防，而不是检验。检验是在过程结束后把坏的产品从好的里面挑出来，而无法让不合格产品不产生；预防则要在产品和过程的设计阶段采用措施，力求避免产生缺陷。预防要求资源的配置能保证工作正确地完成，而不是把资源浪费在问题的查找和补救上面。

3) 工作标准必须是零缺陷，而不是差不多就好。零缺陷的工作标准意味着，每一次和任何时候都要满足工作过程的全部要求。

4) 质量是用不符合要求的代价来衡量的，而不是用指数。指数是一种把与不符合有关的坏消息进行软化处理的方法。这种已经软化了的坏消息是不会促使管理者采取有效行动的。

5)"零缺陷"的管理理念是:无论对产品质量,还是工作质量,都要努力实现第一次就提供正确的结果。

"零缺陷"活动实质上在于针对一个缺陷发生,无须更多的检查人员,而代之以彻底追查问题的根源,找出导致缺陷发生的人为疏忽或差错,采取故障预防装置来100%监控人为差错或有缺陷的工作状况,以便杜绝缺陷的再次发生,即用预防装置替代100%自动检查的质量控制方法。

本章所介绍的防错思路、原理和方法,对其他过程也有价值。

17.4.2 防错法的作用

在作业过程中,因疏漏和遗忘而引起的失误所造成的不合格品所占比例很大。若能用防错法防止这类失误的发生,则产品质量和作业效率必将大幅提高。采用防错法的作用如下:

(1)防错法意味着"第一次就把事情做好"

防错法采用一系列工具和方法防止失误发生,从而可实现"第一次就把事情做好"。

(2)产品质量提高,减少浪费

由于防错法"第一次就把事情做好",其直接结果就是产品质量的提高。同时,它减少了事后检查而导致的浪费。由于检查不能防止缺陷的产生,只能是发现不合格品再去纠正,因而造成了浪费。

(3)消除返工、返修及其引起的浪费

防错法可防止产生缺陷,从而使返工、返修次数均会明显减少,进而使由于返工、返修引起的时间和资源的浪费得以减少甚至消除。

(4)提升企业形象

由于产品质量明显提高使主机厂满意乃至广大用户满意,并可因之获得各种质量荣誉,如"用户满意产品""优秀工业企业形象单位"等,可进一步提升企业的知名度。

(5)全员参与

采用防错法开展"零缺陷"活动需全员参与,有助于全面质量意识的提高,发挥员工的创造力,可以使员工增强"预防为主"的质量意识,并激发创造思维,使之在本岗位的实践中加以发挥。

17.4.3 失误和缺陷

失误是由于操作者疏忽等原因造成的,缺陷则是失误产生的结果,两者的关系举例见表 17-13。

表 17-13　失误和缺陷

失　　误	缺　　陷
漏加锡或加锡不足	组件虚焊
漏装轮胎螺钉	因缺少螺钉，轮胎有脱离的危险
漏检	外观出现明显凹痕
忘加机油	机件过度磨损或烧伤

由上述可见，失误是造成缺陷的原因，故可通过消除失误来消除缺陷。

17.4.4　产生失误的原因

产生失误的重要原因如下：

（1）忘记

忘记作业或检查步骤出现遗漏，如在装螺钉之前未装弹簧垫圈。

（2）对过程/作业不熟悉或缺乏工作经验

由于培训和实践不充分，一个新手对过程/作业尚不熟悉，其失误的概率要比熟练工大得多。

（3）识别错误

对工作指令或作业指导上的理解有偏差，如规定操作前需同时预热的组件，却理解为顺序预热。

（4）故意失误

操作者明知故犯有意造成的失误，如驾驶人酒后驾驶。

（5）疏忽

操作者在作业时不小心极易导致这类失误。

（6）动作迟缓

由于操作者的判断和决断力过慢，以致未能把握时机而导致失误，特别是对于操作时间有严格要求的工序更易出现这类失误。

（7）缺乏作业指导

由于缺乏作业指导书或适当的指导，产生误差的概率相当大，如气缸盖螺钉应按一定顺序拧紧才能保证压紧力均匀，而随意去拧达不到气密的效果，这时就需要给予必要的作业指导。

（8）突发事件

由于突发事件导致操作者措手不及而产生失误，如突然断电引起产品报废。这类事故极少出现。

表 17-14 列示了失误原因分类及其所占比例。

表 17-14　失误原因分类及其所占比例

失误原因	原因分类	所占比例
忘记	人	77.8%
对过程/作业不熟悉	人	
缺乏工作经验	人	
故意失误	人	
疏忽	人	
行动迟缓	人	
缺乏适当的作业指导	方法	11.1%
突发事件	设备	11.1%

17.4.5　常见失误

在制造过程中，常见的失误如下：

1）漏工序。

2）操作失误。

3）工件安放错误。

4）缺件。

5）用错零部件，如错用相似件。

6）工件加工错误。

7）误操作。

8）调整失误。

9）设备参数设置不当。

10）工装夹具准备不当。

在交易过程中，常见的失误如下：

1）文件中遗漏重要信息。

2）文件中存在错误信息。

3）文件中存在与该交易无关的重要信息。

17.4.6　防错原理

17.4.6.1　防错思想

（1）传统的防止失误方式

由表 17-14 可知，人为的失误占绝大部分，这一点已可谓众所周知，然而对待人为失误的传统措施就是：培训与惩罚。确实经过进一步培训可以避免对过程/作业不熟悉、缺乏工作经验及缺乏作业指导所引起的失误。而靠管理人员劝诫操作者的方法，对减少忘记和疏忽引起的失误收效甚微。

第17章 其他重要工具和技术

经长期实践和质量研究发现，教育与惩罚相结合的防错方式并不怎么成功。

（2）Poka-yoke 方法

1）诞生的背景及其原理。美国质量管理大师克劳斯比提出的"零缺陷"理论，很快成为新的质量标准。然而仅靠"培训和惩罚"的传统防错方法所能取得的改善效果，与"零缺陷"的目标相距甚远。要杜绝失误，就必须分析失误原因，并针对原因采取对策。

在前述产生失误的原因中，人为疏忽、忘记等原因所造成的失误，是无法靠"培训和惩罚"来消除的。

鉴于此，日本丰田汽车公司的工程师 Shigeo Shingo 通过长期研究，建立了一套新的防错模式（Poka-yoke），其基本原理为：用一套设备、装置或方法，使操作者在作业时可以直接防止产生失误或可以明显发现缺陷，从而消除防止差错。同时，操作者通过 Poka-yoke 进行自我检查，使失误极易发现和避免。Poka-yoke 也保证了必须满足设定的要求，操作才可以完成。Poka-yoke 又可称为一种特殊的"防傻装置"，日本人把"零缺陷"的思想物化为这种装置。犹如傻瓜照相机，对人的操作要求很低。故防错法又称为防愚法，即使愚笨的人也不会做错事的方法。

2）Poka-yoke 防错法的特点。防错法是一种积极、主动的方法，它有以下特点：

- 全检产品，但不增加操作者负担。
- 必须满足规定的要求，作业过程方可完成。
- 低成本，因作业不需要高度技能与直觉，也不需要依靠感官，即使是新手，也很容易会操作。
- 实时发现失误，实时反馈。
- 使作业轻松、安全。

这些特点决定了 Poka-yoke 防错法极具生命力，培训和惩罚只能部分消除失误，而 Poka-yoke 则可以从根本上解决失误问题。

3）Poka-yoke 防错法模式。这种方法针对不同的过程和失误类型，分别采用不同的防错方式，计有：

- 有形防错。有形防错模式是针对产品设备、工装和操作者的物质属性所采用的一种硬件防错模式，如电饭煲中的感应开关，若不放水，加热开关就不会动作。
- 有序防错。有序防错模式是针对过程操作步骤，对其顺序进行监控或优先对易出错、易忘记的步骤进行作业的一种防错模式。
- 编组和计数式防错。编组和计数式防错模式，是通过分组或编码方式防止作业失误的防错模式。例如用扫描条形码来确保仓储物品的正确摆放。
- 信息加强防错。信息加强防错模式，是通过在不同地点、不同操作者之间传递产品信息，以实现追溯的防错模式。

综上所述，防错法是以杜绝失误为出发点，从事前预防的角度对操作过程进行重新设计，加入防止失误的装置和程序等，可使失误达到不会发生或即使发生也不会产生缺陷，它是通向"零缺陷"管理必经之路。在此基础上可以归纳出防错的基本原理如下：

- 断根。即从根本上排除错误。
- 保险。例如必须双人或双手同时操作才安全。
- 自动。利用各种光学、电学、力学、机构学和化学原理来限制某些动作的执行或不执行，以避免错误的发生，例如为了节电，楼梯间内的照明灯3min以后会自动熄灭。
- 相符。通过检查动作是否相符，来防止错误的发生，如设置安装错了不可继续安装的措施。
- 顺序。避免工作顺序或流程前后倒置，防止倒置的错误发生，如对工作顺序设置判定装置，错了则不能继续进行。
- 隔离。采用分隔区域的方式，来保护某些区域，使其不会发生危险或错误。
- 复制。如同一件工作要重复两次或以上，则复制是既省时又不会发生错误的方法。
- 层别。设法区别不同工作是否到位，如智能仓库，在某种物料已到齐时会发出明确信号。
- 警示。如有误操作，则及时用红灯警告，如少装了零件，自动发出警告的蜂鸣声。
- 缓和。减少错误发生后所造成的危害，如汽车的安全带。

（3）防错思路及对策

表17-15列出了防错思路及对策。

表17-15 防错思路及对策

防错思路	目标	方法	评价
消除	消除可能的失误	运用Poka-yoke方法对产品和过程重新设计	最好
替代	用更可靠的过程替代现有过程以减少失误	运用机器人技术或自动化生产技术	较好但增加成本
简化	使作业更容易完成	合并或分解生产步骤，进行工业工程改善	较好
检测	在缺陷流入下工序前对其进行检测并剔除	用计算机软件在操作失误时报警	较好
减少	将失误影响降至最低	采用过载保护装置等	好

现将上表所列说明如下：

1）消除失误。这是最好的防错方法。因为它从设计角度考虑可能出现的失误并用防错法进行预防，这是从源头防止失误和缺陷的方法，符合前述质量杠杆所提出的质量的经济规律和原则，是防错法的发展方向。

2）替代。替代法是对硬件设施进行更新和改善，使过程不过多依赖作业人员，从而降低人为原因引起的失误。这种防错法可以大大降低失误率，但缺点在于投入过大，且由于设备导致的失误无法防止。总的来说，它仍不失为一种较好的防错法。

3）简化。简化法是通过合并、削减等方法对作业过程加以简化。作业过程越简单对操作者的要求越低，出现操作失误的概率越小。因此，简化法是较好的防错法之一，但它不能完全防止缺陷的产生。

4）检测。早期通过100%检测来剔除不合格品（如子弹生产中检测利用机械式擒纵机构来筛选不合格品），但这是一种不能消除缺陷的、消极的和成本高的防错方式。随着技术进步通过监测结果来报警可以预防不合格，如用光电技术发现装配机上缺少某个零件时自动报警。

目前，这种在作业失误时自动提示的方法，大多通过计算机软件实现，而成为应用广泛的防错方法。

5）减少。从减少失误造成的损失角度出发，将发生失误造成的损失局限在一个可以承受和控制的、小的范围内，如电路中的熔丝，管路中的安全阀，机械设备中的安全销。目前许多设备或多或少具备这种功能。

综上所述，防错法是以杜绝失误为出发点，从事先预防的角度对产品和过程进行重新设计，加入防止失误的装置、程序等，使失误不会发生或者即使发生也不至于造成缺陷或危害。

17.4.6.2 防错法则

在实际应用防错法时，常结合运用其他的工具和技术，如 FMEA、SPC 和过程控制计划等。通过 FMEA 可以确定可能的失误及其原因；通过 SPC 可以对过程的变异进行监控，当变异过大时发出警示；通过过程控制计划，可以将防错法作为标准文件固定下来。

为此，应遵守以下法则，才可以有效防止作业失误：

1）只生产所需的产品。这里只有两层含意：

a）生产的数量不超过需要量，否则不仅造成很大浪费，而且在生产、运输和存储各环节都会增加失误的机会。

b）生产必须满足顾客对产品质量的需求。为此，应使作业符合要求，背离顾客需要必然产生失误，也无从谈到产品质量。

2）削减、简化和合并作业步骤。作业步骤越多,出现失误的机会越多。削减、简化和合并作业步骤,就为减少失误创造了条件。在新产品开发和生产过程设计时,遵守这一法则就可大大降低后续生产中的失误。对现有过程进行分析和改善时,运用这一法则同样可减少失误的机会。

3）人人参与缺陷预防。全员参与是质量管理的七大基本原则之一,这点已形成共识,但要落实在缺陷预防上,尚有许多问题有待解决。首先要树立全员预防失误、防止缺陷的观念。其次,要学会运用防错原理及相关的工具和技术,才可能做到人人参与预防缺陷。

4）追求"零缺陷"。在各个过程中,在质量、成本、交期、技术和服务诸方面都要持续改进,消除工作中一些可能出现的差错,将"零缺陷"的理念从产品质量推广到工作质量。树立"一次就把事情做好"的理念。理念来自企业文化,直接影响人的行动。因此,建立持续追求完美的企业文化是防错效果的根本保证。

5）设计系统和程序来消除缺陷产生的根源。最好的质量是不需要检查和测试的,而是系统有着预防差错和缺陷的功能。因此,若在设计开发阶段设计出专门的系统来防止可能出现的失误,从而将出现失误的机会完全消除,使缺陷不可能发生,是最佳的选择。

17.4.7 防错技术

针对不同的过程,有不同的防错技术,如:

17.4.7.1 产品设计开发过程的防错技术

（1）失效模式及其影响分析（FMEA）

运用FMEA方法对各种可能失效的模式进行全面分析,这是设计阶段防错的关键。

（2）防误操作设计

可在程序和结构上预先考虑到可能出现的误操作并加以防止,如对计算机即使出现误差操作也不至于引起其硬件和系统失效。

（3）有限损伤原理和过载保护装置

当出现过载时,防止机器和系统整体失效,可以利用有限损伤原理将损失局限在预设的薄弱环节和易损件上,如电路上的熔丝、机械上的安全销、管路系统的安全阀和汽车离合器中的摩擦片等。

（4）定向装配结构

在有方向性的接插件和连接件上,做出专门的凸凹接口,可确保如果安装方向、位置错了就装不上。

（5）连锁设计

通过连锁装置可保证不出现意外伤害事故，如压力机采用左、右按钮，必须双手同时按下才能压下，则可确保不误伤手及零件。

（6）警示设计

当出现失误时加以提示，如轿车车门未关严时，驻车制动未松开欲起动时，都有警告灯或蜂鸣器在提醒驾驶人。

（7）自动监控

可利用光电信号、重力和离心力等装置，当需要时可自动开启，以防止出现非预期的失效。

以上仅列举了部分在产品设计阶段可运用的防错技术。在实践中除了借鉴这些成熟的经验之外，还可以创造出更多的防错方法。

17.4.7.2 产品制造过程的防错技术

（1）专用防错工具、仪器、软件

如采用干涉销、限位块等防止和装配中经常可以见到因上下、左右装反而出现的缺陷。对于漏装可采用专门装置，如上海汇众公司在制动鼓压装齿圈工序为防止漏装齿圈，采用了漏装止动装置，可实现当漏装齿圈时自动停机报警。该公司为防止轴承挡圈漏装或压不到位，利用限位开关与控制箱连锁装置，从而确保压挡圈时可到位。

又如，在冲压机上采用双作用开关（需左右手同时按下按钮才会动作），防止操作中误碰导致的冲头乱动事故，从而避免人员安全、冲压机配件及待加工件报废等事故损失。

这种方法最好在工艺和工装开发阶段采用，在生产过程中实现"零缺陷"攻关时也经常使用。

（2）精简工序

精简工序是削减、简化和合并作业工序或作业步骤，以减少失误的机会，这是一种在工艺设计阶段宜采用的防错工具。

（3）SPC

采用 SPC 来预见可能出现不合格的趋势，并针对性地采取措施，这是在过程控制中一种确保过程能力满足要求的有效防错工具。

（4）防错检测技术

通常视不同情况和需要可采取以下方式：

1）判断式检测。用止/通规或机械式、光电式尺寸分选机，来实施 100% 检测，可以高效率地防止不合格品流出，但无法避免废品损失。

2）信息监测。当过程出现不合格时（如漏装零件，零件安装不到位），立即以光电显示报警，引起操作工注意并排除故障（许多情况下需要维修工来实施），这就是信息型监测方式。

3）溯源型检验。在过程设计开发阶段通过验证、确认等方式可从源头上保证工艺设计能满足要求，因而是更为有效（损失最小）的防错方式。

17.4.8　实施防错法的步骤

实施防错法的一般步骤如下：
1）确定产品/服务缺陷并收集有关数据。
2）追溯发现缺陷的过程/工序和产生缺陷的过程/工序。
3）确认缺陷产生过程/工序的作业指导书。
4）将实际作业过程对照作业指导书进行比较，找出差异。
5）确认过程/工序是否存在以下情况：
- 该过程/工序是否在调整中。
- 该过程/工序的作业工具或设备是否发生变更。
- 该过程/工序的产品规格、参数和作业规范是否发生变化。
- 是否存在物品相混或堆放过多的现象。
- 该过程/工序的操作步骤是否太多。
- 该过程/工序是否作业量不足。
- 该过程/工序的作业规范是否充分。
- 该过程/工序的作业是否平衡。
- 该过程/工序受到哪些作业环境的影响。
- 该过程/工序的作业节拍是否过快。

6）分析缺陷原因。
7）分析作业失误原因。
8）设计防错装置或防错程序，以预防或检测同类失误。
9）确认防错有效性，并对过程做出相应的调整。
10）持续控制及改进。

17.5　预防性维护和预见性维护

17.5.1　概述

17.5.1.1　现代企业设备管理的特点

（1）人机关联性高

由于大部分工序是由人机系统构成的，操作者的技能（作业、维护技能）会直接影响到设备综合效率的提高。

（2）设备密集性高

以机械手为主要的自动化、无人化和节能化技术的普及，使设备密集度高的工序不断增加。其发展趋势是质量保证等所有生产责任将集中在设备维护领域，传统操作者的作用将被设备所替代。作者看到，在许多自动化的工厂，车间里已没有操作者，只有上、下料的装卸工和设备维修工（保全工）就是明证。近年来，智能化发展迅速，机器人日益普及，使这种趋势更明显。

（3）设备数量远远超过专职的设备维护人员数

由于专职维护人员无暇顾及，再加上生产线员工的维护技能太差，甚至完全不懂设备故障的应急处理，以致设备方面的损耗越来越大并逐步转为慢性浪费。为此，对设备维护提出了更高的要求。

鉴于传统的设备维护体系和维护活动已经不能适应这些变化，需要加以改进和创新，因而在大批、大量生产中预防性维护和预见性维护被提到了突出位置。

（4）追求零故障

特别是对于设备密集型企业，或设备对企业经营业绩具有相当关键影响的企业，设备故障经常带来停机停产损失、产品质量不合格、环境污染、工伤与职业病、财产损失、能源浪费，甚至机毁人亡等严重后果。对于故障后果严重的设备，如何最大限度地减少故障，甚至追求零故障是一个无法回避的问题，从而使设备更好地创造价值。设备零故障管理是方向，其要点是：明确企业追求零故障的重要意义，清晰的组织架构和职责，设备或设备产线的管理范围，故障数据收集，故障等级区分，故障数据分析，故障原因分析与排序，改善目标，维修策略选择，维修策略实施，备件与维修材料管理，标准化，人才培育，零故障管理评价与激励，持续改进等。

17.5.1.2 设备维护的类型

设备维护（保全）的分类如图 17-15 所示，其中主要如下：

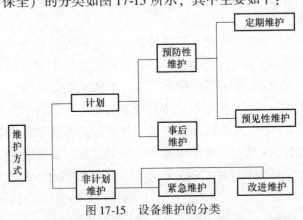

图 17-15 设备维护的分类

(1) 预防性维护（PM）

预防性维护是指设备出现故障前就采取对策的事先处置方法，它包括定期维护和预见性维护。

(2) 定期维护（TBM）

定期维护是指在设备故障发生前按周期进行的维护，包括定期检查、定期注油、定期更换和分解修理。传统的设备一级保养、二级保养、中修和大修皆属此类。

定期检查是根据设备劣化周期，按照基准定期进行的检查活动，如每季度对设备的驱动部分进行检查。定期注油是按照润滑基准对设备进行的定期润滑活动。定期更换是根据设备和零部件的寿命，定期进行的更换部件或易损件的活动。分解修理是定期对设备进行解体、清扫和检查，发现磨损或变形的零部件进行更换或处理的活动。在传统的设备管理中二级保养就需将设备解体。因此，笔者认为"二保十项修"是一种比较经济而实用的方式。鉴于大修费用昂贵且企业大多大修费用明显不足，故宜提倡这种方式。

(3) 预见性维护（CBM）

预见性维护是指为了最大限度地使用设备或部件，通过点检或诊断手段，预知判断主要部件的寿命，并据此进行的维护活动。它是设备维护费用和故障损失最小的方法，需要通过解读劣化状态的数据、跟踪设备状态和设备技术状态分析等来实现，与定期维护相比，对于维护技术和维护人员的要求很高，往往受制于设备预见性点检或诊断技术能力。

(4) 改良维护（CM）

改良维护是指通过将现有设备的缺点（含设计缺点）有计划地主动进行改善（对结构、材质、参数或外观等），延长设备寿命的活动。其目的在于提高设备的可靠性、可维护性、安全性、经济性和操作性等，以减轻劣化、减少故障，取消维护。

(5) 事后维护（BM）

事后维护是指设备出现机能低下或故障，停止后进行修理、更换等事后处理的方法，它仍属于计划维护的范畴，是一种有意识的或不得已的处理活动。采用这种方式主要是由于设备或零部件极其昂贵，不适于预备备品，而出现"能用就凑合用"的状况。它适用于停机损失小、恢复简单、有预备生产线以及能及时更换操作的设备。这种维护方式已发展到预先拟定好备品购制或调拨预案、恢复方案。因此，最适合的情况为：非主线简单或备用设备、辅助设备（如非生产用空调）；机械故障少、影响也小的情况；机电设备在三包期内；大部分电子装置以及各种控制系统等。

(6) 紧急维护

紧急维护属于非计划的维护，预先没有防备，因突然出现故障而进行的紧急处理活动，如同"救火"。这种维护方式是反应式被动维护，且伴随故障所造成的生产损失大，故应尽量避免。目前，我国大多数中小企业设备管理还停留在这种"抢修"状态。

(7) 周期性检修

新标准提出周期性检修的要求，它属于定期维护的范畴。周期性检修是汽车行业用于防止发生重大意外故障的维修办法。此方法根据故障或中断历史，主动停止使用某一设备或设备子系统。然后对其进行拆卸、修理、更换零件、重新装配并恢复使用。

周期性检修是专供设备维护之用，目的是防止设备发生重大意外故障的一种主动停机维修的方法。这时无论设备是否还能工作，也要停机维修。为此，对设备采用周期性检修的方式，根据设定的时间间隔，按时停机，对其进行拆卸、修理、更换零件、重新装配并恢复使用。间隔时间是决策者根据该机使用时故障出现的情境、该类机型的历史和本人的经验做出的判断。例如汽车生产线的悬挂输送链，若出现损坏后果严重，因此，每年春节大检修时，即使未坏，也要主动换掉。

17.5.1.3 设备生命周期

当选择设备维护的方式时，应考虑到设备的全寿命周期（LC，Life Cycle）中故障率的变化趋势，如图 17-16 所示。

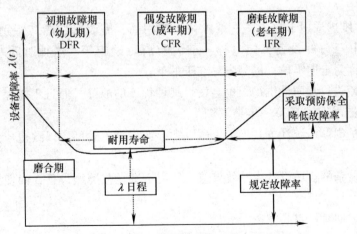

图 17-16 设备全寿命周期故障曲线

由图 17-16 可见，设备故障率的变化呈"浴盆形"，在设备使用初期为磨合期，由于接触不良可能导致局部受力过大以及设计、制作上缺点的暴露所引起的早期故障率较高。由于这期间的局部磨损严重，故磨合期后的例行保养很重要，如必须彻底清洗、更换润滑剂。过了磨合期故障率下降到一个较稳定的状态,进入偶发故障。在这期间因磨损、泄漏、变形、破裂等引起的偶然发生的故障率很低,且故障的时间、原因不一定,所以既无必要又无可能实施预见性维护,而重在定期维护,偶发故障区也是耐用寿命期。这期中许多零部件都已达到或接近其设计预期的可靠寿命,如零件表面耐磨的硬化层已经磨光,因而进入高故障率的磨耗故障区(老年区)。这时因疲劳、过度磨损和老化等原因,随时间的推移,故障率开始快速上升。在这个阶段采用各种预防性维护措施,都会收到明显的效果。

17.5.2 预防性维护

广义地说预防性维护包括定期维护和预见性维护,如图17-15所示。预防性维护专指有计划的定期维护,即与我国企业传统的设备管理范畴基本一致。它包括日常维护(注油、清扫、点检)、定期预防维修(包括二级以上保养、大中修)、早期检查诊断等活动,如图17-17所示。

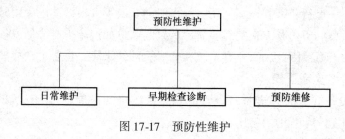

图 17-17 预防性维护

预防性维护适用于故障多、难维修、费用高、需改善性能(特别是安全性)和延长使用寿命的设备,如电梯、车辆和消防设施等。这种时间基准式维护(TBM,也称为定期维护)的局限性在于如下:

1)即使进行预防性维护,也会发生某种程度的故障,而且不能保证随预防性维护的实施,实际故障率一定会下降。

2)维护周期由统计方式确定,所以常会造成维护过度,以致造成浪费的情况出现。

3)对复杂的机械设备维护效果差,适用于磨耗故障型设备,而使设备的应用比率较低。

4)因定期维护引起停产。

鉴于此,设备预见性维护的发展,弥补了预防性维护的不足。

17.5.3 预见性维护

17.5.3.1 预见性维护的提出

组装行业为了确保生产量,大多采用定期维护方式,而机械加工行业主要采用事后维护方式，随着设备微电子化和高度自动化、精密化，设备异常给企业带来的损失变得非常大。

目前，企业采用的定期维护方式是按照一定的周期无条件进行修理、更换，虽然这样做简单而有效，但由于长期提前修理、更换，增加了企业成本，从而制约其竞争力。为了适应企业竞争环境的变化，有必要探索更经济的维护方式，即测量出设备的劣化状态，并根据数据需要时进行修理、更换。这就是预见性维护产生的背景。

预见性维护是对设备劣化状态进行简易的诊断和趋势管理，必要时再进行较准确的测量诊断，再做出维修的维护方式。

应当指出，预见性维护是设备维护最高层次的活动，它必须建立在有效日常维护保养、定期维护和改良维护的基础上。如果上述工作没有做好，突发故障仍然很多，专业维修人员忙于"救火"，千万不能开展预见性维护，因为专业维护人员根本没有机会（时机、时间）来学习和实践设备诊断技术，探索设备的劣化趋势，以致肯定不会收到预期的效果。

17.5.3.2 预见性维护的目的和内容

1）目的。预见性维护的根本目的是通过专业维护体系大幅度减少维护成本。

2）具体实施内容。

- 及时处理小问题，做到故障的早期发现及早期采取维护措施。
- 预测故障和不良，重视功能性故障的预测。
- 预测使用寿命，根据劣化、磨损等情况预测设备的剩余寿命。

17.5.3.3 如何推进预见性维护

由于预见性维护更为科学、主动，在目前大数据应用逐渐普及的情况下，更具备条件来推广这种先进的设备维护方法，但在推广过程中需注意下列事项：

（1）推进顺序，以旋转设备的振动诊断为例来说明

1）明确是预测故障还是不良。振动过大导致机件损伤、过度变形等属故障，而振动增大引起负荷加大、效率降低等属于不良。

2）明确以设备为单位还是零部件为单位。以设备为预测对象，则应从设备总体状态、运行状况来评价，如机床精度的衰变、机器设备效率的降低和噪声增大等；若以零部件为预测对象，则需根据零部件的运行记录预测其需更换的时间，如轴承可根据5000h可靠寿命和当量负荷及使用情况来估算其寿命，链条可根据其极限磨损伸长3%，通过测量整链总长度的变化来估算剩余寿命。

3）了解性能劣化状况，如磨损状态。

4）分析并确定与功能劣化有关的参数。

5）确定测量有关参数的仪器和方法。

6) 实物调查与验证相关关系。

7) 设定临界基准（劣化的极限值）。

8) 跟踪管理。

9) 活动要点。

a) 专业维护人员进行设备诊断技术的教育与培训。

b) 对操作工进行简易诊断培训。

c) 明确并落实应遵守的基本规则。

d) 通盘考虑，在整个设备维护体系内推进。

(2) 设备诊断技术

1) 设备诊断。设备诊断是指对设备的变形、劣化、故障、强度和性能等进行量化，识别设备的可信性或性能上的异常，预测未来趋势并确定最佳对策的技术。

设备诊断的内容如下：

a) 实测劣化状态，收集必要的数据。

b) 对数据进行分析，确定异常判定界限。

c) 确定最佳维护措施和时机。

2) 设备诊断的分类。

a) 简易诊断。简易诊断是以快速而有效地检查设备状态为出发点，主要通过对设备劣化、故障趋势的管理，定期开展的一种诊断活动。它由现场操作者（生产线操作工和维护人员）进行。

b) 准确诊断。准确诊断是针对简易诊断被认为有异常的设备，进行专门组织的检查活动，诊断报告应明确维护措施和施工时间。

3) 主要的设备诊断技术。

a) 旋转设备的诊断技术。目前已开发并应用到企业简易诊断和专家系统诊断的多种探头。

对于旋转类机件，如泵、风机、减速器和驱动装置等的诊断中已广泛采用。主要的探测方法为振动探头法以及其他不解体检测技术。

b) 结构类诊断技术。对于管道支架、压力容器等结构类零部件的裂痕或内部缺陷的诊断可以使用非破坏性检测技术，如红外线探伤等。对于管道内部的检验还可采用机械手探头。

c) 润滑、磨损诊断技术。润滑油的状态好坏直接影响到设备的损伤和效率。可以通过测定润滑剂中的水分、杂质和氧化值来进行简易诊断，也可以测定润滑剂中的磨损微粒来判断设备是否异常。

d) 电器控制类的诊断技术。如各种高压设备的绝缘检测、油式变压器的油分析诊断技术，以及自动化设备的自我诊断程序设计等。

17.6 标杆管理

17.6.1 标杆管理的概念

标杆管理（Bench Marking）又称为标高分析、水平比较和基准评价。

17.6.1.1 何谓标杆管理

标杆管理是对照最强的竞争对手或公认的产业领先者，持续地对本组织的产品、服务以及管理方式进行衡量的过程。具体地说是指通过调研分析，弄清竞争对手及世界级水平企业的性能、质量和管理等影响企业竞争力的基本情况，找出本企业的差距，以确定本企业改进目标和策略的一种活动与方法。

17.6.1.2 标杆管理的目的和作用

标杆管理可以达到以下目的：

（1）为拟定组织持续改进目标提供参照

标杆管理不仅可以为持续改进寻找新的方向和目标，而且有助于理解实现新目标所需的管理方法和手段。

由于在确立目标时采用"放眼外部"的方式，而顾客的期望是由优秀供应商的水准决定的。因此，通过标杆管理制定的目标可以更好地满足顾客的需求和期望，并且有助于使组织的绩效达到领先水平。

（2）为制定组织的发展战略提供依据

战略管理可谓企业管理的灵魂。为制定适当的、有足够竞争力的战略，需要分析和预测竞争环境及其变化。通过学习、借鉴竞争对手的先进方法并结合自己的实际情况进行创新和完善，从而制定出本组织的新战略，最终超越竞争对手。

（3）为改进运营提供支持

为保持持续的竞争力，要求组织必须适应不断变化的市场环境，做出相应的变革。通过标杆管理可以解决变革的关键问题：

1）认识到变革的必要性。通过标杆管理可以识别组织的竞争差距，明确变革的必要性。

2）明确应当变革的对象。通过弄清行业竞争的领先者是如何做的，标杆管理有助于确定应当加以变革的对象。

3）描绘出变革后的前景。通过解释什么是可能的，其他公司已经做了什么，标杆管理可以向人们展示出一幅组织变革之后将会怎样的图景。

（4）为改进绩效和评估绩效提供工具

标杆管理可以为企业提供一个明确具体的经营目标，以及切实可行的实现途径。这种可信、可行的目标，有利于调动员工的积极性，从而使绩效提高到最佳。

企业常见的错误就是高估了自己的绩效水平，同时低估了竞争对手的实力，从而导致企业停滞不前。标杆管理可以帮助企业辨识最好企业的实践，通过辨识最佳绩效以及其实现途径，促使企业客观地评估自己的绩效水平。

17.6.1.3 标杆的类型

从标杆管理的普遍意义上说，企业应有以下三种标杆：

（1）企业内部的优秀部门和优胜者

对于一个企业来说，如果哪个部门或分、子公司的绩效特别差，就休想成为行业的领头羊。企业要想快速提高整体绩效就必须改善那些落后部门或下属公司的绩效。所以必须开展企业内部的标杆管理，即对各业务单位的运营情况进行比较分析，找出各自的优点并加以整合。在整合的基础上，对业务相同或相近的单位推行标杆管理。

（2）同行业的竞争对手和优胜者

每个企业在市场中总会有一个实力相当的竞争对手，在竞争中如何超越对手，如何为企业赢得更多的竞争优势，如何使企业走出市场竞争的不利（或者势均力敌的）地位，占据有利地位，这些都是运用标杆管理能有效解决的问题。

以竞争对手为标杆，可以促进企业密切关注竞争对手的一举一动，并采取对策化解对手的进攻。如在对手新产品基础上进行创新和改进；对其采购进行分析，寻求更好的（至少与其相同的）供应商；对其成本、工艺和服务等方面改进动态进行跟踪等。

此外，比照业内一流业绩，包括国际、国内优胜者的管理，可以更清晰地展示企业未来可以做到多好。

（3）其他行业的最佳流程

从产品标杆到业绩标杆是标杆管理的重大发展。向其他行业的优胜者学习，可使视野更加宽阔，更新审视问题的角度，从而实现新的跨越。其他行业的产品、成本等信息并没有什么帮助，而其业务流程，如库存管理、供应商管理和客户管理等则具有共性，因而对企业的借鉴作用很大。

17.6.1.4 标杆管理的基本原理

（1）了解自身评估优势和劣势所在

这需要明确所用的重要绩效指标以及对工作过程的步骤、方法的文件化。

（2）了解行业竞争对手和领先者

只有清楚地了解领先者的优势和劣势，才能对自身能力进行差异化管理，扬长补短。

(3) 吸纳最佳经验以实现卓越

采用并消化最佳管理,以取得领先地位。

17.6.2 与标杆比较的内容

应选择影响竞争力的重要项目作为标杆管理的比较内容,为了便于比较,要使比较的内容尽可能量化并具有代表性。对于汽车行业来说,可采用以下项目:

(1) 产品质量

- 不合格品率(以 ppm 计)。
- 可靠性水平。
- 顾客抱怨率和投诉率。

(2) 服务

- 及时供货能力(对零部件供应商)。
- 订单反应时间。
- 保修期。
- 售后服务质量。
- 备件供应能力。

(3) 成本

- 劳动生产率。
- 生产规模。
- 生产能力利用率。
- 平均库存。
- 年平均库存周转次数。
- 单元成本。
- 单元价格。
- 利润率。

(4) 技术水平

- 产品的功能和性能,产品技术年代。
- 产品创新、更新能力(创新产品、更新率、更新周期)。
- 制造自动化程度。
- 产品品种。

(5) 管理水平

- 质量体系的建立和运行有效性。
- 重要过程管理(如采购、培训、设计开发、客户管理等)。

- 人员状况（如员工结构、年龄构成、教育培训情况等）。
- 精益生产方式的应用。
- 订单生产的百分率。
- 横向团队的数量。
- 供应商网络的建设与运行水平。
- 改进活动数量（包括 QC 小组、防错及预见性维护等）。

17.6.3　标杆管理的流程

标杆管理过程可以分为五个阶段的十个步骤，如图 17-18 所示。

17.6.3.1　第一阶段：计划

在这个阶段需要完成三个任务：确定标杆管理对象、辨识标杆管理的对手、计划实施调研。

步骤 1. 确定标杆管理的对象

一个标杆管理项目能否成功取决于所选题目的价值。恰当地进行标杆管理的前提是要制定一个清晰的使命陈述，其中要详细阐明组织存在的理由、顾客的期望以及实现使命所必需的关键输出。在此基础上明确产品是什么，或者明确业务过程的输出或职能的输出是什么。这些输出应分解为可以进行标杆管理的具体输出，并将其文件化，从而确定标杆管理的内容（即对什么进行标杆管理）。

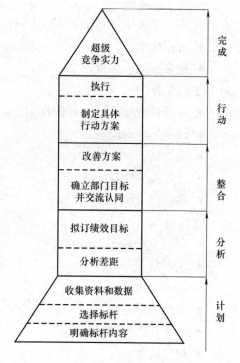

图 17-18　标杆管理的最佳流程图

步骤 2. 对谁进行标杆管理

选择标杆，即对照谁来进行标杆管理是一个逐步寻找的过程。可以按前述标杆的三种类型分别寻找。然而，在新标准中要求的着重点是对竞争对手进行标杆管理。这一步的关键在于从几十个乃至上百个可能的标杆管理的伙伴中，筛选出三四个来进行详细的研究。在选择标杆时应先设定一个筛选标准，要宽严适度。过宽则标杆管理成本过高，过严则会只剩下直接竞争对手，而这些竞争对手一般不愿意在较深入的程度上分享经验。在确定筛选标准时，首先应考虑到可比性和可学性，其次在生产领域内的标杆应是产品相同或相近的，再次跨行业的标杆应关注是否能引起其特殊管理技能。

步骤 3. 调研

调研应完成两项工作，即收集数据和进行实地观察。

1）收集数据。标杆管理团队应充分利用以下信息源：

a）内部来源。应努力发掘企业内部有价值的信息，包括标杆管理团队以往的分析研究、有关职能的市场分析研究或竞争性研究等。

b）外部来源。在公共领域中，存在着大量可利用的信息，问题在于如何将其检索出来。在这方面可以利用的途径有：互联网上的各类，特别是拟订对其进行标杆分析企业的网站、网页、行业协会、行业技术刊物研究所，展览会，面向公众的讲座，期刊，广告，以及其他第三者等。

c）原始来源。通过电话和电子邮件的调查与潜在的标高分析伙伴进行直接的联系是相当有益的。这可以通过一系列逐步细化的问卷进行，首先询问所关注过程的绩效以及与该组织合作进行标杆分析的意愿。此时，应准备将所有问题的本方绩效数据提供出来，以利营造开放、共享和合作的氛围。

2）实地调查。实地调查是一项非常有意义的活动，问题在于我国目前市场开放尚不充分的条件下进行这项活动是很困难的，对同行往往以"保密"加以拒绝。为此，更应进行充分的准备，应将实地调查时的提问事先告知对方，必须表现出诚意。

调研告一段落应提出报告，其内容如下：

17.6.3.2　第二阶段：分析

在这一阶段的任务有两个：分析绩效差距和拟定绩效目标。

步骤 4. 分析绩效差距

分析绩效差距的关键在于用什么的衡量指标及其计算方法。应当注意对于定量分析来说，不同的数据收集方法和不同的计算口径导出的结果之间差异是相当大的，以致难以进行有意义的比较。

在分析绩效时，开发出一个总括性的统计指标来表征整体绩效，对于组织间的初步比较和预测数据相当有用。

表 17-16 列示了在绩效分析的示例。表 17-17 列示了常用过程分析的流程图比较法。

步骤 5. 拟定绩效目标

拟定绩效目标要在调研和分析的基础上，预测绩效水平，拟订绩效目标，明确向标杆企业学习的内容和方法。

在预测中应考虑剔除由于客观条件（如经营规模、资源条件、产品特性和生产条件、经营环境等）不同而产生的差异，对两方面进行预测：一是当前过程不加改变的情况，二是实施了标杆管理所发现的最佳行为方式的情况。

表 17-16　培训的绩效差异分析

现行的方法	最佳方法	绩效优势	所获价值	关 注 点
同培训数值讨论存在的弱项	询问客户明确当前的绩效不足，设定项目目标和顾客要求	在现场观察，在岗者方节省了一整天	350 元	开发新的调查表
	进行作业分析，以明确职位职责并建立作业分析图	改进了学员目标的准确性，节省了半天誊写时间	175 元	培训课程开发团队
观察各职位的在岗者	观察各职位的在岗人员	在现场观察在职者方面节省了一整天	无	
		改进了学员目标的准确性，节省了半天誊写时间		
主管和绩效最佳者调查	观察该职位的最佳表现者和一般表现者，衡量绩效的差异并估算可能的改进程度	为改进设定了可测量的目标，据此来评估进展情况	节省了一天	
制定学员目标	转化为学员目标	为改进设定了可测量的目标，据此来评估进展情况	无	

表 17-17　常用过程分析的流程图比较法

观察到的发现	含　　义
较少的步骤	减少人数，降低成本
不同的顺序	更好的工作流程，缩短运营周期
不同的交接	捷径，减少差错
设计上的差异	改进了资源利用情况，降低成本
自动化的步骤	理顺过程，减少差错
外包的步骤	利用专业技能，降低成本

17.6.3.3　第三阶段：整合

调研报告

引言
项目的目的
　　研究的背景
所提出的问题
公司的经营目标
关键绩效指标
本次标杆管理研究所关注的焦点
调查的方法
　　对什么进行标杆管理
　　对谁进行标杆管理
　　项目的范围
　　研究的期间
　　标杆管理团队
　　研究的费用
标杆管理调查小结
　　工作流程图的比较
　　对最佳行为方式的说明
绩效差距和收获的分析
选择
　　标杆管理研究的问卷
　　实地调查报告
　　定量的成本分析
　　产业最佳行为方式的比较
当前的绩效差距
　　总的差距
　　发展的趋势
　　良好培训的作用
预计的绩效差距
　　实施标杆管理行为方式的影响
预计的绩效优势（表17-16）

在这个阶段，企业需要统一员工的思想认识，做到目标一致。从而为实现标杆管理活动的预期目的做出贡献。这阶段的主要任务是与员工进行沟通并修订绩效目标和改善方案。

步骤 6. 沟通调研分析结果

只有充分地沟通标杆管理团队的意见才能被高层管理者认同并为员工所理解。在沟通中应做到反复交流并征询意见。

步骤 7. 建立职能目标

在管理层批准建议后，需要进行以下工作：

1）修订运营目标。在企业总的绩效目标的框架下，展开到相关职能，修订组织内各职能的长、短期运营目标。预期的变化是通过修订职能目标体现出来的。

2）分析相关影响。重大的变革不仅对组织内部，而且对相关方都会带来影响。只有适当评估对各方面的影响并采取相应对策之后，才能得到有力的支持和配合，促进运营目标实现。

17.6.3.4　第四阶段：行动

在这个阶段，要制定和实施行动计划、监测进展情况并重新标定绩效水平。

步骤 8. 制定具体行动方案

制定具体行动方案的工作内容有：明确具体的行动计划、详尽的安排，确定科学合理的实施及技术支持以及阶段性的业绩评估。

步骤 9. 执行

在执行时，动员和激励员工具有重要意义。在全面实施之前可以先行"试点"，以取得经验。不妨将试行的条件弄得苛刻一点，以确定新的过程能否承受高容量、处理复杂情况的能力。还需要建立测量指标，以监测实施过程的进展情况。这类指标可从成本、时间、质量（无缺陷）诸方面，来评价改进过程的有效性。

17.6.3.5　第五阶段：完成

一项标杆管理任务完成的标志是标杆管理成为工作标准，绩效水平朝着领先地位不断改进。企业在该领域内获得了与领先企业相同甚至超越对方的竞争实力。这时该项标杆管理的任务即告完成。企业应及时总结和评价，并拟定下一轮标杆管理任务。标杆管理一旦开始，就永不会结束，宜通过工作标准将其融入日常工作当中。

步骤 10. 重新标定绩效水平

当一项标杆管理任务完成时，为确保成功和有效，必须对绩效水平加以定期的考虑和重新标定。但对重新标定的周期和方法并无一定之规，一般可每年进行一次。

17.6.4　标杆管理的注意事项

为使标杆管理获得成功，应注意如下：

（1）组建标杆管理团队

标杆管理活动是由团队来实施的，团队的成员是对该过程有着直接的实践经验和知识的人员。这些成员应当具有分析、研究、过程文件化以及团队协作的技能。比较适于选择有工程技术背景以及具有研究经验的人员。一般是由3~6人组成的团队为宜。

（2）让过程主管自己来开展标杆管理

过程主管对进程最为了解，也是最有资格来分析过程的人。当过程主管来开展自己的标杆管理活动时，他们就对过程承担了改进的义务，促使过程能获得最佳行为方式。

（3）为标杆管理提供资源保障

每个组织都会有一些资源用于持续改进。标杆管理应视为持续改进活动的组成部分并为此配备所需的资源，其中包括明确过程主管对标杆管理的职责。

（4）发挥组织的创造性

标杆管理的实施阶段应该是一个富有创造性的阶段，而不能照搬其他组织的做法，否则不但"赶不上"，更不可能超越。只有运行过程中人们的创造性与最佳行为方式相结合，才能帮助组织实现"超越"并建立竞争优势。

Chapter 18 第18章

体系转换实施策划、要点及应对

就新标准实施的策划来说,我们的建议是首先以一个经营者的思路,跟随 IATF 16949:2016 的脉络,好好分析一下组织的内外部环境、机遇、挑战和客户需求,结合组织的愿景、使命和价值观,设定中长期的经营目标和预期,然后再进入以下的各项工作。

18.1 实施策划

18.1.1 前期准备

1)获得 IATF 16949 认证所必需的两大标准,即 IATF 16949:2016 标准和 ISO 9001:2015 标准或与其等同的国家标准 GB/T 19001—2016。

2)进行差异分析,该差异即各个制造现场以及所有外部支持职能/场所在执行 IATF 16949:2016 版、ISO 9001:2015 版标准时,和原执行 ISO/TS 16949:2009 标准[10]上的差异。特别注意:该差异分析必须由组织自行完成。IATF 及其认证机构不能通过(不被允许)执行差异分析或实施一次预审来帮助被审核的组织。

18.1.2 制定行动计划

组织应制定一份行动计划,来消除当前质量管理体系和新版 IATF 16949:2016 和 ISO 9001:2015 要求之间的差异。该计划必须包含时间节点要求、里程碑和职责,以及与体系转换审核认证机构协商确认的审核时间。

第18章 体系转换实施策划、要点及应对

1）资源获取和保证。确保体系转换获得最高管理层的支持，确保各职能部门和制造基地，都能切实落实行动计划和措施，完成体系转换。组织应召开一次体系转换启动会议，并针对差异点及其现状召开一次专项的管理评审会议，评价转换计划的可行性。

2）内部审核。在换版认证审核之前，组织应自行实施一次完整的按 IATF 16949 的内部审核。其结果应符合 IATF 16949：2016、ISO 9001：2015 版要求。当然也可以通过结合原 ISO/TS 16949 内审要求，同时补充审核，以覆盖 IATF 16949 的新要求以及相关变化点内容来实现。

3）管理评审。在换版认证审核之前，实施一次完整的 IATF 16949 管理评审，确认组织的 QMS 符合并覆盖所有 IATF 16949：2016、ISO 9001：2015 要求。

4）由认证机构进行认证审核，针对审核发现的问题逐一采取措施纠正并取得改进的成效。

18.2 关于体系转换实施过程中的重要差异点的应对

18.2.1 基于风险的思维

基于对组织所处环境的分析，并由此出发，从策划、支持和运营等各个环节，都要识别风险、分析风险；同时，策划应对措施，检查措施的有效性并加以改进，让预防风险成为习惯。对此，可以参照 ISO 31000 风险管理——原则和指南。

18.2.2 更加注重产品安全管理

组织应明确产品安全管理责任人，建立文件化的产品安全管理过程，充分识别相关法律法规，在产品设计开发、生产制造、物流包装和质量检测等各个环节，落实产品安全管理过程要求。同时，将其延伸至供应链管理。这也是对上述基于风险的思维在产品上的体现。

18.2.3 加严的变更管理

变更管理的缺失、程序上存在漏洞或执行上的不到位，都是易出质量问题的重大风险来源之一。为此，除了必须建立文件化的变更管理过程之外，组织必须对变更管理的有效性进行评估。通过评估，看其能否做到充分覆盖各类变更管理，并覆盖从变更的触发到信息传递以及执行等各个环节，必须在通知、批准和标识等方面满足顾客的要求。

18.2.4 可追溯性管理

看各产品文件化的追溯性要求和计划、追溯计划是否覆盖所有可疑件/不合格

品、是否满足顾客和法规对响应时间的要求、追溯系列号是否满足顾客和法规要求、是否扩展到外购件等。

18.2.5　知识管理

组织应建立知识管理体系并加以维护，基于内外部变化和经验进行动态更新，并始终能够展现在过程、产品和服务等方面，具备满足顾客要求的知识。

18.2.6　嵌入式软件

建立软件质量保证过程，并将要求延伸至供应商，如果有条件，建议通过CI-MM认证。

18.2.7　保修管理

组织应该建立并实施保修管理过程，以提供满足合同和法规要求的保修服务。

18.2.8　实施标准换版的注意事项

在实施体系转换和换版的过程中，还需要特别注意以下事项：

1）IATF 16949：2016换版审核从2017年1月1日开始，从2017年10月1日之后是强制切换审核认证。已通过ISO/TS 16949认证的制造现场和外部支持场所，应通过换版审核切换至IATF 16949，换版审核将发生在下次"监督或者到期换证审核"的时刻。

2）发生在2017年1月1日至9月30日之间的任何审核（初次审核、监督或复评），组织可以选择实施IATF 16949的换版审核或者实施ISO/TS 16949的审核。

3）对于任何发生在2017年10月1日之后开始的审核，如果组织在此之前还没有换版，那么在下次常规安排的审核时，换版是强制的。

4）换版审核等价于一次复评审核，覆盖IATF 16949：2016和ISO 9001：2015的所有要求，是一次完整的体系审核。因此，组织将被要求提供他们更新之后的质量手册，以及更新的/新的程序和符合IATF 16949的证据。

5）成功获得换版认证将重新开启一个新的三年审核周期。

参 考 文 献

[1] 张勇，柴邦衡．ISO 9000 质量管理体系［M］．3 版．北京：机械工业出版社，2016．

[2] 柴邦衡．ISO 9000 质量保证体系［M］．北京：机械工业出版社，1999．

[3] 柴邦衡，刘晓论．制造过程管理［M］．北京：机械工业出版社，2006．

[4] 刘晓论，柴邦衡．检验和测量控制［M］．北京：机械工业出版社，2000．

[5] 柴邦衡，刘晓论．质量审核［M］．北京：机械工业出版社，2004．

[6] 张智勇．五大工具最新版一本通［M］．北京：机械工业出版社，2013．

[7] 刘晓论，柴邦衡．ISO 9001：2015 质量管理体系文件［M］．2 版．北京：机械工业出版社，2017．

[8] 柴邦衡，陈卫．设计控制［M］．北京：机械工业出版社，2002．

[9] 柴邦衡，黄费智．现代产品设计指南［M］．北京：机械工业出版社，2012．

[10] 郑嵩祥，柴邦衡．ISO/TS 16949 国际汽车供应商质量管理体系解读和实施［M］．北京：机械工业出版社，2005．

[11] 蒋坛军．精益 TPM 现场实战［M］．北京：清华大学出版社，2016．

[12] 彼得 S 潘迪，罗伯特 P 纽曼．六西格玛管理法［M］．2 版．北京：机械工业出版社，2017．

[13] 杰弗里·布斯罗伊德，等．面向制造及装配的产品设计［M］．北京：机械工业出版社，2015．